Casos
FILOSÓFICOS

Casos FILOSÓFICOS

MARTIN COHEN

Ilustrações de Raúl González III
Tradução de Francisco Innocêncio
Revisão técnica de Rosa Maria Costa Sanjuan

3ª edição

2015

Título original
Philosophical tales

Capa
Elmo Rosa

Projeto gráfico de miolo
Júlio Fado

CIP-BRASIL. CATALOGAÇÃO-NA-FONTE
SINDICATO NACIONAL DOS EDITORES DE LIVROS, RJ

C628c Cohen, Martin, 1964-
Casos filosóficos/Martin Cohen; tradução de Francisco Innocêncio. - ilustrações de Raúl Gonzáles III. - 3ª ed. - Rio de Janeiro: Civilização Brasileira, 2015.
il.
Tradução de: *Philosophical tales*
Apêndice
Inclui bibliografia
ISBN 978-85-200-0913-0

1. Filosofia - História. I. Título.

11-6236. CDD: 109
CDU: 1(09)

Direitos desta tradução adquiridos
EDITORA CIVILIZAÇÃO BRASILEIRA
Um selo da
EDITORA JOSÉ OLYMPIO LTDA.
Rua Argentina, 171 – Rio de Janeiro, RJ – 20921-380 – Tel.: 2585-2000

Seja um leitor preferencial Record.
Cadastre-se e receba informações sobre nossos lançamentos e nossas promoções.

Atendimento e venda direta ao leitor:
mdireto@record.com.br ou (21) 2585-2002

Impresso no Brasil
2015

Sumário

Avante! 9
Modo de usar este livro 13
Ilustrações filosóficas 17

Os casos

I. Os antigos 21
1. Sócrates, o Feiticeiro (469-399 a.C.) 23
2. As diferentes formas de Platão (c. 427-347 a.C.) 29
3. Aristóteles, o Aristocrata (384-c. 322 a.C.) 39

II. Mais antigos 57
4 Lao-Tsé se transforma em Nada (séc. VI-V a.C.) 59
5 Pitágoras conta até dez (c. 570-495 a.C.) 65
6 Heráclito escolhe o lado obscuro do rio (c. séc. V a.C.) 77
7 Hipátia sustenta metade do céu (c. 370-415 d.C.) 83

III. Filosofia medieval 91
8. Agostinho, o Hipócrita (354-430 d.C.) 93
9. Santo Tomás de Aquino discute a existência de Deus (1225-1274) 105

IV. Filosofia moderna 121
10. Descartes, o Diletante (1596-1650) 123
11. Hobbes torna o círculo quadrado (1588-1679) 133
12. Spinoza pole-se a si mesmo... (1632-1677) 145

V. Filosofia iluminista 155
13. John Locke inventa o tráfico de escravos (1632-1704) 157
14. As muitas faces de David Hume (1711-1776) 169
15. Rousseau, o Malandro (1712-1778) 193
16. Immanuel Kant, o Chinês de Königsberg (1724-1804) 207

VI. Os idealistas 217
17. Gottfried Leibniz, a Máquina Pensante (1646-1716) 219
18. O bispo Berkeley e o Colégio das Bermudas (1685-1753) 239
19. A perigosa aula de história do diretor Hegel (1770-1831) 251
20. Arthur Schopenhauer e a velhinha (1788-1860) 261

VII . Os românticos 271
21. A sedução de Søren Kierkegaard (1813-1855) 273
22. A virada poética de Mill (1806-1873) 283
23. Henry Thoreau e a vida num casebre (1817-1862) 291
24. O materialismo revolucionário de Marx (1818-1883) 301

VIII . Filosofia recente 309
25. Russell denota algo (1872-1970) 311
26. A história fantástica de Ludwig Wittgenstein (1889-1951) 321
27. O caso de Heidegger (e os nazistas) (1889-1976) 331
28. Benjamin Lee Whorf e as cores de Pinker (c. 1900-1950) 345
29. Ser Sartre e não necessariamente não ser Beauvoir (1905-1980, e não 1908-1986) 357
30. Desconstruindo Derrida (1930-2004) 367

Apêndice erudito: A mulher na filosofia, e por que não há muitas delas 377
Fontes importantes e leituras adicionais 389
Agradecimentos 401

Índice 403

Filósofos são um tipo generoso de sujeito, desejosos de ajudar os outros "por escrito"; mas ainda têm alguma coisa de loucos, com sua "ridícula rigidez solene e seu ar de importância livresca". Sentem piedade das gerações passadas, que viveram quando o Sistema supostamente não estava acabado, e quando, portanto, a objetividade não tendenciosa ainda não era possível. Mas quando você lhes pergunta sobre o novo Sistema, sempre o dispensam com a mesma desculpa: "Não, ainda não está completamente pronto. O Sistema está quase concluído, ou pelo menos em construção, e estará terminado no próximo domingo."

(Søren Kierkegaard, *Pós-escrito*)

Avante!

Por que alguém começa a ler filosofia? Fui apresentado à filosofia por três livros. O primeiro foi *A condição humana* (*La condition humaine*), de André Malraux, em uma tradução para a língua inglesa. O segundo foi a *História da filosofia ocidental*, de Bertrand Russell, e o terceiro foi a *República*, de Platão.

Naturalmente, não se liam esses livros. *A condição humana* é uma obra ornamental tipicamente francesa, de pouco proveito. Palavrosa, complexa e enfadonha. Russell é muito, muito longo, como uma palestra que deveria ter acabado uma hora antes. E a *República* de Platão, embora plena de ideias, parece ter sido escrita numa espécie de código. Entretanto, cada um desses livros serviu a um útil propósito. O primeiro, embora ilegível, era pequeno mas impressionante o bastante para se carregar por aí. O segundo era informativo, ainda que um tanto soporífero. O terceiro era fascinante, à sua maneira, apesar de um tanto estranho e resolutamente obscuro.

Mas aqui temos *Casos filosóficos*, que, espero, consegue combinar todas essas três funções. As três positivas, quero dizer. É pequeno o suficiente para carregar por aí (e impressionar pessoas). É bastante informativo e, por último (e mais importante), é cheio de petiscos filosóficos estranhos e obscuros.

Ora, algumas pessoas dirão que são avançadas demais para precisar de petiscos, querem extensos tratados plenamente desenvolvidos. Por que alguém que pretende ler *A crítica da razão pura*, de Kant, no afetado jargão original, precisaria saber que ele considerava o café um veneno e se virava três vezes nos lençóis, todas as noites, antes de dormir? Por que alguém que consegue entender *Die Phänomenologie des Geistes* (*A fenomenologia do espírito*), de Hegel, quereria saber que ele concebeu sua teoria de que a sociedade tem suas raízes no conflito enquanto trabalhava como mestre-escola? Ou mesmo que aquele fundamental racionalista britânico, John Stuart Mill, expoente da árida teoria conhecida como utilitarismo, na verdade considerava a poesia "o mais filosófico de todos os escritos"? E daí que Mill tenha escrito ao seu amigo Wordsworth, autor do poema "dos narcisos", para dizer que esse lhe havia mostrado que a poesia "é a verdade", não individual e local, mas geral; sem "depender de testemunho exterior, mas conservada viva no coração pela paixão". Afinal, dizem-nos as histórias convencionais, isso foi uma aberração, uma fraqueza momentânea.

Pois aqui está um relato alternativo sobre filósofos com fragilidades humanas, um retrato que pode algumas vezes minar seu status de árbitros morais, às vezes de teóricos pioneiros. Mas afinal, por tudo o que as pessoas nos dizem, filósofos não são uma raça isolada. São criaturas como o resto de nós, criados neste planeta (ainda que com frequência aleguem autoridade sobre ele), crianças que se tornam homens e mulheres com experiências, influências e, mais evidentemente, preconceitos. Aristóteles não refletiu a visão grega de superioridade racial — ele a inventou. (John Locke e o bispo Berkeley também tinham consciência da natureza dúbia de seus lucros com o tráfico negreiro.) Marx não passou o tempo exclusivamente na Biblioteca Britânica; gostava de charutos, sua cerveja e suas mulheres, também, na verdade mais desses do que de prover sustento para os filhos (vários dos quais morreram de desnutrição).

Esses detalhes pessoais não falam apenas de trivialidades sem importância, mas oferecem percepções do "quadro maior". Pois, como observa Sherlock Holmes, em *Um caso de identidade*, "é um antigo axioma meu que as pequenas coisas são infinitamente mais importantes".

Ao mesmo tempo, a "verdadeira história" da filosofia é menos uma história de indivíduos do que de ideias, mais particularmente de ideias sendo roubadas, tomadas emprestadas e distorcidas. É interessante ver que o grande *cogito* de Descartes veio na realidade de Agostinho, cujos interesses não eram de modo algum os fundamentos do conhecimento. (Agostinho contentava-se em acreditar que seus pensamentos provinham da inspiração divina.) Ou, mais recentemente, que Wittgenstein pegou emprestada sua misteriosa categoria de "coisas sobre as quais se deve silenciar" de outro fantasista austríaco chamado Otto Weininger.

E é também a história das ideias perdidas, pois embora Platão tenha levantado a possibilidade de que mulheres poderiam ter "almas idênticas" às dos homens, Aristóteles apresentou com sucesso boas razões filosóficas pelas quais somente as ideias masculinas deveriam ser cortejadas (explicando que mulheres têm menos dentes, não têm almas e seus corações não batem) e foram suas hipóteses que desde então modelaram a filosofia. Por isso, aqui as mulheres desempenharão apenas um pequeno papel. Hipátia, Harriet Taylor Mill, a sra. Marx e a companheira de Sartre aparecem, mas apenas de maneira fugidia, só nos bastidores. Gostaria que não fosse assim! Mas os homens escreveram a história da filosofia e é da história que nossos casos provêm.

• • •

Modo de usar este livro

Platão realmente escreveu aqueles Diálogos socráticos *— ou foi Sócrates? Por que é um tanto duvidoso que Descartes tenha realmente dito "Penso, logo existo"?*
— e o que Sartre tinha contra garçons, afinal?

Casos filosóficos: histórias, ficções, falsidades. Inverdades, representações equivocadas, boatos, conversas fiadas, lorotas, mentiras deslavadas. Ou meramente declarações erradas, prevaricações, narrativas não inteiramente baseadas em fatos. Este é um livro que compila, desconstrói e relata o grande conto da filosofia. E embora eu tenha procurado ser "escrupulosamente preciso", há muito menos acordo sobre os filósofos, que dirá sobre a filosofia, do que seus professores e luminares nos fariam acreditar; por isso, nada neste livro pode ser considerado de maneira acrítica, como o ponto final sobre o assunto. É, em vez disso, uma tentativa de abrir debates, de questionar as decisões que os "donos da bola" gostam de impor. Em outras palavras, é uma espécie de história "alternativa" da filosofia — a abordagem filosófica aplicada à própria filosofia.

Não procure aqui a visão geralmente aceita, a versão "com que todos concordam" — essa é para que os outros dez mil livros, os dez mil peritos repitam. Aqui queremos algo que interessa exatamente por ser diferente. Afinal, a filosofia é muito mais interessante do que muitos de seus intérpretes enfadonhos nos fariam acreditar.

De onde vêm os grandes filósofos? E onde arranjam suas ideias? Quem decide o que é importante e o que não é? É só por acaso que quase não há mulheres, só montes de homens abastados e aristocráticos? Os filósofos chineses e indianos realmente tiveram tão pouca influência sobre a Europa? Por que a filosofia "moderna" de Descartes está cheia de referências retrógradas a Deus? Hegel é (como alegou Schopenhauer) um tolo que não sabia escrever ou simplesmente é difícil demais para a maioria de nós? Ou é necessário que alguma desconstrução em estilo marxista de todo o edifício do conhecimento seja levada a cabo?

Supõe-se que a filosofia trata de propor perguntas difíceis, sem tomar "nada como certo". No entanto, essa não é, ao que parece, a abordagem que pretende aplicar a si própria. Ao contrário, os "debates" sobre o assunto são resolvidos de cima para baixo, esculpidos em pedra, assim como os grandes filósofos. Seguimos um trajeto ordenado e previsível, cujos marcos iniciais são Platão e Aristóteles, acompanhados ao longo do percurso por Descartes e Kant. Nada de mulheres, poucos não europeus. Deixados à beira da estrada estão Confúcio, Lao-Tsé, Mêncio, Buda... E as "questões" filosóficas foram, do mesmo modo, há muito acomodadas num padrão confortável, os parâmetros estabelecidos, o leque de respostas aceitáveis prescrito...

Parece que, com a institucionalização do tema, os filósofos cada vez mais discutem as interpretações exatas de fulano e sicrano, enquanto por toda a volta, para tomar de empréstimo um famoso sentimento, o grande mar da filosofia permanece inexplorado.

Portanto, este livro é uma tentativa de mergulhar o dedão do pé nesse grande mar ou talvez até mesmo "dar uma cotovelada" no panteão filosófico, por assim dizer, de forma a permitir que algumas caras novas entrem nele. O objetivo, naturalmente, é o revigoramento da filosofia, não sua "destruição". Mas se uma coisa deve preceder a outra, e muitos dos casos aqui oferecidos geram dúvidas onde antes havia um esplêndido consenso, então que assim seja. Pois esse ainda é, e sempre foi, o verdadeiro espírito da filosofia.

O livro é constituído de resumos dos casos mais célebres e filosoficamente interessantes (categorias que não necessariamente descrevem as mesmas coisas), os cenários de suas narrativas e avaliações dos personagens principais. As entradas levam em conta tanto os filósofos individualmente quanto as escolas de pensamento; cada uma oferece um texto filosófico chave que (via de regra) também é brevemente citado. Dessa forma, este livro proporciona um fundamento sólido sobre ideias filosóficas e indivíduos.

Ainda assim, nesta procissão de filósofos, é talvez um infortúnio que tantos fiquem à beira do caminho. Acontece que a filosofia não é apenas uma série de notas de rodapé de Platão, pois esse próprio segue Pitágoras (que por sua vez tomou suas ideias emprestadas do Oriente). Eis o grande Aristóteles insistindo que mulheres não têm mente e que todos os seres humanos que não são gregos deveriam ser tratados como gado. E logo ali, na parte mais rasa, estão Wittgenstein e Sartre copiando teorias de outras pessoas e esperando que agora sejam suas. Mas construir ideias, afinal, é do que deveria tratar a filosofia. Platão apresenta abertamente as ideias e os argumentos de seu tempo, raramente fazendo reivindicações de originalidade para si. Se o próprio Decartes demonstra-se menos "moderno" do que "medieval", e sua mais famosa descoberta revela-se apenas uma ligeira reformulação de um dito religioso, foi "moderno" em seu entusiasmo pela ciência. (As *Meditações* começam com uma descrição de sua dissecação de um macaco...) Porém, uma diferença entre filosofia "moderna" e "antiga" é que os antigos filósofos desejavam reconhecer suas fontes e influências, enquanto os mais recentes parecem sentir a necessidade de alegar originalidade exercendo forte pressão sobre elas.

E se o fato de ser um filósofo não exclui a possibilidade de aprender com os predecessores, ao microscópio, por assim dizer, ainda parece que os grandes filósofos não se revelam tão grandes; de fato, são bastante comuns. Não podemos evitar suas vaidades e seus preconceitos, suas tolices e sua desonestidade. Lendo isso, alguém pensará em repudiá-los (ou à própria filosofia), mas isso seria exibir uma opinião profundamente irrefletida. A questão não é que os "filósofos" tenham de ser diferentes do resto de nós, ou que eles não sejam verdadeiros filósofos, ou que a própria filosofia não passe de bobagem, conversa fiada, presunção, discurso vazio e disparates. A questão é que a filosofia é um processo muito mais comunitário e muito mais sutil do que aqueles que pretendem construir hierarquias de conhecimento (consigo próprios invariavelmente em algum lugar perto do topo) querem que as pessoas acreditem. A questão é que os filósofos podem ser grandes, a seu modo, e no entanto também muito comuns. A questão é que os filósofos são pessoas como você e eu.

• • •

Ilustrações filosóficas

Raúl Gonzáles é cofundador do mundialmente famoso coletivo de arte Miracle Fire e leciona no Museum of Fire Art, em Boston. Seu trabalho tem sido exposto nacional e internacionalmente e ele pode hoje ser encontrado criando arte com a princesa Die e seu gato Mao Mao na Fortaleza Miracle, em Somerville, Massachusetts.

1 (Sócrates) Ele ficou parado até chegar a aurora e o sol se erguer, depois afastou-se, após ter oferecido uma oração ao sol.

2 (Platão) A justiça será encontrada, diz Platão, quando todos fizerem seu trabalho e cuidarem dos próprios assuntos.

3 (Aristóteles) Talvez tenha sido sorte, então, para o progresso que os estudos de Aristóteles tenham sido interrompidos por uma determinação real para que retornasse à Macedônia.

4 (Lao-Tsé) Após entregar o texto concluído ao guarda, desapareceu, dirigindo-se para o oeste.

5 (Pitágoras) "Ele, Pitágoras, diz" era a única coisa que eles precisavam saber.

6 (Heráclito) O mundo é uma esfera de amor perfeito em que a discórdia, como um turbilhão, se infiltrou.

7 (Hipátia) Com 30 anos sua reputação se estendeu até a Líbia e a Turquia...

8 (Agostinho) Ai de nós, a raça humana é, "mais do que qualquer outra espécie", social por natureza. "*Oh, amizade demasiado inamistosa!*"

9 (Tomás de Aquino) Seus irmãos introduziram em seus aposentos uma "cortesã especialmente deslumbrante e maquiada", com a ideia de tentá-lo a cometer um ato escandaloso...

10 (Descartes) "...esta proposição, *eu sou, eu existo*, é necessariamente verdadeira, cada vez que eu a digo..."

11 (Hobbes) Imaginou que sua prova da quadratura do círculo estabeleceria sua autoridade em todas as matérias...

12 (Spinoza) Às vezes, para "repousar a mente", punha moscas numa teia de aranha "e então assistia à batalha com tanto prazer que rompia em gargalhadas".

13 (Locke) Em sua constituição para um miniestado, Locke declarou que ninguém deveria ter "liberdade para deixar a terra de seu senhor particular, e viver em qualquer outro local, sem licença de seu mencionado senhor, conforme lavrado e assinado".

14 (Hume) Ajoelhou-se e inflou o peito, mas não conseguiu convencer sua língua a participar da atividade, a não ser proferindo "*Eh bien! Mes demoiselles. Eh bien! Vous voilà donc!*".

15 (Rousseau) Às vezes, em seus sonhos, imaginava que podia ver a pobre garota entrar em seu quarto e exprobrar seu crime.

16 (Kant) À tarde, Kant dava uma longa caminhada, acompanhado do criado, Lampe, carregando um guarda-chuva para o caso de chover.

17 (Leibniz) A máquina de Leibniz foi projetada para automatizar a fatigante tarefa de resolver problemas morais.

18 (Berkeley) Pôs imediatamente mãos à obra, preparando-lhes água de alcatrão...

19 (Hegel) Explicou, ao modo de um excelente diretor de escola, que os indivíduos devem entender que o Estado não existe para eles, mas antes que o indivíduo existe para o Estado.

20 (Schopenhauer) Agarrando o bastão com uma das mãos e a costureira pela cintura, tentou forçá-la a se afastar dos seus aposentos.

21 (Kierkegaard) "Gênios são como trovões — seguem contra o vento, assustam as pessoas e purificam o ar".

22 (Mill) O humanismo de Wordsworth chegou como um remédio para sua alma.

23 (Thoreau) Thoreau registrava cuidadosamente o clima do dia, que flores estavam em botão e qual a profundidade da água no lago Walden.

24 (Marx) Bufou com irritação: "*O capital* não me pagará nem mesmo os charutos que fumei enquanto o escrevia!"

25 (Russell) Mas e quanto aos cabelos dele? Se normalmente não corta os cabelos, pode cortá-los dessa vez...

26 (Wittgenstein) "O homem solitário... não ri, não dança... não se rejubila".

27 (Heidegger) Os alemães eram os únicos capazes de se erguer dos destroços da civilização ocidental...

28 (Whorf) "Dissecamos a natureza de acordo com as linhas determinadas por nossas línguas nativas..."

29 (Sartre) Existimos, sim, mas como "nos definimos"?

30 (Derrida) Esta *textura* é o texto.

• • •

I

Os Antigos

Capítulo 1

Sócrates, o Feiticeiro (469-399 a.C.)

Há um desenho curioso, feito no século XIII, de Sócrates usando um chapéu engraçado, sentado em um atril, com uma pena de escrever numa das mãos. Atrás dele está um Platão baixo e dominador, incitando o mestre com impaciência. Sabemos que são eles porque há pequenos rótulos apontando para cada um com os dizeres "Sócrates" e "Platão". Tirando isso... o quadro é um mistério.

Quando o filósofo do século XX Jacques Derrida passou por ele durante uma visita à Biblioteca Bodleian, em Oxford, Inglaterra, em 1978, ficou chocado. Derrida escreveu num de seus longos e pomposos livros (de que tratarei mais tarde) que depois de se deparar com aquilo, ficou "mortificado, com um sentimento de alucinação... e ao mesmo tempo de revelação, uma revelação apocalíptica".

Platão parece estar ditando algo ao mestre, Sócrates, que se reduz a uma obediência infantil (por isso o chapéu engraçado). Derrida diz que o quadro simboliza uma espécie de patricídio freudiano e faz diversas referências um tanto vulgares a ele (e ao dedo de Platão) para demonstrar seu argumento. No entanto, nada há na imagem que prove que Sócrates está sendo humilhado em vez de ajudado. É mais provável que a sisuda hierarquia da filosofia ocidental é que esteja sendo empurrada e incitada. Talvez por isso Derrida, um eminente filósofo francês, tenha se sentido tão chocado!

Pois certamente, caso tenha lido histórias convencionais da filosofia, você acharia Sócrates um sujeito um tanto obscuro. Pouco se sabe sobre ele, ao que parece, tirando o fato de que nasceu em Atenas em 469 a.C. e que o pai era escultor e a mãe, dona de casa. Restam apenas alguns outros fragmentos escritos para lançar um pouco mais de luz sobre o homem em si. Deixemos que um desses historiadores, o professor Hugh Tredennick, assuma a narrativa:

> Retratos e descrições tornam claro que ele tinha feições pesadas e um tanto feias, com um nariz curto, olhos proeminentes sob sobrancelhas hirsutas e uma boca grande e carnuda. Era barbudo e (nos últimos anos, pelo menos) calvo. Seu corpo atarracado tinha grande poder de resistência. Andava de um modo empertigado e sempre descalço e frequentemente parava em estado de enlevo durante horas... Por outro lado, sua mente, ainda que não fosse criativa, era excepcionalmente lúcida, crítica e impetuosa. Ele não tolerava pretensão e, uma vez que sua vontade era tão forte quanto suas convicções, sua conduta era tão lógica quanto seu pensamento. Numa época de ceticismo, acreditava firmemente na virtude moral como a única coisa que importava e identificava-a com o conhecimento, pois à sua natureza franca parecia inconcebível que alguém percebesse o que era correto sem praticá-lo.

Essa é uma coisa tranquilizadora. Porém nada disso condiz com aquele quadro engraçado do século XIII...

O caso filosófico

No entanto, se há algo com que se concorda a respeito de Sócrates, é talvez uma coisa. E essa é que é o mais influente filósofo de todos. Isso apesar do fato de ninguém ter muita certeza do que disse — que dirá do que pensou. Há fragmentos suficientes, para não haver dúvidas, mas o verdadeiro Sócrates permanece uma figura imprecisa. Suas pegadas estão por toda parte, porém o homem em si, como Macavity, o gato misterioso,* não pode ser encontrado em lugar algum.

Existem histórias: do Sócrates dogmático instruindo um jovem e ingênuo Platão a destruir suas tentativas poéticas juvenis; do Sócrates fanático de pé durante um dia e uma noite e enraizado no mesmo lugar (lutando com um pensamento), enquanto outros traziam colchões para observar e fazer apostas sobre quanto tempo permaneceria ali; e, é claro, há aquela cena das "famosas últimas palavras" (descrita de maneira tão eloquente no *Fédon*) pouco antes que ele bebesse o seu último drinque de cicuta.

(Sócrates) Ele ficou parado até chegar a aurora e o sol se erguer, depois afastou-se, após ter oferecido uma oração ao Sol.

* No poema de mesmo nome de T.S. Eliot.

> Pois deixem-me dizer-lhes, cavalheiros, que temer a morte é apenas outra forma de pensar que se é sábio quando não se é. É pensar que se sabe o que não se sabe.

Os historiadores consideram Diógenes Laércio a fonte mais completa, de fato a única, sobre o "Sócrates histórico". Tirando essa, todos os depoimentos sobre essa figura miasmática dizem mais sobre as preferências dos autores do que sobre Sócrates. Xenofonte, o ambíguo mercenário, traça o retrato de um Sócrates insensível e prático, fazendo longos discursos de um modo inofensivo, porém insignificante. Hegel, o filósofo do "determinismo histórico" e da dialética, vê Sócrates como uma figura central no fluxo da história do mundo, um deus Jano de duas faces, uma perscrutando o passado e outra encarando o futuro.[1] E Nietzsche, ao escrever *A gaia ciência*, descreve Sócrates como um "monstro zombeteiro e enamorado", uma espécie de "flautista de Hamelin ateniense".

Porém, sobressaindo a todos eles, há o retrato platônico que criou o Sócrates que conhecemos. Platão, o idealista, oferece um ídolo, uma figura mestra para a filosofia. Um santo, um profeta "do Deus-Sol", um professor condenado como herege por seus ensinamentos. É ele quem nos conta a mais eloquente história socrática. No diálogo *O banquete*, por exemplo, Platão escreve:

> Absorto em algum problema ao alvorecer, ficou parado no mesmo lugar para considerá-lo e quando achou o problema difícil, não desistiu, mas permaneceu ali na tentativa de compreendê-lo. O tempo escoou até o meio-dia, e os homens começaram a reparar nele, dizendo uns ao outros em maravilhamento: "Sócrates está parado ali em contemplação desde o nascer do sol!" O resultado foi que ao anoitecer, depois de haverem ceado, uma vez que era verão, alguns dos jônios trouxeram esteiras e colchões e adormeceram ao ar fresco:

> assim esperaram para ver se Sócrates continuaria de pé também por toda a noite. Ele ficou parado até chegar a aurora e o sol se erguer, depois afastou-se, após ter oferecido uma oração ao sol.

Em outra passagem do mesmo diálogo, os gêmeos bom e mau, Aristodemo e Alcibíades, oferecem mais duas visões opostas, as quais Platão usa para compor um quadro de Sócrates como Eros, o deus da sexualidade, e uma figura alheia às categorias do dia a dia. Sócrates aqui não é ignorante nem sábio, não é trágico nem cômico, masculino nem feminino — mas exterior a todas essas distinções. Pode caminhar descalço sobre o gelo durante o inverno, beber vinho sem se embebedar. Mesmo a sua suposta feiura torna-se então uma vantagem, pois ter os olhos situados perto dos lados da cabeça torna-o capacitado a perceber um campo de visão mais amplo, assim como o fato de ter um nariz achatado e disforme permite que receba aromas provenientes de todas as direções. E aqueles lábios desproporcionalmente espessos podem então, é claro, ser vistos como capazes de receber ainda mais beijos.

Mas algum desses é o "Sócrates real" ou apenas um em que queremos acreditar?

Nos diálogos de Platão, Sócrates aparece, como uma escritora contemporânea, Sarah Kofman, muito belamente expressou, como uma espécie de "feiticeiro sedutor", partícipe de alguma intuição mística que nunca revelará.

> Como um misterioso duplo, parece aparecer e desaparecer à sua própria vontade, imobilizando-se, mesmerizando-se e aos outros por meio de algum truque mágico, como um feiticeiro com mais poder encantatório do que o melhor flautista ou o

> mais eloquente narrador. É mais influente do que Górgias e sua retórica é mais poderosa do que a de que Ágaton, que lança seus discursos como górgonas aos seus ouvintes, a fim de assombrá-los e ocultar a vacuidade de seu pensamento.

Sócrates é um bom filósofo com o qual dar partida ao projeto de desconstruir a filosofia: é o "filho do escultor" que dissipou sua herança ou o garoto de uma dona de casa que trouxe a filosofia como um diálogo crítico gritado para o mundo? A feiura de Sócrates, sua voz demoníaca, sua habilidade para permanecer imóvel por vários dias a fio contribuem para o mito. Ou isso não passa de uma lenda? Dentre todos, Sócrates é o mais difícil de desconstruir... De fato, talvez seja simplesmente indesconstrutível.

Pomposa nota final

[1] A mesma ideia sobrevive no nome do mês de janeiro, o que se defronta tanto com o ano velho quanto com o novo.

• • •

Capítulo 2

As diferentes formas de Platão

(c. 427-347 a.C.)

Se Sócrates é realmente um mistério e tanto, Platão parece transparente como água. Pelo menos assim é para Richard Robinson, na *The Concise Encyclopaedia of Western Philosophy and Philosophers* [*Enciclopédia concisa da filosofia e dos filósofos ocidentais*]. Como ordenadamente expressa:

> As publicações de Platão estão todas preservadas e somam cinco grandes volumes modernos. Constituem não apenas o maior trabalho filosófico que há, mas também uma das maiores composições literárias do mundo.

De fato, prossegue com confiança, se alguém perguntar o que é a filosofia, "a melhor resposta é: 'leia Platão'. Pois foi Platão que pôs em uso a palavra 'filosofia' e foi o principal inventor e primeiro praticante do tipo de estudos que a 'filosofia' designa".[1]

O caso filosófico

Em meio a todas as construções filosóficas, as de Platão parecem se erguer um pouco mais alto, ser inegavelmente um pouco maiores do que todo o resto. E, entre elas, talvez a *República* se sobressaia como a mais elevada e maior de todas: o projeto do Estado filosófico, a utopia original, a ser construído sobre um entendimento claro da natureza da justiça, e um vislumbre do Mundo das Formas platônicas.

Mas, antes, eis um pouco mais sobre o homem propriamente dito.

Platão nasceu, estudou, ensinou e por fim morreu em Atenas. Seu verdadeiro nome era Arístocles, mas em seus dias de escola recebeu o apelido "Platon" (que quer dizer "amplo"), por causa dos ombros largos, e é assim que a história se lembra dele. Platão veio de linhagem aristocrática (talvez até chegasse a se considerar de linhagem "majestosa") e, como era normal na época, treinado tanto em poesia quanto na guerra. Interessava-se por política, mas considerava a democracia o regime dos insensatos, o que limitava suas opções em Atenas, então uma cidade democrática.

Em razão disso, percorreu as colônias gregas na África e na Itália, absorvendo noções pitagóricas, e viajou várias vezes para Siracusa, a capital da Sicília grega, para aconselhar o novo rei, Dionísio II, na esperança de ali pôr suas ideias políticas em prática. Porém desentendeu-se com o rei, conseguindo a custo retornar a Atenas apenas em 387, e instalou-se lá para estabelecer a famosa Academia para o estudo de filosofia, que alguns gostam de considerar a primeira universidade. Diz-se que morreu durante o sono com 80 anos, após esbaldar-se no banquete de casamento de um dos alunos.

De qualquer forma, a *República* contém a bem-conhecida alegoria da caverna, uma espécie de experimento mental em que

(Platão) A justiça será encontrada, diz Platão, quando todos fizerem seu trabalho e cuidarem de seus próprios assuntos.

prisioneiros ficam acorrentados de frente para uma parede, na qual podem ver apenas sombras passando diante dos olhos, as quais consideram como sendo a realidade. Alguns dos prisioneiros eventualmente escapam para ver o mundo real, mas ao regressar à caverna fracassam em convencer os companheiros agrilhoados de que as coisas que pensam poder ver no interior da gruta são de fato apenas sombras ilusórias e distorcidas. É um panegírico à "razão" sobre a convenção e a mera crença. No mesmo espírito, a *República* inicia-se com Sócrates declarando de modo confiante que a justiça deve ser entendida como a ordem correta das coisas, uma espécie de harmonia, e pode ser compreendida mais facilmente ao se considerar o planejamento do maior de todos os artefatos humanos — o Estado. Nele a justiça será encontrada, diz Platão, quando todos fizerem seu trabalho e cuidarem dos próprios assuntos. E se o plano de seu Estado parece um tanto impraticável, isso não tem significância, pois:

> ... talvez no outro mundo ela esteja assentada como um modelo, um modelo que aqueles que o desejarem poderão contemplar e, assim fazendo, conseguir pôr em ordem as próprias

> cidades. Se tal cidade existe — ou se de fato existirá — não importa, pois tais pessoas viverão à maneira da cidade ideal e nada terão a ver com qualquer outro modelo.

No entanto, entre todos os mistérios e todas as incertezas do diálogo, um aspecto parece muito negligenciado. Afinal, *a República não é absolutamente ideal*. Foi descrita com muita clareza anteriormente: é o *Estado de luxo*. É a resposta à demanda de Glauco por algumas das "conveniências corriqueiras" da vida ou, como ele apologeticamente expõe a Sócrates, "um condimento para a refeição".

Eis como Platão introduz seu Estado. Começa de maneira bastante promissora...

> SÓCRATES: Vamos considerar, antes de mais nada, como será o modo de vida dos cidadãos, agora que assim os estabelecemos. Não produzirão cereais, e vinho, e roupas, e calçados, e construirão casas para si? E, quando estiverem abrigados, trabalharão, no verão, comumente, despidos e descalços, mas no inverno substancialmente vestidos e calçados. Eles se alimentarão de farinha de cevada e de trigo, assando-as e sovando-as, preparando bolos nobres e pães; eles os servirão sobre esteiras de junco ou sobre folhas limpas, deitando-se enquanto comem sobre leitos espargidos com teixo e murta. E se regalarão com os filhos, bebendo do vinho que fermentaram, com grinaldas na cabeça e cantando hinos em louvor aos deuses, em alegre conversação uns com os outros. E tomarão cuidado para que o tamanho das famílias não extrapole seus recursos; prevendo a pobreza ou a guerra.
>
> GLAUCO: Mas você não lhes deu qualquer condimento para as refeições.
>
> SÓCRATES: É verdade, havia esquecido. É claro que devem ter condimentos — sal, olivas e queijo, e cozinharão raízes e

> ervas, dessas que costumam preparar as pessoas do campo. Para sobremesa lhes daremos figos, ervilhas e feijões; e assarão bagas de murta e bolotas de carvalho na fogueira, bebendo com moderação. E com tal dieta podem esperar viver em paz e saúde até idade avançada e legar uma vida semelhante aos seus filhos após a morte.

Mas o sentido escapa inteiramente a Sócrates. Figos e ervilhas, ora essa! A objeção de Glauco vai muito mais fundo. "Sim, Sócrates", ele agora diz com sarcasmo, "e se você estivesse provendo uma cidade de porcos, com que mais engordaria as bestas?"

> SÓCRATES: Mas o que você lhes ofereceria, Glauco?
>
> GLAUCO: Ora, deveria ofertar-lhes as conveniências corriqueiras da vida. Pessoas que pretendem sentir-se confortáveis estão acostumadas a deitar em divãs e comer à mesa e deveriam dispor de molhos e doces ao estilo moderno.
>
> SÓCRATES: Sim, agora entendo. A questão que você gostaria que eu considerasse é não apenas como um Estado pode ser criado, mas sim um Estado de luxo; e possivelmente não haja mal nisso, pois em tal Estado é mais provável que vejamos como a justiça e a injustiça se originam. Em minha opinião, a verdadeira e saudável constituição do Estado é aquela que descrevi. Mas se você quiser ver também um Estado afetado pela febre, não tenho objeção. Pois suspeito que muitos não estarão satisfeitos com o modo de vida mais simples. Serão favoráveis a acrescentar divãs, mesas e outras peças de mobília; e também iguarias, perfumes, incensos e cortesãs, e bolos, tudo isso não apenas de uma espécie, mas em todas as suas variedades.

Que vergonha! Mas Sócrates está preparado para a tarefa insalubre que se apresenta a ele.

SÓCRATES: Então, devemos ir além das necessidades das quais falei inicialmente, tais como casas, roupas e calçados: as artes da pintura e do bordado terão de ser postas em ação e teremos de procurar ouro, marfim e toda espécie de materiais.

GLAUCO: É verdade.

SÓCRATES: Em seguida, teremos de aumentar nossas fronteiras; pois o saudável Estado original já não é suficiente. Agora a cidade terá de se encher e inchar com a multidão de profissões que não são exigidas por qualquer necessidade natural; tais como toda uma tribo de caçadores e imitadores, dos quais uma grande classe tem a ver com formatos e cores; outra será a dos devotos da música — poetas e seu séquito de rapsodos, músicos, dançarinos e contratantes; também fabricantes de diversos tipos de artigos, incluindo as vestes femininas. E iremos desejar mais servos. Não serão também requeridos tutores, amas secas e governantas, barbeiros, assim como confeiteiros e cozinheiros; e criadores de porcos, também, que não eram necessários e portanto não tinham lugar na versão anterior do nosso Estado, mas são necessários agora? Não devem ser esquecidos. E haverá animais de muitos outros gêneros, se as pessoas os comerem.

GLAUCO: Certamente.

SÓCRATES: E vivendo desse modo não teremos muito maior necessidade de médicos do que antes?

GLAUCO: Muito maior.

SÓCRATES: E o território que era suficiente para comportar os habitantes originais, não será agora muito pequeno e insuficiente?

GLAUCO: É bem verdade.

SÓCRATES: Então uma fatia da terra de nossos vizinhos será cobiçada por nós para os pastos e as lavouras, e eles cobiçarão uma fatia da nossa, se, como nós, excederem os limites do necessário e se dedicarem ao acúmulo ilimitado de riquezas?

GLAUCO: Isso, Sócrates, será inevitável.

SÓCRATES: E portanto teremos de ir à guerra, Glauco. Não teremos?

GLAUCO: Com toda certeza.

SÓCRATES: Então, sem ainda determinar se a guerra traz resultados bons ou nocivos, podemos assim afirmar que agora descobrimos que ela deriva de causas que são também causadoras de quase todos os males dos Estados, tanto para o indivíduo quanto para a sociedade.

GLAUCO: Indubitavelmente.

É nada mais do que cobiça e materialismo o que exige não apenas a divisão do trabalho em geral, mas distinções de classe, um exército e a criação de uma elite governante — os famosos guardiões platônicos.

Mas a questão mais importante é se apenas vegetarianos podem fazer filosofia — ou se, na verdade, a filosofia é necessária só para não vegetarianos?

Os críticos de Platão que reclamam que a sua sociedade "ideal" é também militarista — de fato, um Estado fascista, com censura e um controle rígido da economia, o que de modo algum é algo ideal — podem se surpreender ao ver nessa interpretação alternativa da *República* um Platão bastante disposto a concordar com eles. O que podem ter deixado de levar em conta é que a república que ele descreve *não* é o seu ideal — é meramente o resultado que se segue à demanda de Glauco (em nome dos cidadãos) por carne, um erro constitucional (por assim dizer) que o próprio Sócrates evita.

E de fato os antigos gregos contavam entre eles muitos vegetarianos. Assim como Plutarco, um dos sacerdotes gregos em Delfos (cujo ensaio *Do consumo de carne* é considerado um clássico da literatura, se não da filosofia), também o era Pitágoras, cujas palavras parecem misteriosamente antecipar as de Platão. "Oh, meus companheiros!", exclama ele:

> Não aviltem seus corpos com alimentos corrompidos. Temos os grãos. Temos maçãs que fazem pender os galhos com seu peso, e uvas avolumando-se nas vinhas. As ervas de doce aroma e hortaliças que podem ser cozidas até ficarem tenras sobre o fogo. Tampouco lhes será negado o leite ou o mel com olor a tomilho. A terra lhes fornece um pródigo suprimento de riquezas, de alimentos inocentes, e oferta-lhes banquetes que não envolvem derramamento de sangue ou carnificina.

Então, teria a *República* a ver nem tanto com as concepções de Estado do próprio Platão quanto com as de Pitágoras? Uma tentativa de Platão de juntar-se ao debate há muito perdido entre os vegetarianos gregos, em vez da peça de planejamento político como hoje é considerada? A resposta se perdeu nas brumas do Monte Olimpo. O que parece certo, porém, é que a *República* de Platão, embora magnífica, não tem de ser tratada como uma tese filosófica consistente. Talvez, como os outros diálogos, possa ser lida em vez disso apenas como uma coletânea de fragmentos divertidos, peças e anedotas reunidas por alguém que na verdade preferiria estar fazendo poesia.

E (ainda mais estranho), embora pensemos em Platão na maior parte das vezes como o austero titereiro de Sócrates, que encontramos na *República* ocupado em banir a música e a poesia, desencorajando o amor e restringindo o sexo à produção de crianças, em outro diálogo ligeiramente posterior, chamado Simpósio, ou *O banquete*, Platão pinta um quadro muito diferente. Aqui, um Sócrates alegre recorda as palavras da sábia Diotima, que corrige seus pontos de vista juvenis sobre filosofia e ensina-o, ao contrário, que o amor, e a poesia que trata desse, era um passo no caminho do entendimento e da apreciação da beleza e da bondade. De fato, não apenas isso, mas a única maneira de apreender as *formas ideais* da beleza e da bondade. Aqui, a própria Teoria das Formas, que depois foi para sempre atribuída a Platão, é abertamente creditada a Diotima. E não contente com essa peça de autodemolição, Platão faz com que esse Sócrates atípico (pois historiadores acreditam que o filósofo nessa época jamais deixou Atenas e o banquete se passa no campo) louve o amor pessoal de um modo que estabelece um contraste chocante com sua costumeira defesa inflexível dos relacionamentos "platônicos". Depois de descrever as febres psicológicas que a presença física de um amante pode criar, as quais são condenadas na *República* como "tiranas", diz aqui que apenas isso previne que "as asas da alma" se tornem ressecadas e áridas!

Por outro lado, talvez isso tenha a ver com uma carta, algumas vezes atribuída a Platão, na qual declara que os textos que todos admitem ser de sua autoria foram de fato escritos por Sócrates. Nessa controversa carta conhecida como Segunda Epístola, Platão revela-se como o verdadeiro filósofo e Sócrates se torna (ainda que mais velho) o aprendiz. Nela é Platão, e de modo algum (como convencionalmente se menciona nas histórias da filosofia) Sócrates, que sabiamente evita a forma escrita.

Pomposa nota final

[1] Singularmente, em se tratando dos antigos gregos, todos os escritos de Platão parecem ter sobrevivido. Seria uma sorte se ele tivesse um sistema filosófico coerente, mas não se apresenta como tal. Em vez disso, cada parte de seus escritos precisa ser considerada individualmente e um quadro formado a partir das várias peças. E muitos quadros podem ser feitos.

Capítulo 3

Aristóteles, o Aristocrata (384-c. 322 a.C.)

Existe uma pintura a óleo apropriadamente grandiosa, representando os "dois grandes" filósofos da Grécia na Academia, cercados pelos alunos. *A escola de Atenas*, pintada pelo artista renascentista Rafael no século XVI, quando tais coisas andavam novamente em voga, mostra Platão, lembrado por ensinar as virtudes do misterioso Mundo das Formas, gesticulando com a mão direita apontada para cima como se dissesse: "Procure a verdade na perfeição dos céus." Aristóteles, ao contrário, cuja filosofia supostamente começa com a observação dos fenômenos terrestres, aponta para baixo, como se dissesse: "Olhe para o que está à sua volta se quiser conhecer a verdade."

Essa é uma representação idealizada de Aristóteles, é claro. Diógenes Laércio, em sua obra *Vidas e doutrinas dos filósofos ilustres*, oferece outra, mais com os pés na terra. Aristóteles, diz ele, tinha uma voz ciciante, pernas muito finas e olhos pequenos e costumava permitir-se vestir roupas muito chamativas, usando muitos anéis e penteados elaborados. Diógenes recorda que Lícon havia revelado que o filósofo costumava banhar-se numa tina com óleo de oliva e, pior, vender o óleo posteriormente. De fato, a reputação de Aristóteles em vida, e por um longo período após sua morte, não chegava perto da estatura alcançada por Platão. Autores como o renomado "cético" Timão de Filos desdenhavam do "triste palavrório do vazio Aristóteles", enquanto Teócrito de Quios escreveu um epigrama um tanto rude sobre ele, que diz:

Erigiu Aristóteles de cabeça vazia
A tumba oca de Hérmias, o Eunuco,
Antigo escravo do sofrido Êubulo.
(Que com monstruoso apetite preferia
O Bósforo aos pomares da Academia.)

O caso filosófico

Quando era um garotinho, Aristóteles foi introduzido nos mistérios do mundo natural pelo pai, que era médico oficial e herborista do rei da Macedônia. Aqueles certamente devem ter sido dias felizes, pois os pais de Aristóteles eram abastados e ele estava sempre ávido de aprender. Infelizmente, essa época foi abreviada pelas mortes precoces de ambos os seus pais, e em lugar deles Aristóteles se viu sob a tutela de um certo Proxeno, marido da irmã, Arimnesta.

Proxeno, ao que parece, era amigo de Platão e foi por isso que, em 367 a.C., aos 17 anos Aristóteles deixou o lar para se tornar aluno de Platão na renomada Academia de Atenas. Se chegou lá com a intenção de aprender simplesmente como praticar a medicina, logo se envolveu com todos os outros debates que ocorriam ali na época, a respeito de matemática, astronomia, leis e política.

Suas contribuições argutas e bem observadas fizeram dele uma figura de destaque, e Platão chamou-o, talvez de maneira um tanto acerba, o "intelecto" da escola. No entanto, apesar disso, após a morte do filósofo, em 347 a.C., foi Espêusipo, seu sobrinho, o nomeado para encabeçar a Academia, e não Aristóteles, o Macedônio. Pouco depois Aristóteles deixou a Grécia continental com seu amigo Xenócrates para estabelecer uma pequena academia de sua própria responsabilidade na cidade de Assos, no que hoje é o noroeste da Turquia, que era então um minúsculo Estado governado por Hérmias.

Confortavelmente abrigado ali, Aristóteles e Xenócrates concentraram-se nas "ciências", particularmente a biologia. Fascinado pela imensa variedade da vida animal, Aristóteles trabalhou energicamente para organizá-la em hierarquias e, de fato, cerca de um quarto de todos os seus escritos ocupa-se da categorização da natureza, incluindo as diversas formas que a alma assume em diferentes criaturas. Ao longo do tempo, identificou mais de 500 espécies animais, dissecando cuidadosamente cerca de 50 delas. Saiu-se melhor na classificação da vida marinha e, a caminho de Metileno, na Ilha de Lesbos, próximo da costa turca, observou até mesmo que uma vez que os golfinhos parem seus filhotes à maneira de certos animais terrestres, pertenciam à categoria dos mamíferos, não à de outros peixes. Também estudou os tubarões, observando que alguns deles geravam filhotes desenvolvidos, e ficou intrigado com a habilidade do peixe elétrico de atordoar sua presa, sem se dar conta, compreensivelmente, que isso se dava por meio de um choque. Entretanto, fora do mar, geralmente suas observações conduziam-no para o caminho errado. Declarou equivocadamente que as plantas se reproduzem apenas de maneira assexuada e que para os humanos o coração era o centro da consciência e que este bate apenas nos peitos masculinos. Afirmou que o lado esquerdo do corpo era mais frio do que o direito e que o cérebro estava ali apenas para resfriar o sangue, embora houvesse um "espaço vazio" atrás da cabeça de todo homem, para a alma.

Negou a faculdade de pensar aos animais, sustentando que eles eram capazes apenas de sensações e apetite, de que necessitavam ser governados pela espécie humana para que pudessem sobreviver. Ao contrário de Pitágoras, que via a alma imortal em todas as coisas, plantas e animais, segundo a visão de Aristóteles, existiam unicamente para uso dos humanos.

Embora Aristóteles seja às vezes creditado como antecessor de Darwin em sua teoria de que o traçado de tudo na natureza pode ser entendido levando-se em conta seu "propósito" ou "destino" final, Platão também havia explicado o mundo ao falar da propensão dos objetos a recuperar seu lugar adequado — as pedras a cair, o fogo a subir e assim por diante. De fato, num de seus diálogos, o *Timeu*, Platão oferece uma teoria da evolução ao contrário, na qual o homem, criado diretamente pelos deuses, rapidamente degenera: primeiro na mulher, depois em todos os vários extratos do mundo animal.

Pelo menos Aristóteles não segue Platão nisso. Mas quando descreve a natureza do espaço e do tempo, sua cosmologia é sempre conservadora. Acredita que as "esferas celestes" de Ptolomeu não eram apenas metafóricas, mas literalmente esferas de cristal, e depois chegou ao cálculo de que, para que os céus funcionassem adequadamente, deveria haver mais algumas delas, atingindo por fim o deselegante total de 54 esferas. O movimento dos objetos celestes era constante, uniforme e circular, enquanto as esferas rodavam suavemente no que chamou o "éter". Um "vácuo", asseverou, era absurdo e mesmo que de algum modo houvesse tal coisa, certamente o movimento nele seria impossível.

Como a Terra era o centro do universo, tudo estava organizado em camadas em torno dela. Sobre a Terra todas as coisas são mutáveis e corruptas, enquanto no céu tudo é permanente e imutável. A água estava acima da terra, o ar acima da água e o fogo era o mais alto de todos os elementos. Que fosse assim era fruto de observação: um objeto composto predominantemente de terra, como uma pedra, iria, caso suspenso no ar, cair em trajetória descendente;

gotas de água caem na forma de chuva; bolhas de ar aprisionadas sob a água sobem para o alto, assim como as chamas numa fogueira.

Também parecia óbvio para Aristóteles que quanto mais pesado fosse um objeto, mais rapidamente cairia. Um simples experimento prático pode provar que isso é falso; no entanto, esse equívoco bloqueou o progresso da física até que Galileu e Newton conseguissem demonstrar que isso era uma impossibilidade lógica, e não apenas empírica.

Do mesmo modo, Aristóteles considerou, mas rejeitou, a teoria de Demócrito de que as coisas eram feitas de átomos, atrasando a química em dois mil anos. Por uma estranha simetria, como observou o cientista John Tyndall no século XIX, quase chega a parecer que suas afirmações eram mais aceitas quando estavam mais incorretas.

> Ele pôs palavras em lugar de coisas, sujeito em lugar de objeto. Pregou a indução sem praticá-la, invertendo a verdadeira ordem da investigação ao partir do geral para o particular, em vez de fazê-lo do particular para o geral. Fez do universo uma esfera fechada, no centro da qual fixou a Terra, provando a partir de princípios genéricos, para sua própria satisfação, e também do mundo pelos dois mil anos seguintes, que nenhum outro universo era possível. Suas noções de movimento eram inteiramente antifísicas. Esse era natural ou inatural, melhor ou pior, calmo ou violento, sem que alguma real concepção mecânica residisse no interior de sua mente. Afirmou que o vácuo não poderia existir e provou que se existisse, o movimento ali seria impossível. Determinou *a priori* quantas espécies animais deveriam existir e mostrou com base em princípios genéricos por que os animais devem ser dotados de tais e tais partes.

Ou, como Karl Popper mais tarde expressaria: "O progresso do pensamento desde Aristóteles poderia, creio, ser resumido dizendo-se que toda disciplina, uma vez que tenha empregado o método aristotélico da definição, permaneceu aprisionada num estado de verbosidade vazia e escolástica estéril e que a extensão em que as várias ciências foram capazes de fazer algum progresso dependeu do grau em que foram capazes de se desfazer desse método essencialista." Popper acrescenta que a ênfase de Aristóteles nas definições conduz primeiro ao preciosismo "escolástico" vazio, mas depois — ainda pior — à desilusão com a própria razão. Esse, diz Popper, é o grande crime de Aristóteles.

Talvez tenha sido sorte, então, para o progresso que os estudos de Aristóteles tenham sido interrompidos por uma determinação real para que ele retornasse à Macedônia a fim de auxiliar na educação de Alexandre, o Grande, herdeiro do trono. Sua principal atividade parece ter sido preparar e copiar uma versão especial da *Ilíada* para o jovem guerreiro. Mas Alexandre não parece ter compartilhado de qualquer dos outros interesses de Aristóteles.

Retornando finalmente a Atenas, o filósofo estabeleceu a nova faculdade que se tornou conhecida como "escola peripatética", palavra grega para "andar em torno", pois Aristóteles, dizia-se,

(Aristóteles) Talvez tenha sido sorte, então, para o progresso que os estudos de Aristóteles tenham sido interrompidos por uma determinação real para que ele retornasse à Macedônia.

costumava caminhar em círculos enquanto ministrava suas lições ao ar livre. Quer o fizesse ou não, parece ter-se certificado de que todos os seus pensamentos fossem confiados ao papel. Ao longo do tempo, a escola "das andanças" reuniu uma biblioteca considerável de manuscritos, os quais, afirma-se, acabaram servindo como o cerne da grande Biblioteca de Alexandria. Essa biblioteca, porém, foi destruída em 391 sob as ordens do bispo Teófilo de Alexandria, que disse tratar-se ela de um "templo pagão", mas, felizmente para Aristóteles, uma coleção separada de seus manuscritos foi encontrada num poço na Ásia Menor, por volta de 80 a.C., por soldados do exército romano. Como eram organizados, os romanos os levaram de volta para a Itália, onde foram cuidadosamente reproduzidos.

Quando, no início do século V, a própria Roma caiu pelas mãos dos "bárbaros", os manuscritos foram levados até a Pérsia, onde foram preservados pelos árabes durante toda a Idade das Trevas europeia. Assim aconteceu que um cristianismo reformado pôde mais tarde recuperá-los dos "infiéis", traduzindo os livros para o latim nos séculos XII e XIII. E foi então que Aristóteles começou a suplantar Platão como "o Filósofo". Aliás, seus pontos de vista passaram a ser considerados dotados de uma autoridade quase divina, de modo que se Aristóteles disse, estava dito e feito. Em seu auge, de acordo com o irmão Giles de Roma, havia até igrejas em que se lia para as pessoas a *Ética*, de Aristóteles, todas as manhãs de domingo, em vez do Evangelho.

Então, o que havia nas recomendações aristotélicas, que os persas as guardaram com tanto cuidado durante séculos, e depois passou a ser o texto fundador da cultura europeia? Pois se Aristóteles pouca influência teve sobre Alexandre, o Grande, certamente a teve mil anos mais tarde.

O segredo de Aristóteles

Como vimos, o método esplendidamente simples de Aristóteles era observar o mundo à sua volta e explicar o que via com base no que parecia ser. Mulheres, constatou, eram tratadas de maneira muito pior do que os homens. Isso, explicou, era porque "mulheres são imperfeitas por natureza" e tal coisa, decidiu, é por sua vez mais bem explicada pelo fato de que elas não podem produzir o fluido masculino (o sêmen). Os gregos acreditavam que esse fluido continha pequeninas sementes que, quando plantadas na mulher, se transformavam com o passar do tempo em seres humanos plenamente desenvolvidos. Durante o sexo, o homem fornece a substância de um ser humano, a alma, ou seja, "a forma", enquanto a mulher pode apenas suprir posteriormente a nutrição, o que equivale a dizer "a matéria".

Isso tudo fazia sentido para Aristóteles, uma vez que o mundo da "matéria", como pensara Platão, é de modo geral inferior ao Mundo das Formas. (Aristóteles frequentemente tentava diferenciar-se de Platão, geralmente por meio de rudes críticas, mas na realidade Aristóteles é Platão revisitado.)

> ... se fôssemos discutir um leito ou algo semelhante, deveríamos tentar determinar sua forma de preferência à sua matéria (por exemplo, bronze ou madeira)... pois a natureza formal é de maior importância do que a material.

Aristóteles percebeu que os deuses haviam sabiamente dividido a humanidade em duas metades, de forma a manter o homem imaculado.

A sociedade grega seguia o mesmo princípio. Mulheres eram confinadas na casa paterna até que um marido lhes fosse escolhido — época em que estariam na metade da adolescência. A mulher seria então transferida para o lar do marido, onde se esperaria que desempenhasse sua principal função, parir e criar crianças, ou, para ser mais exato, meninos.

Geralmente, apenas uma filha, no máximo, seria desejada. Meninas excedentes poderiam até ser deixadas nas encostas para morrer. Os homens atenienses tinham numerosos outros modos de satisfazer seus impulsos sexuais além de suas mulheres. Havia cortesãs ou *hetairai*, prostitutas ou as próprias escravas, sem mencionar, é claro, a fartura de rapazes e outros homens. A função da mulher era fundamentalmente a de dar à luz um filho.

Naturalmente, a mulher não podia socializar-se com o marido e os amigos. Encontros sociais, mesmo na própria casa, ficavam em zona estritamente proibida. Mulheres abastadas não tinham autorização para deixar a casa e ir ao mercado ou ao poço comunal: essas eram atividades reservadas aos homens ou às escravas. Na verdade, mulheres escravas tinham, de certa maneira, mais direitos do que as senhoras, pois escravos eram considerados tão baixos em qualquer caso que distinções entre homens e mulheres deixavam de importar.

Mas nem todos pensavam assim. Na *República*, Platão polemicamente prevê uma classe superior de "guardiões" entre os quais a condição de objeto das mulheres é abolida (isto é, não são mais propriedades dos maridos) e na qual devem receber educação igual à dos homens. Por outro lado, no *Timeu*, observa:

> Apenas os homens são criados diretamente pelos deuses e recebem almas. Aqueles que vivem de maneira justa retornam às estrelas, mas os que são covardes ou seguem vidas iníquas podem com razão esperar ser convertidos para a natureza das mulheres no segundo nascimento.

Aristóteles adota a segunda posição, acrescentando que um homem precisa tomar as rédeas da mulher, porque tem inteligência superior. Imagine só, essa disposição, acredita, será obviamente também proveitosa para a mulher. Compara o relacionamento entre homens e mulheres àquele que existe entre seres humanos e animais domésticos.

> É melhor para todos os animais domesticados serem governados pelos seres humanos. Pois assim é que se mantêm vivos. Do mesmo modo, o relacionamento entre macho e fêmea é por natureza tal que o macho ocupa a posição mais elevada e a fêmea a mais baixa, de modo que o macho domina e a fêmea é dominada.

A escravidão é um caso semelhante, beneficiando tanto os escravos quanto os senhores. É melhor e mais natural porque algumas pessoas são "por natureza" destinadas a ser escravos. A maioria dos estrangeiros é assim, embora, como os animais selvagens, precisem ser primeiramente conquistados. Entre os bárbaros, observa Aristóteles, exibindo o seu cosmopolitismo, nenhuma distinção é feita entre mulheres e escravos, pois não há dominador natural entre eles: são uma comunidade de escravos, macho e fêmea. "É por isso que os poetas dizem: 'É correto que os gregos governem os bárbaros'", acrescenta, pois "'por natureza o que é bárbaro e o que é escravo são a mesma coisa.'"

Então, num de seus ocasionais ímpetos contraditórios, Aristóteles pergunta: "Mas há alguém assim destinado pela natureza a ser escravo?" Para quem "tal condição é conveniente e correta" ou não é antes "toda escravidão uma violação da natureza?" Felizmente, descobre que "não é difícil responder essa pergunta, com base tanto na razão quanto nos fatos. Pois que alguns devam mandar e outros serem mandados é algo não apenas necessário, mas apropriado; a partir da hora de seu nascimento, alguns são marcados para a sujeição, outros para governar". E prossegue:

> Essa pessoa é por natureza um escravo que pode pertencer a outra pessoa e que só participa do ato de pensar por reconhecê-lo, mas não por possuí-lo. Outros seres vivos (animais) não conseguem reconhecer o pensamento; obedecem apenas os sentimentos. Contudo, há pouca diferença entre usar escravos e usar animais domesticados: ambos fornecem auxílio físico para fazer coisas necessárias.

Escravos deveriam ser cuidados adequadamente — por razões econômicas. Mas, como as mulheres, não têm direito ao lazer nem a tempo livre. Eles nada podem possuir e não deveria ser-lhes permitido tomar decisões. Não são membros da comunidade.

> De fato, o uso que se faz dos escravos e dos animais domesticados não é muito diferente; pois ambos, com seus corpos, servem às necessidades da vida. À natureza conveio distinguir entre os corpos de homens livres e escravos, fazendo uns fortes para o trabalho servil e os outros eretos e, embora inúteis para tais serviços, hábeis para a vida política, nas artes tanto da guerra quanto da paz. Mas com frequência acontece o oposto — que alguns tenham as almas e outros os corpos de homens livres. E, sem dúvida, se os homens diferem uns dos outros nas meras formas de seus corpos tanto quanto as estátuas dos deuses diferem dos homens, todos reconheceriam que a classe inferior deveria ser escravizada pela superior. E se isso é verdade para o corpo, quão mais justo seria que uma distinção semelhante existisse para a alma? Mas a beleza do corpo é visível, enquanto a da alma não é. Está claro, então, que alguns homens são por natureza livres, e outros, escravos, e que para esses últimos a escravidão é oportuna e correta.

Uma possível debilidade dessa teoria, Aristóteles logo se deu conta, é que os tipos corretos de alma e de corpo não necessariamente ocorrem juntos. Assim, potencialmente, alguém poderia ter a alma de um escravo e o corpo de um homem livre, ou vice-versa. Só séculos mais tarde Santo Agostinho surgiu com uma solução para o problema. Agostinho explica que, uma vez que Deus decide quem vencerá as batalhas, a captura em combate seguida de escravidão é o meio com que Ele pune as pessoas por seus pecados. O fracasso em perceber isso é uma das menores falhas de Aristóteles.

As linhas gerais da teoria política de Aristóteles, então, são que a sociedade deveria ser construída em torno de formas mais elevadas e mais baixas de seres humanos.

- Mulheres são inferiores aos homens.
- Bárbaros (estrangeiros) são inferiores às raças civilizadas.
- Escravos são inferiores a todos.

Certamente era assim que a maioria de seus companheiros aristocratas na Grécia daquela época pensava, se não, talvez, até os escravos. Mas a contribuição de Aristóteles foi assegurar que a mesma abordagem básica dominasse o mundo ocidental durante a Idade Média e deixasse seus ecos ainda hoje, especialmente no Islã conservador.

Chega da ciência de Aristóteles e de sua política — mas (seguindo sua abordagem sistemática), e sua lógica e ética, consideradas por muitos suas mais importantes contribuições para a filosofia? A primeira delas assenta-se sobre o fundamento aparentemente seguro das "leis do pensamento":

- A lei da identidade: aquilo que é é.
- A lei da não contradição: nada pode ao mesmo tempo ser e não ser.
- A lei do terceiro excluído: tudo deve ser ou não ser.

Só na filosofia você poderia construir uma reputação sobre afirmações óbvias como essa. No entanto, ele também expande isso para produzir um cortejo elaborado de "argumentos", alguns dos quais diz que são "válidos" e outros que são "inválidos". Esses, os chamados *Analíticos Anteriores*, constituem o primeiro sistema de lógica formal de que se tem registro, e de fato permaneceu como a única "lógica" até o século XIX, quando Frege descartou sua maior parte. A lógica de Aristóteles era poderosa o bastante para demonstrar, entre outras coisas, que se Sócrates era um homem, e todos os homens são mortais, então Sócrates devia também ser mortal. O que o próprio Aristóteles pareceu não ter visto, porém, foi a natureza convencional das premissas. No mundo real, coisas podem ao mesmo tempo "ser" e "não ser" e ocasionalmente até ocupar uma posição intermediária. Uma pedra é ao mesmo tempo grande e pequena, dependendo do ponto de vista, e pode não ser uma pedra, afinal, se você examiná-la com atenção e vir que é constituída de terra. Não obstante, o conceito de que o mundo obedecia a regras, e que as regras poderiam ser determinadas por homens como Aristóteles, o Aristocrata, demonstrou-se sedutor e, muitos diriam, útil.

E quanto à ética de Aristóteles, ainda muito estudada nos departamentos de filosofia, embora hoje provavelmente menos lida nas igrejas? Muitas das doutrinas com frequência atribuídas a ele, notadamente sobre o mérito de cumprir sua "função", de cultivar suas "virtudes" (ver a "ética da virtude") e da "proporção áurea" entre dois extremos indesejáveis, são muito mais antigas. De fato, Platão promove essas ideias de maneira mais poderosa e eficiente. Entretanto, diferenças importantes entre Aristóteles e Platão estão presentes em suas éticas. A visão de Aristóteles sobre moralidade é demonstrada particularmente na *Ética a Nicômano*, em que principia com um levantamento das opiniões populares sobre o tema do "certo e errado", para descobrir como os termos são empregados, à maneira de um antropólogo social. Platão deixa muito claro seu desprezo por tal abordagem.

A *Ética a Nicômano* inclui cômputos do que os gregos consideravam as grandes virtudes, exemplificadas pela "grande alma" ou o homem "magnânimo" de Aristóteles, o ser humano que, dizem-nos, falará com voz profunda e elocução inabalável e não terá falsa modéstia, tampouco. A ideia central é que o propósito que convém à humanidade (ou antes aos aristocratas) é a busca da *eudaimonia*, que é a palavra grega para um tipo muito particular de "felicidade". "Nada é mais absolutamente necessário", escreve no Livro 2 da *Política*, "do que providenciar para que a classe mais alta, não apenas quando no poder, mas quando fora do poder, tenha direito ao lazer e a não se desonrar de qualquer forma". Essa busca apresenta três aspectos: assim como o mero prazer, há a honra política e os benefícios da contemplação. Fundamentalmente, é claro, como filosofia (mas poderia ser compondo listas de animais, também).

No século XVII, Thomas Hobbes viria a dizer que foi esse método que desviou Aristóteles do caminho, pois, ao embasar a ética nos "apetites dos homens", escolheu uma medida pela qual não há distinção correta entre certo e errado. De fato, aliás, pode-se mencionar que Hobbes considerava Aristóteles um grande tolo, protestando repetidamente contra a "insensatez" e o "esvoaçar" dos "antigos", com os quais pretendia se referir a apenas uma pessoa: Aristóteles. O que é uma espécie de homenagem.

Mas voltemos à rima descortês de Teócrito. Curiosamente, a causa da partida de Hérmias (um mercenário e mais tarde um déspota) desta terra foi ele ter sido torturado até a morte. Como havia se recusado a trair os seus amigos, entre eles Aristóteles (que se casara com a sobrinha de Hérmias e era geralmente muito favorecido por esse), o filósofo ficou-lhe muito grato. Ao erigir-lhe um monumento, Aristóteles cometeu uma de suas máximas dignas de citação, a saber, que de todas as coisas sobre a terra a que envelhece mais rapidamente é a gratidão. Essa pequena injúria autoinfligida ao *corpus* de seu conhecimento filosófico não o terá perturbado, pois ele tinha, estima Diógenes, 445.270 linhas mais.[1] Mas, como sabemos hoje, muitas dessas estavam também erradas. Por isso, talvez devamos entender os gestos pintados por Rafael como a expressão de exasperação de Platão perante a obtusidade do grande embusteiro.

Pomposa nota final

[1] Diógenes Laércio fornece uma útil "relação das obras de Aristóteles", conforme se segue:

> Da Justiça, quatro livros; Dos Poetas, três livros; Da Filosofia, três livros [apenas três? Mas isso depende de como você a define...]; Do Estadista, dois livros; Da Retórica, também chamado *Grylos*, um; o Nerinto, um; o Sofista, um; o Menêxeno, um; o Erótico, um; o Banquete, um; Da Riqueza, um; a Exortação, um; Da Alma, um; Da Prece, um; Do Bom Nascimento, um; Do Prazer, um; Alexandre, ou Da Colonização, um; Da Realeza, um; Da Educação, um; Do Bem, três; três livros sobre coisas presentes nas Leis de Platão; dois sobre Constituições Políticas; sobre Economia, um; Da Amizade, um; Do Sofrimento, ou De Ter Sofrido, um; Das Ciências, um; Da Erística, dois; Soluções Erísticas, dois; Cisões Sofísticas, quatro; Dos Contrários, um; Dos Gêneros e Espécies, um; Das Propriedades, um; Epiquiremática ou Notas sobre os Argumentos, três; Proposições sobre a Virtude, três; Objeções, um; um livro sobre as coisas que são faladas de várias maneiras ou um Ensaio Preliminar; um sobre a Paixão do Ódio; cinco sobre Ética; três Dos Elementos; um Do Conhecimento; um Dos Princípios; 17 sobre as Divisões; Das Coisas Divisíveis, um; dois livros de Questões e Respostas; dois Do Movimento;

um livro de Proposições; quatro de Proposições Erísticas; um de Silogismos; oito dos Analíticos Anteriores; dois dos maiores Analíticos Posteriores; um sobre Problemas; oito sobre Metodologia; Do Mais Excelente, um; Da Ideia, um; Definições como Preâmbulo aos Tópicos, sete; mais dois livros de Silogismos; um de Silogismos e Definições; um Do Desejável e Dos Acidentes; o Prefácio aos Tópicos, um; Tópicos Voltados para Definições, dois; um Das Paixões; um Das Divisões; um sobre as Matemáticas; 13 livros de Definições; dois de Epiquiremas ou Argumentos; um Do Prazer; um de Proposições; um Do Voluntário; Do Nobre, um; Epiquiremática, ou Teses Argumentativas, 25 livros; de Teses sobre o Amor, quatro; Teses sobre a Amizade, dois; de Teses sobre a Alma, um; Política, dois; Palestras sobre Política, como as de Teofrasto, oito; Dos Atos Justos, dois; dois livros intitulados Coleção de Artes; dois sobre Arte da Retórica; um sobre Arte; dois sobre outras Artes; um sobre Metodologia; um como Introdução à Arte de Teodectes; dois livros constituindo um Tratado sobre a Arte da Poesia; um livro de Entímemas Retóricos sobre a Magnitude; um de Divisões de Entímemas; Do Estilo, dois; Dos Conselhos, um; Da Coleção, dois; Da Natureza, três; Da Filosofia Natural, um; Da Filosofia de Árquitas, três; Da Filosofia de Espêusipo e Xenócrates, um; de excertos das doutrinas do Timeu e da escola de Árquitas, um; sobre as Doutrinas de Melisso, um; sobre as Doutrinas de Alcmeon, um; sobre os Pitagóricos, um; sobre os Preceitos de Górgias, um; sobre os Preceitos de Xenófanes, um; sobre os Preceitos de Zenão, um; Dos Pitagóricos, um; Dos Animais, nove; Da Anatomia, oito; um livro de Seleção de Questões Anatômicas; um Dos Animais Complexos; um Dos Animais Mitológicos; um Da Impotência; um Da Plantas; um sobre Fisionomia; dois sobre Medicina; um Da Unidade; um sobre Sinais de Tempestade;

um sobre Astronomia; um sobre Ótica; um Do Movimento; um Da Música; um sobre Memória; seis sobre os Problemas Homéricos; uma Poética; 38 de Filosofia Natural em referência aos Primeiros Elementos; dois de Problemas Resolvidos; duas Encíclicas, ou Conhecimento Geral; um de Mecânica; dois que consistem em Problemas derivados dos escritos de Demócrito; um Do Magneto; um livro das Comparações; 12 livros de Miscelâneas; 14 livros de coisas explicadas de acordo com seus Gêneros; um sobre Direito; um livro sobre os Vencedores dos Jogos Olímpicos; um sobre os Vencedores das Competições Pítias na Arte da Música; um Sobre Píton; uma Lista dos Vencedores dos Jogos Pítios; um de Vitórias Conquistadas nos Jogos Olímpicos; um Das Tragédias; Didascálias [lista de peças teatrais], um; um livro de Provérbios; um sobre as Leis das Recomendações; quatro livros de Leis; um de Categorias; um Da Interpretação; um livro contendo uma relação das Constituições de 158 cidades, e também algumas determinadas constituições democráticas, oligárquicas, aristocráticas e tirânicas; Cartas a Felipe; Cartas sobre os Selimbrianos; quatro Cartas a Alexandre; nove a Antipater; uma a Mentor; uma a Aríston; uma a Olímpias; uma a Hefaístion; uma a Temistágoras; uma a Filoxeno; uma a Demócrito; um livro de Poemas, que começa com: "Salve! Sagrado e venerável Deus longipotente." E um livro de Elegias que inicia com: "Filha de mãe de muitos feitos."

• • •

II

Mais antigos

Capítulo 4

Lao-Tsé se transforma em Nada (séc. VI-V a.C.)

Na China, Lao-Tsé é reverenciado como um dos três grandes sábios, um contemporâneo de Confúcio (séculos VI a V a.C.) e como o autor do clássico do taoismo, o *Tao te ching*.[1] No entanto, por estranho que pareça, é muito pouco reconhecido no Ocidente. O professor Kwong-loi Shun (da Universidade da Califórnia) tenta explicar: "Muitos estudiosos modernos duvidam da existência de Lao-Tsé como figura histórica e consideram que o texto... conhecido como o *Tao te ching* seja composto e remonte ao século III a.C."

O caso filosófico

Seja como for, quer tenha existido ou não, diz a história que um dia Lao-Tsé estava insatisfeito com a China e quis partir em viagem pelo mundo. Entretanto, na fronteira, um guarda o reconheceu e recusou-se a deixar o Grande Sábio passar até que tivesse registrado toda a sua sabedoria num pergaminho.

Apesar de ser indubitavelmente tão sábio, ou talvez por causa disso, Lao-Tsé conseguiu fazer o que o guarda lhe pedia em apenas algumas semanas, produzindo um volume de pouco mais de cinco mil caracteres chineses. Um dos primeiros capítulos afirma:

> Algo indefinido e perfeito existia antes do Céu e da Terra
> Solitude! Vastidão! Só e inalterado. Tudo preenche e nada ofende.
> Pode ser considerado a Mãe do Mundo
> Não sei o seu nome, por isso o designo "Tao".
> Compelido a ponderar sobre ele, nomeio-o "Grande".

Após entregar o texto concluído ao guarda, Lao-Tsé montou em seu touro e desapareceu, dirigindo-se para o oeste. (Imagens de Lao-Tsé cavalgando seu touro são populares na China ainda hoje.)

As cópias manuscritas mais antigas remontam ao século II a.C., mas para muitos o texto é considerado (como a Bíblia) de ori-

(Lao-Tsé) Após entregar o texto concluído ao guarda, ele desapareceu, dirigindo-se para o oeste.

gem divina e Lao-Tsé é reverenciado não apenas como o autor, ou mesmo como um profeta, mas como imortal. Contudo, para aqueles que situam Lao-Tsé em algum lugar entre a imortalidade e a completa inexistência, ele nasceu no século VI a.C. em Juren, no estado de Chu, e foi o autor original do *Tao te ching*, ou o "Clássico do caminho e da virtude".

Quaisquer que sejam suas origens, o *Tao te ching* é um repositório de ideias imensamente poderosas. Apenas uma delas é a noção de "yin" e "yang". Esses são os dois aspectos de tudo o que compõe a realidade. O yin, o aspecto feminino, é escuro, macio e dúctil. O yang, o aspecto masculino, é luminoso, duro e inflexível. Tudo no mundo consiste em ambos os elementos e tudo se encontra em um estado de fluxo, mudando para se tornar mais yin ou mais yang.

> Os seres humanos nascem macios e flexíveis; porém, quando morrem são rijos e endurecidos...
> Plantas brotam tenras e delicadas; no entanto, quando morrem são murchas e secas...
> Portanto, o duro e o rígido são discípulos da morte, o macio e o flexível são discípulos da vida.
> Por isso um exército inflexível não é vitorioso, uma árvore que não se curva quebrará.
> O rijo e maciço escasseará, o macio e fluido crescerá.

Outra revelação do *Tao te ching* é que tudo segue certos padrões, isto é, "o caminho". Os seres humanos também deveriam "seguir o receptividade" e ceder aos tempos e às influências. De acordo com Lao-Tsé, entrega e inatividade sem esforço são não apenas a melhor maneira de se comportar nos bons tempos, mas também a melhor maneira de confrontar problemas. "Regras", como aquelas privilegiadas por Confúcio, são parte do problema. Porém as lições contidas nisso não são tão passivas e negativas como muitos parecem presumir.

Julgar e "ceder" aos tempos é também o tema do mais antigo *I ching*, ou "Livro das mutações", escrito possivelmente em 3000 a.C. (o que faz dele o livro mais antigo do mundo). O *I ching* é um guia de ação, para alcançar o melhor resultado diante das circunstâncias. Tem sido usado como manual prático e guia de ação durante os últimos cinco mil anos, consultado por fazendeiros e generais tanto quanto por imperadores e sábios. Afinal, é parte da filosofia que o "caminho" se aplica às coisas muito pequenas tanto quanto às grandes.

Um dos capítulos do *Tao te ching* descreve Lao-Tsé caracteristicamente "vagando" — em meio ao povo, ocupado como se estivesse numa festa, sentindo-se como um "recém-nascido antes de aprender a sorrir" e sozinho, sem um lar verdadeiro. Ele prossegue:

As pessoas têm o bastante para dar e vender,
Enquanto eu nada tenho,
E meu coração é tolo, turvo e sombrio.

As pessoas são radiantes e seguras,
Enquanto eu sou opaco e confuso.

As pessoas são sagazes e sábias,
Enquanto eu sou obtuso e ignorante;
Caminhando a esmo como uma onda no oceano,
Sem me apegar a algo...

Então, para onde foi "Lousy" nos dias de hoje?*

* A palavra inglesa *lousy* tem pronúncia semelhante a Laozi, uma das maneiras como se costuma grafar o nome de Lao-Tsé. Literalmente, significa "piolhento", porém é empregada com mais frequência em sentido figurado, designando algo vil, malfeito ou de má qualidade. (*N. do T.*)

Lao-Tsé deixa de aparecer, montado em seu touro ou apeado dele, em muitos dos dicionários e enciclopédias de filosofia ocidentais. O *Oxford Companion of Philosophy*, como citei acima, lança dúvidas sobre sua existência. O *Collins Dictionary of Philosophy* não o reconhece de forma alguma. Até mesmo a excessivamente internacionalista *Routledge Concise Encyclopaedia* oferece a entrada "*Lao Tzu/Laozi*", mas sob ela aparece apenas o conselho para que se veja *Daodejing*, outra grafia do *Tao te ching*. De qualquer modo, sob essa entrada, Lao-Tsé desapareceu novamente. Nem um velho fio de cabelo branco dele pode ser encontrado em lugar algum.

Pomposa nota final

[1] Dizem que os dois grandes filósofos um dia se encontraram, mas Confúcio ficou perplexo com seu companheiro ligeiramente mais velho. E quando os eruditos confucionistas escreveram a história da filosofia chinesa, tenderam a certificar-se de que Lao-Tsé emergisse apenas à sua sombra.

• • •

Capítulo 5

Pitágoras conta até dez (c. 570-495 a.C.)

"Pitágoras é um dos homens mais interessantes e enigmáticos da história", escreve Bertrand Russell em sua *História da filosofia ocidental*. "Não apenas as tradições ligadas a ele são uma mistura quase inextrincável de verdade e falsidade, mas mesmo em sua forma mais transparente e menos questionável elas nos presenteiam com uma psicologia muito curiosa. Ele pode ser descrito, brevemente, como uma combinação de Einstein e Sra. Eddy.* Fundou uma religião, cujas principais doutrinas eram a transmigração das almas e a pecaminosidade do ato de comer favas. Sua religião foi agregada numa ordem religiosa, a qual, aqui e ali, adquiriu o controle do Estado e estabeleceu a 'regra dos santos'."

Russell então diz (com generosidade incomum) que se a teoria de Pitágoras de que "todas as coisas são números" é literalmente

* Mary Baker Eddy (1821-1910), fundadora do movimento da Ciência Cristã. Adepta de curas espirituais, pregava a ciência cristã como solução para problemas de saúde e questões morais. Fundou também a Primeira Igreja de Cristo Cientista e vários periódicos, incluindo o *The Christian Science Monitor*, que circula ainda em nossos dias. (*N. do T.*)

absurda, "o que ele quis dizer não é exatamente absurdo". E atribui ao antigo filósofo descobertas úteis, como as noções matemáticas de "média harmônica" e "progressão harmônica" e o conceito de "números quadrados", assim como maneiras de "elevá-los ao cubo". Então, conclui:

> Não sei de algum outro homem que tenha sido tão influente quanto ele foi na esfera do pensamento. Digo isso porque o que parece platonismo demonstra-se, quando analisado, estar em essência no pitagorismo. Toda a concepção de um mundo eterno, revelado ao intelecto mas não aos sentidos, deriva dele. Não fosse por ele, os cristãos não teriam pensado em Cristo como o Verbo: não fosse por ele, teólogos não teriam buscado provas lógicas de Deus e da imortalidade.

É um tributo notável. Mas teria a possibilidade de ser verdadeiro?

O caso filosófico

Pitágoras parece ter sido um sujeito misterioso. Como Sócrates, nada deixou além de pegadas, nada escrito, pelo menos. Alguns questionam que ele tenha até existido, apontando para o fato de que seu nome, *pythia* e *agoreuein*, significa literalmente "palavras do oráculo". No entanto, para uma figura mítica, há fartos registros de detalhes práticos. Portanto vejamos se Pitágoras, filho de Mnesarco, é realmente o verdadeiro pai da filosofia ocidental.

A história começa em algum momento, ninguém sabe com certeza exatamente quando, no século VI a.C. Nessa época, Pitágoras, um ilhéu originário de Samos, retornou para casa depois de anos aparentemente viajando pelo mundo, incluindo o Egito — onde foi iniciado pelos sacerdotes nos segredos de seus ensinamentos — e o misterioso "Oriente", lar dos magos persas e caldeus e dos brâmanes da Índia.

Samos, porém, havia caído sob o governo de um tirano, por isso foi no sul da Itália, em Crotona, que ele se estabeleceu. Os nativos, na época, eram notórios pelo comodismo e pela preguiça, mas longe de evitar chamar a atenção sobre si como um estrangeiro, Pitágoras se pôs a falar-lhes sobre os méritos da vida simples. Logo, os rapazes do ginásio, outros homens jovens, as mulheres da cidade e os adultos no Senado, pelo menos de acordo com o historiador Iâmblico, que escreveu 800 anos mais tarde, viram a luz. Seiscentos deles se tornaram seus discípulos e dedicaram-se à busca da sabedoria. Era-lhes exigido viver de maneira comunal e com simplicidade. Pitágoras tinha regras rígidas e impunha que os adeptos vivessem de acordo com elas. A primeira regra era o silêncio. "Ele, Pitágoras, diz" era a única coisa de que precisavam saber na busca por sabedoria.

Segundo Iâmblico, escrevendo no século III, os devotos inferiores não eram autorizados a ver Pitágoras e ouviam-no falar apenas por trás de um véu. Os sermões supostamente consistiam (novamente como os conselhos do oráculo de Delfos) em breves ditos, tais como:

> Não ajude a descarregar um fardo, mas ajude a carregá-lo.
> Sempre calce as sandálias primeiramente no pé direito.
> Não fale no escuro.
> Quando oferecer um sacrifício, faça-o descalço.

Apenas alguns pupilos muito avançados, depois de anos de paciente aprendizagem, eram autorizados a falar e até mesmo a fazer perguntas.

(Pitágoras) "Ele, Pitágoras, diz" era a única coisa que eles precisavam saber.

Entre outras regras do pitagorismo, muito ridicularizadas pelos filósofos subsequentes, estavam:

> Abster-se de feijões;
> jamais tocar um galo branco;
> não permitir que andorinhas vivam sob o seu telhado;
> não olhar para o espelho ao lado de uma luz;
> não atiçar o fogo com um ferro;
> se uma panela for retirada do fogo, destrua imediatamente a impressão que ela deixar nas cinzas.

De forma semelhante, quando se levantar de manhã, enrole as roupas de cama juntas para remover a impressão do corpo e, finalmente, não se entregue à hilaridade. Russell acrescenta o seguinte, dizendo que todas as regras de Pitágoras são na verdade "primitivos conceitos tabu".

> Não apanhar coisas que tenham caído;
> nunca partir o pão nem comer de uma broa inteira;

não caminhar pela estrada;
nunca apanhar uma grinalda;
não comer corações de animais;
não sentar sobre a medida de um quarto.

Em *Da divinação*, Cícero contribui para a desinformação sobre os pitagóricos, explicando que a regra dos feijões devia-se ao fato de que essas favas "têm uma tendência flatulenta prejudicial à busca de tranquilidade mental". Isso, porém, era provavelmente uma piada grosseira sobre a seita, mas que hoje é considerada fato histórico.

Os pitagóricos tinham de aprender ditos, ou máximas, e senhas. Iâmblico dá alguns exemplos:

O que são as ilhas dos benditos?
O sol e a lua.

Qual é a coisa mais sábia?
O número.

O que é o Oráculo de Delfos?
A canção que as sereias entoam.

Pitágoras proibia que se ferissem animais porque acreditava que as almas das pessoas ficavam presas neles. Os vegetarianos de hoje podem achar que a palavra "presas" é desfavorável aos animais, mas na verdade Pitágoras, como os sacerdotes órficos, também considerava o corpo humano uma espécie de sepulcro para a alma.[1] A existência terrena era algo que se tinha de sofrer antes de reencarnar como algo melhor. Talvez como número — talvez até mesmo como o número dez!

A música era fundamental para o pitagorismo. Os pitagóricos descobriram que certas frequências sonoras, e principalmente aquelas mais agradáveis aos ouvidos humanos, são dotadas de relações matemáticas simples umas com as outras. Por exemplo, reduzir o comprimento da corda de uma lira pela metade produz uma nota uma oitava mais alta.

Os pitagóricos naturalmente pensavam também que o céu precisava estar em "harmonia" e, por meio de pesos amarrados às pontas de cordões que eram então esticados, identificaram os fundamentos matemáticos das leis da gravidade. (O próprio Newton reconheceu isso, dois mil anos mais tarde, em seus *Principia Mathematica.*) Munidos desse conhecimento, imaginaram que as próprias estrelas produziam um belo som enquanto descreviam um círculo em torno do "fogo central". Este fogo, a propósito, não era o sol, mas ainda assim Pitágoras poderia ser considerado o primeiro filósofo a traçar um sistema detalhado dos movimentos dos planetas que não insistia que a Terra estava fixa na posição central.

Pitágoras considerava que o universo, num certo estranho sentido, consistia fundamentalmente em números, que na verdade teriam existência independente dos objetos que deles "compartilham". Quatro cadeiras, por exemplo, oferecem um vislumbre do celestial "número quatro". O número dez era especialmente importante, uma espécie de objeto triangular que consistiria em quatro fileiras de quatro, três, dois e um.

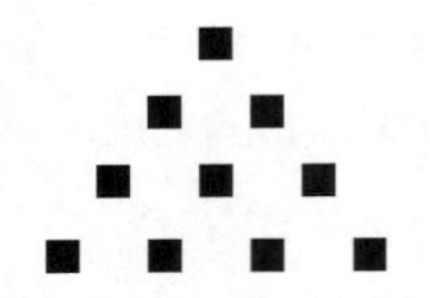

A Tetractys da Década

Contemplando a elegância matemática do universo, revelada nos movimentos das estrelas e dos planetas, mas também nas misteriosas verdades matemáticas, a humanidade poderia escapar à corrupção terrena e alcançar a imortalidade. Outro cronista, Aécio, recorda como os pitagóricos faziam os seus votos referindo-se não os deuses, mas aos modelos matemáticos:

> Por aquele que deu à nossa geração a Tetractys da Décade, fonte e raiz da natureza eterna!

Diz-se que Pitágoras inventou a palavra "filosofia", ou amor à sabedoria, para encobrir sua investigação dos mistérios do outro mundo dos números. Também se supõe que tenha cunhado a palavra "cosmo" (*kosmos*), que significa "belo ornamento", para descrever o universo.

No século V, Proclo atribui a Pitágoras a sistematização do estudo da matemática, que anteriormente era feito por meras observações esparsas, "examinando os princípios da ciência desde o início e pondo à prova as teorias de maneira imaterial e intelectual".

Aristóteles oferece algumas reminiscências um tanto desorganizadas do método de Pitágoras, dizendo que começa com "um" e que esse um representa o "limite". O "ilimitado" em volta dele é então "atraído e delimitado pelo limite... do ilimitado são atraídos o tempo, o alento e o vácuo, que constantemente diferencia as posições das várias classes de coisas". A primeira coisa a ser criada foi o número. O universo que as pessoas conhecem consiste em coisas distintas umas das outras, isto é, coisas que podem ser numeradas.

Se o restante da sequência foi especificado, a informação se perdeu. Aristóteles acrescenta:

> tal modificação dos números sendo a justiça, outra sendo alma e razão, outra sendo oportunidade — e, de modo similar, quase tudo sendo expresso por números... eles admitiram que a totalidade do céu seria uma escala musical e um número...

Aristóteles também evoca a Tábua dos Opostos. Assim como os números pares e ímpares, o limitado e o ilimitado, existem

uno e pluralidade
direita e esquerda
macho e fêmea
repouso e movimento
reto e curvo
luz e escuridão
bem e mal
quadrado e... oblongo

(Isso completa dez.)

Aristóteles explica que Pitágoras ligou números a conceitos como justiça, que é o quatro, e casamento, que é o cinco e é expresso pela ligação entre macho e fêmea, em que o número masculino é três e o feminino é dois — mas a teoria é na realidade mais complicada.

A teoria complicada[2]

A teoria pitagórica começa com a "unidade" ou o número um, também conhecido como "a Mônada". Esse era descrito como ao mesmo tempo par e ímpar, classificado também como par-ímpar. Essas são as duas forças opostas presentes na unidade, que se separam e recombinam para formar o restante do mundo. Geometricamente, é um ponto sem dimensões. Para os pitagóricos, é a fonte de todas as coisas. O número dois é imperfeito, pois cria a possibilidade de divisão. Geometricamente, é uma linha. O número três era chamado "o todo", porque combina um e dois e porque permite um começo, meio e fim. Geometricamente, três é a primeira figura — um triângulo. O número quatro, representando o quadrado, era considerado perfeito; enquanto o número dez, como pode ser criado a partir de vários números primos, também contém todas as proporções matemáticas e musicais e, consequentemente, representa o mundo. Com o número quatro, o domínio dos corpos físicos foi alcançado, pois uma figura tridimensional (uma pirâmide) pode ser construída a partir de apenas quatro pontos.

Os números cinco e seis eram ambos denominados "casamento", pois combinavam dois e três, considerados os números macho e fêmea, o primeiro por adição e o segundo por multiplicacão. O número sete era chamado "virgem", pois não podia ser criado a partir de quaisquer outros números. O número oito é o primeiro número "cubo", sendo o resultado de 2 x 2 x 2, e o número nove era chamado "horizonte", por nenhuma outra razão a não ser que é o último número antes da Décade ou número dez. O dez contém todos os outros números e por isso é contado como "o universo". Pode ser construído de diversas maneiras interessantes, como pela soma de 1, 2, 3 e 4; ou elevando 1 e 3 ao cubo e colocando-os juntos. Os pitagóricos consideravam-no uma deidade e faziam juramentos (devotamente, é claro) por ele.

(Fim da teoria complicada, ou pelo menos até o ponto em que iremos considerá-la.)

De qualquer forma, a história diz que um dos alunos de Pitágoras, Hipaso, foi lançado ao mar para se afogar após ter revelado aos "não iniciados" o difícil fato de que algumas qualidades geométricas (como a raiz quadrada de dois) não podiam ser expressas de modo algum como números inteiros. Fatos como esse eram evidentemente problemáticos para os pitagóricos e eles preferiam mantê-los em segredo.

Mas apesar de não ser capaz de resolver a raiz quadrada de dois, histórias dos estranhos poderes de Pitágoras se acumulavam, como registra certo fragmento:

> Uma vez ele foi visto por muitas pessoas, no mesmo dia e no mesmo horário, em Metaponto e Crotona, e em Olímpia, durante os jogos, ele se levantou no teatro e revelou que uma de suas coxas era dourada!

Mesmo Aristóteles observa que Pitágoras era apelidado de o Apolo Hiperbóreo, sendo os hiperbóreos um povo mítico que se acreditava residir nas regiões ao norte da Grécia. A palavra literalmente significa a terra além do vento norte, imaginada como uma utopia onde o clima era ameno, o sol produzia duas colheitas por ano e os velhos se atiravam alegremente ao mar após decidirem que haviam vivido uma boa vida.

Como se isso não fosse o bastante, outros escritores registram os feitos extraordinários de Pitágoras:

> Ele previu que um navio que se aproximava traria um cadáver.
> Ele mordeu uma serpente, causando-lhe a morte.
> Ele dirigiu a palavra ao rio Cosas e este respondeu "Salve, Pitágoras!"

Nem todos se impressionavam com tais histórias. Heráclito descreve Pitágoras como um charlatão, que roubava ideias de outras pessoas e passava-as aos seus seguidores como se fossem suas. Chamava-o de gralha ladra, cuja habilidade não é a sabedoria, mas o logro.

Mas muito de Pitágoras reaparece em Platão. Por exemplo, num tempo em que tais pensamentos eram raros, Pitágoras insistia que homens e mulheres eram iguais, que a propriedade deveria ser mantida em comum e que os adeptos vivessem e comessem comunalmente. Tudo isso reaparece na *República* quando Platão recomenda aos guardiões um estilo de vida paralelo às doutrinas pitagóricas das formas celestiais e à separação entre o mundo do conhecimento e o da matéria (do qual os filósofos devem se manter distantes). Além disso:

- No *Mênon*, aparece a concepção pitagórica de que a aprendizagem é na verdade recordação, quando o "garoto escravo" lembra do teorema geométrico que leva o nome de Pitágoras.
- Em *Górgias*, há a doutrina pitagórica de que quanto mais alguém conhece algo, mais esse alguém se torna semelhante a tal coisa.
- O *Timeu* é uma descrição pitagórica do universo em termos de harmonias (musicais) e da matéria, que é revelada misticamente ali como feita de formas geométricas, notavelmente triângulos.
- No *Fédon* está a visão pitagórica de que a filosofia é uma preparação para a morte e a imortalidade.

A filosofia é às vezes considerada uma série de notas explicativas sobre Platão, o que em muitos sentidos é verdade. Mas, por misterioso que isso seja, o próprio Platão parece, quando examinado atentamente, tratar-se em grande parte de notas explicativas sobre Pitágoras.

Pomposas notas finais

[1] Curiosamente, o ruído do bater de um gongo era explicado de forma semelhante, considerando-o a voz de um demônio aprisionado.

[2] Há duas raízes mais importantes na matemática grega. A mais antiga das fontes é o antigo Egito, por volta de 3100 a 2500 a.C., e era

evidentemente bastante sofisticada, como testemunham as pirâmides com seus túneis secretos, suas proporções matemáticas e seu posicionamento em relação aos vários corpos planetários e solar. A outra fonte, por volta de 2000 a.C., são os sacerdotes da Mesopotâmia, ou a "terra entre os dois rios" (isto é, o Tigre e o Eufrates), que desenvolveram um corpo de conhecimento matemático. Sua matemática era prática, destinada à construção, ao comércio e para que os astrônomos determinassem as estações, embora também fosse mística.

• • •

Capítulo 6

Heráclito escolhe o lado obscuro do rio

(c. séc. V a.C.)

Heráclito era um aristocrata que vivia na costa jônica da Grécia. Sua preferência pela composição de epigramas filosóficos curtos, quase paradoxais, mais tarde valeu-lhe a alcunha de "o Obscuro". Mas foi uma máxima aparentemente inócua sobre rios que fez sua reputação. O professor Godfrey Vesey recorda em sua minienciclopédia que o "Fragmento 12" diz: "Sobre aqueles que entram no mesmo rio, fluem diferentes águas em diferentes situações" e acrescenta, de maneira importante, que isso levou Platão a negar que possamos conhecer o mundo diário dos sentidos "e a partir daí chegar à Teoria das Formas" propriamente dita.

O caso filosófico

Heráclito "floresceu", como frequentemente se afirma (como algum tipo de exótica flor filosófica), em Éfeso, por volta de 500 a.C. De acordo com cronistas posteriores, enterrou-se numa pilha de esterco, mas, ai de nós, como acontece com frequência, isso parece mais um caso apócrifo do que histórico. Como todos os outros pré-socráticos, subsistem poucos registros de seus pensamentos e mais ideias, apenas alguns fragmentos. Há cerca de cem; o mais extenso tem apenas 55 palavras.

Por esses, pode-se ver que Heráclito era um charadista. Exceto, isto é, quando falava de seus companheiros efésios. Nesse caso era bastante direto, dizendo, por exemplo, que "fariam melhor enforcando-se, até o último deles". Tampouco se intimidava ao depreciar outros filósofos, declarando que demonstravam com seus exemplos que a aprendizagem de muitas coisas não trazia a sabedoria. Também não se saía nem um pouco melhor o populacho em geral — eram tão inconscientes do que faziam quando acordados quanto esquecidos do que faziam em seus sonhos.

Em outros fragmentos mais filosóficos, Heráclito pode ser visto rejeitando todas as noções místicas sobre a origem do universo, afirmando que esse não fora criado por alguém, mas havia sempre existido, e que o que havia de importante sobre ele podia ser descoberto não pelo exame de suas partes, mas pelo estudo do modo como se organizava, de sua estrutura. Acreditava que o universo era feito essencialmente de fogo, que também seria o ingrediente essencial da alma.

Porém o mais famoso fragmento de Heráclito é aquele sobre o rio:

Não se pode entrar no mesmo rio duas vezes.

Em algumas ocasiões, isto é formulado mais precisamente como: "As águas que fluem sobre aqueles que entram num mesmo rio serão diferentes." Outras vezes, formula-se como: "Não se pode entrar duas vezes no mesmo rio; pois outras águas estarão sempre fluindo sobre quem o faz."

Se já temos quatro diferentes versões da frase desde o início do capítulo, isso é natural. Afinal, a observação tem sido comumente interpretada como uma espécie de metáfora sobre a natureza da realidade em geral e o "heraclitismo" tornou-se uma doutrina encapsulada por Platão como a visão de que "tudo flui".

No século passado, Heráclito foi reinventado como uma espécie de físico quântico precoce, mergulhando não tanto em rios quanto em campos energéticos. Werner Heisenberg, o criador do "princípio da incerteza", ainda que suas opiniões precisassem apenas de um empurrãozinho para ficar totalmente em dia, escreve:

> A física moderna é, de certa forma, bastante próxima das doutrinas de Heráclito. Se substituirmos a palavra "fogo" pela palavra "energia", podemos repetir essa afirmação palavra por palavra a partir do nosso ponto de vista moderno. Energia é, na verdade, a substância da qual todas as partículas elementares, todos os átomos, e portanto todas as coisas, são feitos e energia é aquilo que movimenta... A energia pode ser considerada a causa fundamental de todas as transformações no mundo.

Mas o próprio Platão estava ecoando Crátilo, que apenas pouco tempo antes decidira por conta própria o que Heráclito devia estar querendo dizer. A ideia de Crátilo de que tudo estava em transformação o tempo todo foi então adotada por Empédocles, que embelezou a outra noção heraclitiana de um mundo perpetuamente dividido entre as duas forças batizadas sugestivamente "amor" e "discórdia", com a finalidade de revelar seu caráter essencial. O mundo tornou-se uma esfera de amor perfeito em que a discórdia, como um turbilhão, se infiltrou.

De quem foi a ideia, então? De Heráclito, de Crátilo ou...? Ela continua mudando. Mas, em todo caso, o argumento sobre o

(Heráclito) O mundo é uma esfera de amor perfeito em que a discórdia, como um turbilhão, se infiltrou.

rio parece ter sido algo mais prosaico, tendo a ver com natureza da experiência humana. Descobrimos que as coisas são diferentes o tempo todo, mas por trás da aparência de diversidade há uma unidade mais importante e fundamental: "coisas frias esquentam, o calor se resfria, o úmido seca, o crestado se umedece". Não que Heráclito esteja dizendo que os sentidos se enganem, pois "tudo o que aparece à vista, aos ouvidos, à experiência, a isso confiro privilégio", ele acrescenta.

Até a vida e a morte são uma coisa só, prossegue Heráclito. "É o mesmo viver e morrer, o que está desperto e o que dorme, ser jovem e ser velho... pois esses são aqueles transformados e aqueles quando se transformam passam a ser esses." Os opostos se unem pela transformação: eles se transformam uns nos outros. E a transformação é a realidade fundamental do universo. A perspectiva "divina", mais elevada, vê todos os opostos: "Dia e noite, inverno e verão, guerra e paz, fartura e penúria" são todos a mesma coisa. Pela perspectiva divina, até bem e mal são a mesma coisa.

Dois mil anos mais tarde, o professor Hegel descobriu no vórtice em turbilhão da unidade de opostos o núcleo de uma nova "filosofia do mundo", as origens da "lógica especulativa" e a noção histórica de mudança perpétua. A batalha de Hegel entre tese e antítese, buscando a síntese, conduziu diretamente tanto ao materialismo dialético de Marx quanto à ideologia fascista dos poderes depuradores do conflito e da guerra. Mas, afinal, o próprio Heráclito declarou que: "Deve-se saber que a guerra é comum a todas as coisas e discórdia é justiça." É só o calor da batalha que pode "provar serem alguns deuses e outros meros homens, transformando os últimos em escravos e os primeiros em mestres".

Na verdade, há outro modo de ver Heráclito. Na mesma época em que delineava sua teoria da mudança cíclica e perpétua, o sábio chinês Lao-Tsé explicava a natureza cíclica do Tao, manifesta na famosa interação entre yin e yang.

Mas essa é outra história.

• • •

Capítulo 7

Hipátia sustenta metade do céu

(c. 370-415 d.C.)

Hipátia, ao menos de acordo com Lucas Siorvanes, na *Routledge Concise Encyclopaedia of Philosophy*, era uma neoplatônica "famosa por seus discursos públicos sobre filosofia e astronomia e sua atitude desinibida em relação ao sexo". Era também "um animal político" dotado de um agudo senso prático de virtude, acrescenta. Presumivelmente como resultado de uma ou outra dessas características, foi morta por uma turba cristã "e perdurou desde então como mártir da causa da filosofia".

O caso filosófico

Talvez a mais famosas das "mulheres perdidas da filosofia" seja Hipátia. Dizia-se que era a mais eminente matemática e filósofa neoplatônica de sua época. Com 30 anos sua reputação se estendeu até a Líbia e a Turquia. Filha de Theon, um professor de matemática e astronomia do Museu de Alexandria, foi considerada ainda mais brilhante do que ele e, além de tudo, bela e modesta também, o que aparentemente Theon não era. Naquele tempo, Alexandria, sob controle romano, era o centro literário e científico do mundo, ostentando magníficos palácios, a Biblioteca e Museu de Alexandria e diversas escolas de filosofia influentes. A vida intelectual florescia, ainda que a cidade fosse cada vez mais golpeada por batalhas entre cristãos, judeus e pagãos.

A própria Hipátia era uma pagã, uma espécie de "platônica", ou, como diríamos hoje, uma livre-pensadora. No entanto, ainda que o governo romano cristão de Alexandria perseguisse judeus e outros pagãos, honrava-a com uma posição inaudita e remunerada como diretora da escola de Plotino. De acordo com um cronista, Nicéforo, isso se deu porque ela era excelente em todas as disciplinas e ultrapassava de longe os outros filósofos, não só de sua época, mas também das eras anteriores. De qualquer forma, por 15 anos ela encabeçou a prestigiosa instituição, lecionando as sutis artes da geometria, da matemática, as obras de Platão, Aristóteles, astronomia e mecânica. Dizia-se que os alunos, tanto homens quanto mulheres, deslocavam-se de toda a região para estudar com ela. Graças à sua dedicação, honestidade e seriedade, "todos a respeitavam e reverenciavam", registra Nicéforo, e parecia que, mesmo naquela sociedade rigidamente dominada pelos homens, era bastante natural que ela os precedesse.

Não obstante isso, muitos de seus ouvintes masculinos apaixonavam-se por ela, um deles com tanta intensidade que parecia determinado a morrer. Ouvindo isso, ela rasgou suas roupas, revelando sua beleza, e disse: "*Voilà!* Eis aquilo por que você está apaixonado, meu amigo!" *Voilà*, de fato! (Na verdade, Hipátia era casada com outro filósofo e também amante do imperador Arcádio.)

Por outro lado, em suas palestras, ela se concentrava em lógica, matemática, escrevendo tratados de geometria e aritmética, seções

(Hipátia) Com 30 anos sua reputação se estendia até a Líbia e a Turquia...

cônicas e um manual para a construção de um "astrolábio", seja lá o que isso for.[1] Em todo caso, nenhum de seus trabalhos sobreviveu, apenas cartas de outros eruditos que fazem menção a eles. Eram aparentemente muito bons; um cronista diz que tocavam o céu e que Hipátia era a epítome da eloquência e uma estrela incomparável no firmamento do saber.

São Cirilo, o bispo cristão de Alexandria, ouvindo isso, teve outras ideias, porém, e ordenou que ela tivesse uma morte cruel nas mãos dos monges nitrianos, uma seita de fanáticos cristãos. Ela foi arrastada de sua biga e levada à igreja mais próxima, para ser retalhada ainda viva com conchas afiadas, antes de ser queimada. Se deixou poucos vestígios físicos, que dirá filosóficos, ao menos há uma cratera na lua batizada em sua homenagem. Não são muitos os filósofos que podem dizer isso. (São Cirilo, pode-se observar de passagem, uma vez que era homem e, portanto, não se encaixa exatamente aqui, também incitou numerosos *pogrons* contra os judeus residentes na antiga Cidade. A despeito de seus assassinatos horrendos — ou talvez por causa deles — acabou por se tornar um altamente respeitado teólogo cristão.)

Na verdade, muito do que se publicou sobre a vida de Hipátia é ficção escrita nos séculos XIX e XX. A mais criativa é a excitante narrativa da instrução educacional e da vida de Hipátia escrita em 1908 por Elbert Hubbard, que inventou a maior parte para compensar a carência de evidências históricas. Chegou até a criar máximas que atribuiu a ela e tinha um retrato de aparência apropriadamente "antiga" dela em perfil, desenhado para ilustrar a obra.

Isso convenientemente nos traz a um importante aspecto da história da filosofia — grande parte dela é inventada. Os ensinamentos da maioria dos filósofos antigos foram deixados apenas nas mentes e memórias de seus ouvintes e, ainda que tenham sido depois consignados ao "papel", este não passava de papiro, que é frágil e se desintegra quando fica totalmente úmido. Por essa razão, mesmo registros escritos são quase sempre "cópias de cópias", com todos os pequenos erros que rastejam para dentro deles com tanta facilidade. Acrescente-se a isso que muitos escritos filosóficos foram traduzidos entre diferentes línguas — a filosofia grega bem poderia ser transmitida por meio do árabe, depois vertida para o latim, traduzida de volta para o grego para, eventualmente, terminar nas várias línguas modernas.

A invenção do papel e mesmo a internet não ajudam muito — erros são meramente propagados de maneira muito mais eficiente. A narrativa inventada por Elbert Hubbard sobre a vida de Hipátia em *Little Journeys to the Homes of Great Teachers* [*Pequenas jornadas aos lares dos grandes mestres*] parece na verdade ter sido destinada a crianças, mas (de acordo com Sarah Greenwald e Edith Prentice Mendez) foi passada adiante por estudiosos recentes, como Lynn Olsen em *Women in Mathematics* [*Mulheres na matemática*] (MIT Press, 1974), para não mencionar o curso de história medieval da Fordham University orgulhosamente disponível na web. Em tais lugares, aprendemos que, como parte do planejamento para a educação da filha, Theon estabeleceu um regime de treinamento físico ("pesca, cavalgadas e remo": uma fonte muito pouco confiável, *Hypatia: Her Story* [*Hipátia: sua história*], da dra. Anne Love) para garantir que seu corpo fosse tão saudável quanto sua mente bem treinada. Balançamos a cabeça em aprovação quando aprendemos que ela foi instruída pelo seu pai para não deixar que algum rígido sistema religioso se apossasse de sua vida e excluísse a descoberta de novas verdades científicas.

É bom ouvir que Hipátia descobriu que "todas as dogmáticas religiões formais são falaciosas e não devem jamais ser aceitas como definitivas por pessoas dotadas de respeito próprio", e que Theon aconselhou a filha a "preservar o seu direito de pensar, pois mesmo um pensamento equivocado é melhor do que pensamento nenhum". Não é surpreendente descobrir que, como resultado da influência paterna, Hipátia tenha se tornado uma franca adepta do pensamento científico racional grego, viajando para a Itália e para Atenas, onde estudou na escola de Plutarco, o Jovem. Sua lealdade a essa escola de pensamento, porém, acabaria levando-a à morte, observam Hubbard e outros. Não é de admirar que Hipátia tenha dito uma vez que "a vida é um desabrochar e quanto mais viajamos, mais verdades podemos compreender. Entender as coisas que estão à nossa porta é a melhor preparação para entender aquelas que estão além". Hubbard também recorda as seguintes palavras dela:

> Fábulas deveriam ser ensinadas como fábulas, mitos como mitos e milagres como fantasias poéticas. Ensinar superstições como sendo verdades é a mais terrível das coisas. A mente infantil aceita-as e crê nelas e apenas por meio de um grande esforço e possivelmente da tragédia poderá, depois de anos, livrar-se delas. De fato, homens são capazes de lutar por uma superstição com tanta facilidade quanto por uma verdade viva — frequentemente até mais, pois uma superstição é tão intangível que não se pode atingi-la para refutá-la, mas a verdade é um ponto de vista e, portanto, mutável.

Por outro lado, todos devem preservar seu direito de pensar, "pois mesmo um pensamento equivocado é melhor do que pensamento nenhum".

Esses são belos pensamentos e extremamente condizentes com a rainha dos matemáticos de Alexandria. É apenas ligeiramente lamentável, então, que ela nunca tenha dito algo disso. Os excertos são todos invenções. Assim como grande parte do roteiro. Ela nunca deixou Alexandria, até onde alguém saiba, e o elegante retrato dela que se tornou uma espécie de emblema foi inventado por Hubbard só para o seu livro.

A única menção contemporânea à obra de Hipátia é a introdução de Theon a um comentário sobre o Livro III do *Almagesto* de Ptolomeu. Theon descreve a edição como "tendo sido preparada pela filósofa e minha filha Hipátia". A outra informação sobre a matemática de Hipátia vem de Hesíquio, no século VI, que nos conta que: "Ela escreveu um comentário sobre Diofanto, o *Cânone da astronomia*, e um comentário sobre *As cônicas* de Apolônio."

Apolônio de Pérgamo viveu no século III a.C. e estudou em Alexandria. As denominações das curvas matemáticas, "parábola, elipse e hipérbole", são suas e a ideia influenciou não apenas Ptolomeu em seu estudo das órbitas planetárias, mas também Descartes e Fermat, no século XVII, no desenvolvimento da geometria analítica. O papel de Hipátia no avanço da geometria poderia ser um de seus feitos perdidos.

As circunstâncias horríveis da sua morte, que soam tão implausíveis, foram de fato registradas de maneira relativamente confiável por um escolástico socrático, um historiador cristão do século V (que não tinha motivo para inventar uma história que mostra a Igreja sob luzes tão desfavoráveis), que também comenta posteriormente seus elevados feitos em ciência e filosofia, ultrapassando todos os outros filósofos de sua época.

Cartas atribuídas a um de seus alunos, Sinésio de Cirene, também falam de seus ensinamentos e de sua filosofia. Essas não mencionam sua matemática, mas antes referem-se a Hipátia como "a Filósofa" e "a mais piamente reverenciada dos filósofos". E essa é uma razão boa o bastante para que ela seja incluída aqui.

Pomposa nota final

[1] O astrolábio é um computador astronômico muito antigo, feito tipicamente com uma série de placas circulares de bronze entalhadas, para resolver problemas relacionados ao tempo e à posição do sol e das estrelas no céu. É bastante possível que Hipátia fosse responsável por um estágio crucial do desenvolvimento desse aparelho, que teve lugar por volta de 400 d.C.

• • •

III

Filosofia Medieval

Capítulo 8

Agostinho, o Hipócrita (354-430 d.C.)

"A influência de Agostinho sobre a filosofia ocidental só é excedida em duração, extensão e variedade pela de Platão e Aristóteles", escreve Mark Jordan na *Routledge Encyclopaedia of Philosophy*. "Agostinho foi uma autoridade não apenas para o início da Idade Média, quando era com frequência tido como a única autoridade, mas igualmente em tempos modernos."

Autoridade em quê, porém? Incontestavelmente, no conceito de pecado. E estudiosos eruditos acreditam que a preocupação de Santo Agostinho com o pecado original, ou com o que os puritanos denominam a nossa "depravação inata", brotou de seu constrangimento diante das mudanças da puberdade, reveladas ao mundo quando se banhava, nu (como era o hábito daqueles tempos), nos banhos públicos. Isso é o que os estudiosos da psicologia freudiana pensam, de qualquer forma. Talvez nem tanto os teólogos, que acreditam, ao contrário, que os interesses de Agostinho tinham algo a ver com o fato de ele conversar diretamente com Deus. Ainda que não tenha realmente feito isso, filósofos, observando a precoce versão agostiniana do *cogito* de Descartes, e sua discussão sobre tempo e livre-arbítrio, vêm tendendo a tomar o partido dos teólogos contra o dos psicólogos e tratar Agostinho como um Filósofo Muito Importante.

O caso filosófico

Em sua principal obra, a celebrada autobiografia *Confissões*, Agostinho começa discutindo sua natureza malévola e descreve como em seu 16º ano de vida, quando havia deixado a escola ("uma temporada de ócio imposta pela escassez da fortuna de meus pais"), os "espinheiros dos desejos impuros proliferaram em minha cabeça e não havia mãos para extirpá-los".

Ele, então, introduz delicadamente o pernicioso assunto das, ãhn... ereções indesejadas.

> Quando aquele meu pai me viu no banho, agora desabrochando rumo à idade adulta e dotado de incontido vigor, ele, como se com isso já antecipasse os seus descendentes, com satisfação contou aquilo à minha mãe, rejubilando-se naquele tumulto dos sentidos com que o mundo se esquece de que és seu Criador e enamora-se de Tuas criaturas, em vez de Ti, em meio à embriaguez daquele vinho invisível da própria insensatez, desviando-se do caminho e reverenciando as coisas mais baixas.

Felizmente sua mãe, Mônica, uma católica devota, ao contrário do restante de sua pecaminosa família, não ficou tão contente. Santa Mônica (como ela se tornaria mais tarde):

> ficou trêmula e tomada de um temor sagrado; e embora eu não fosse ainda batizado, temeu que eu tomasse aqueles

> caminhos tortuosos pelos quais caminham aqueles que voltam suas costas para Ti, e não o seu rosto. Ai de mim! E ouso eu dizer que mantinhas Teu silêncio, oh, meu Deus, enquanto eu errava para longe de Ti? De fato Te mantiveste em silêncio comigo? E de quem além de Ti foram aquelas palavras que por meio de minha mãe, Tua fiel serva, cantaste aos meus ouvidos? Nenhuma delas penetrou em meu coração, para que eu as cumprisse. Pois ela desejou alertar-me em particular e, lembro-me, com grande angústia: "Jamais cometa a fornicação, mas particularmente nunca desonre a mulher de outro homem."

Que lástima, como um comentador recente escreveu com reprovação: "Com a idade de 16 anos, ele fracassou em conter sua luxúria e pecou. O nome da mulher envolvida não é conhecido." Expresso de outra forma, Agostinho, que nasceu em Tagaste, uma província romana no norte da África, teve um relacionamento com uma jovem que conheceu em Cartago, onde estudava. Ela gerou seu filho e seria sua concubina por mais de uma década (até que Mônica encontrou para ele alguém melhor).

Com 30 anos, Agostinho havia se tornado o perito em retórica na corte do Sagrado Imperador Romano em Milão, num tempo em que tais postos se traduziam em poder político. No entanto, desaprovava a vida na corte, com todas as suas intrigas e politicagens, lamentando, certo dia, enquanto rodava em sua carruagem para dirigir alguma retórica (um grande discurso) ao imperador, que "um mendigo bêbado na rua tivesse uma existência menos conturbada do que a dele". Para resolver isso, Mônica, que o havia acompanhado até Milão, arranjou então um casamento em sociedade, sendo a única condição para isso que ele teria de abandonar sua concubina. Contudo, como se passariam dois anos até que sua noiva atingisse a maioridade, ele encontrou outra mulher nesse meio-tempo. É dessa época que provém sua famosa oração *da mihi castitatem et continentiam, sed noli modo.* "Concede-me castidade e continência, mas não ainda."

Então um dia, não muito tempo depois, enquanto estava sentado com um amigo, Alípio, ouviu uma voz, como se fosse de uma criança, repetindo: "Agostinho! Agostinho! Pegue a Bíblia e leia!" Ele se deu conta de que aquilo era uma exortação divina para que abrisse as Escrituras e lesse a primeira passagem que visse. O livro se abriu em Romanos 13:13-14. E ali ele leu:

> não [tomeis parte] em glutonarias, nem em bebedeiras, nem em libertinagens, nem em licenciosidades, nem em contendas e inveja. Mas revesti-vos do Senhor Jesus Cristo e não tenhais cuidado da carne em suas concupiscências.

É impressionante o que se pode encontrar ao abrir livros aleatoriamente. De qualquer forma, Agostinho ficou impressionado. Agora com 32 anos, como parte de sua regeneração, foi batizado pelo bispo Ambrósio na Vigília da Páscoa (juntamente com seu filho e Alípio). Mônica ficou extremamente comovida com isso, testemunhando suas orações finalmente obterem uma resposta. Ela, então, prontamente morreu.

Alguns anos mais tarde, Agostinho retornou à África Setentrional, mas agora como assistente do arcebispo de Hipona, a quem no devido curso sucedeu. Foi logo depois disso que começou a escrever as *Confissões*, *A cidade de Deus* e numerosas outras obras, que juntas se tornaram os manifestos da política oficial da Igreja. Perpassando todas elas está o desafio da atração sexual.

Para Agostinho e sua mãe, a ligação entre desejo sexual e cometer um pecado é natural, logo, inevitável. Em *Casamento e concupiscência*, Agostinho torna claro que, do seu ponto de vista, a luxúria é o veículo para o "pecado original", um termo para o "primeiro pecado" cometido no Jardim do Éden, originalmente cunhado por Tertuliano de Cartago (bem a propósito) no século II. Veja só, para Tertuliano, a procriação em si era algo bom. Mas para Agostinho:

> Sempre que se chega ao processo de geração em si, o mesmo abraço que é legalizado e honrado não pode ser levado a efeito sem o ardor da luxúria... [Essa] é a filha do pecado, por assim dizer; e sempre que aquiesce com o cometimento de intentos vergonhosos, torna-se também a mãe de muitos pecados. Portanto, em razão dessa *concupiscência*, tudo o que vem a ser por nascimento natural está atado ao pecado original.

Sim, Adão e Eva *poderiam* fazer sexo sem luxúria, censura ele, mas escolheram em vez disso fazê-lo com lascívia. Assim como um carpinteiro pode executar suas ações sem lubricidade, assim também poderiam agir as pessoas durante o intercurso sexual. Mas escolheram não fazer isso. Imagine só, sua capacidade de escolher é um tanto limitada, considerando que seres humanos são livres apenas no sentido em que são "livres para pecar", como explica Agostinho em *Da corrupção e da graça* (*De Corruptione et Gratia*). Deus é bom, mas, como todos nascemos maus, segue-se que mesmo alguém (como ele próprio) capaz de fazer o bem pode fazê-lo apenas graças a Deus. Todos os demais são uma *massa damnata*, uma horrível massa de condenados. Desses, Deus, à Sua inescrutável maneira, escolheu apenas um reduzido grupo para ser salvo e são apenas esses poucos que podem agir sem pecado.

Para esses, a minoria salva pela graça imerecida, Agostinho escreve em *A cidade de Deus* (*De Civitate Dei*): "Existe a visão de Deus, uma alegria que podemos discernir apenas de maneira indistinta num dado momento". Para o resto, "há a segunda morte, na qual seus corpos ressurrectos serão submetidos a eterno tormento por chamas que infligirão sofrimento sem consumir o corpo". Seguramente, o grau de tormento é proporcional à extensão do pecado e, pior ainda!, "embora a duração seja igual em todos os casos, eles devem sofrer interminavelmente, pois qualquer sofrimento menor contrariaria as escrituras e minaria nossa confiança na bênção eterna ao pequeno grupo que Deus salvou" (*A cidade de Deus*, Livro XXI, seção 23, para aqueles que quiserem ler em voz alta na igreja). Grande miséria!, para usar uma das expressões características de Agostinho.

Santo Agostinho foi também um forte defensor da moralidade da escravidão, cuja origem atribuiu ao "honrado" Noé, que "estigmatizou o pecado de seu filho" com esse nome e estabeleceu o princípio de que os bons têm o direito de usar os pecadores. Ele explica em *A cidade de Deus*: "A causa primeira, portanto, da escravidão é o pecado, que coloca o homem sob o domínio de seus semelhantes — aquele que não teve a graça de ser salvo pelo julgamento de Deus, para quem não há iniquidade e que sabe como atribuir justas punições para toda variedade de ofensas." Durante o Dilúvio, todos, com exceção de um punhado de pessoas pertencentes ao gênero humano, foram varridos da face da terra por serem pecadores.

Mas como Agostinho sabe de tudo isso? Não está na Bíblia, afinal. Não importa que a Bíblia nunca mencione o "pecado original" como tal, e de fato a ideia de Agostinho que as gerações presentes possam ser responsabilizadas pela "queda" de Adão está em contradição direta com algumas passagens, como a que está em Ezequiel 18, em que se afirma que apenas o pecador morrerá e seus filhos são inocentes. De fato, como para Tertuliano, a autoridade de Agostinho é Deus em Pessoa. Agostinho considerava que as "revelações" eram verdadeiras mesmo que em aparente contradição com a Bíblia. "A revelação divina, e não a razão, é a fonte de toda verdade." Critérios éticos legitimamente celestiais não são formulados unicamente pela razão, mas revelados por Deus. A verdade cristã não se apoiava em excelência teórica ou consistência lógica; era válida porque sua fonte era Deus. E, como antes dele o bispo Orígenes, Agostinho interpretava as Escrituras de maneira alegórica. A Bíblia, acreditava, havia sido velada por Deus com a finalidade de separar os dignos dos indignos entre aqueles escolhidos por Ele. Quaisquer ambiguidades simplesmente proporcionavam novas facetas de verdade a serem descobertas.

Por outro lado, foi numa seita cristã, os chamados maniqueus, que Agostinho encontrou as autoridades a quem consultar. Quando jovem, Agostinho fora um entusiástico adepto dos maniqueus, ainda que ao longo da vida tenha se tornado inimigo jurado deles, escrevendo extensamente sobre seus erros perniciosos. Os maniqueus, que (como Agostinho) foram influenciados por Platão, acreditavam haver uma batalha perpétua entre dois princípios eternos de Luz e Trevas e que nossas almas eram partículas da Luz que haviam sido aprisionadas nas Trevas do mundo físico. A lição que deram a Agostinho foi que toda a criação (carne) era má. Sexo, em particular, mesmo que no casamento e resultando no nascimento de crianças, era pecaminoso. Eles até mesmo aconselhavam a todos que tivessem um bebê para abandoná-lo nas montanhas, onde ele poderia perecer. Mas, Agostinho então percebeu, não estavam enxergando longe o suficiente. Não basta apenas abster-se de sexo, pois não há pecado e egoísmo evidentes já entre os infantes — que se agarram ciosamente ao seio? "Observei e estudei pessoalmente um bebê ciumento", escreve Agostinho.

> Ainda não podia falar e, pálido de ciúmes e amargura, olhava para o irmão que compartilhava o leite materno... dificilmente pode ser considerado inocência, quando a fonte do leite flui em riqueza e abundância, não suportar que uma parcela vá para o irmão de sangue, que está em necessidade

> profunda, dependendo para viver exclusivamente daquele determinado alimento. (*Confissões*, Livro I, vii)

Ou então lembre-se, como Agostinho faz em minúcias, do incidente com a pereira. Isso foi no tempo de sua juventude despreocupada, quando ele e os amigos roubavam peras de um pomar vizinho. Uma vez que as peras estavam de fato podres, não sentia fome e, de todo modo, tinha peras melhores em casa, não podia a princípio explicar o feito de outro modo além de, evidentemente, que "o ato ilícito era o mal, e eu o amava... Nada buscava no feito vergonhoso além da própria vergonha!" Parecia ser nada mais nada menos do que um ato de pura intencionalidade, refletindo (como Hannah Arendt diria muitos anos depois sobre os campos de concentração nazistas) a "banalidade" do mal ainda mais clara em sua aparente insignificância. Mas então Agostinho — num lampejo de inspiração — percebe que por si próprio não teria interesse algum em roubar as peras. Fez isso porque estava com os amigos. "*Oh, amizade demasiado inamistosa!*" É a amizade — a "imperscrutável *sedutora* da mente" — a verdadeira fonte da perversão.

Pois há um apelo enganoso na fraternidade, na camaradagem do próprio grupo. "A amizade dos homens, unidos por um laço amoroso, é doce por causa da unidade que molda entre muitas almas." No entanto, ao abraçar esse bem mais baixo, "a alma comete *fornicação* ao dar as costas para Ti e, afastada de Ti, procura tamanha pureza e limpidez que não encontra exceto quando retorna a Ti". Por si mesmo, Agostinho "não teria cometido aquele roubo no qual o que mais me aprazia não era o que roubava, mas o fato de haver roubado. Isso não teria me causado nenhum prazer se o tivesse feito sozinho".

Porém essa fornicação social é difícil de extirpar. Até segundo o Livro 10 e muitas centenas de confissões mais tarde, e após discriminar os usos toleráveis e pecaminosos de coisas como comida e

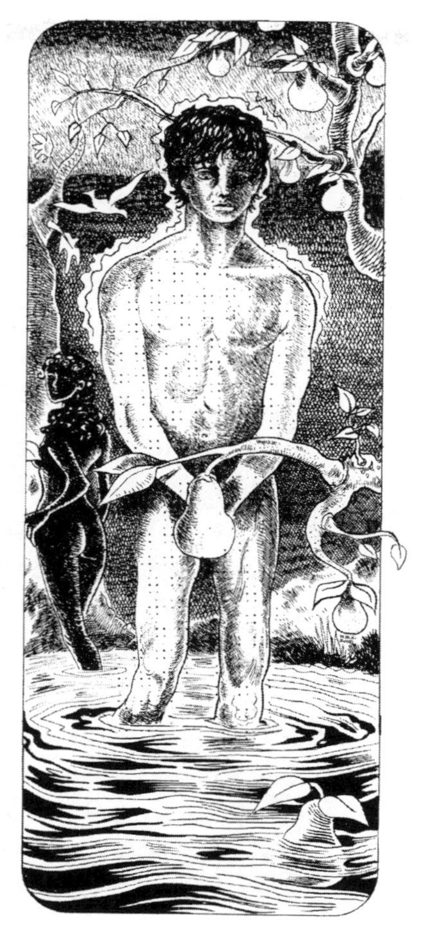

(Agostinho) Ai de nós, a raça humana é, "mais do que qualquer outra espécie", social por natureza. "*Oh, amizade demasiado inamistosa!*"

música, Agostinho é ainda incapaz de decidir o lugar ocupado pelas conversas e a companhia de amigos. "Para outros tipos de tentações eu tenho certos tipos de capacidade para o autoexame, mas para esse eu escassamente disponho de algum." Seu pesar pela morte da mãe e, mais tarde, de um amigo faz com que ele se lembre o quanto permanece distante de Deus. Pior! Uma vez abalado pela morte de um amigo, sempre antecipava a morte dos outros, agarrando-se à amizade transitória com tenacidade ainda maior, sentindo a perda ainda mais cedo, descendo ainda mais profundamente no egocentrismo e cada vez mais e mais baixo. Miséria! A ficção da associação humana, a ilusão da autotranscendência, "é o que amamos em nossos amigos".

E por isso as *Confissões* descrevem a amizade como um "carinho adúltero", declarando que "todas as relações humanas, mesmo a mais nobre das amizades, são capazes de transmitir o pecado original". Parece cruel, mas afinal (como Agostinho recorda a seus leitores em *A cidade de Deus*) a luxúria, ou a "concupiscência carnal", reside na alma, e não no corpo. Quando uma alma é atraída — perversamente ou de outra maneira — para outro corpo ou alma, ou ambos, então um relacionamento social, uma transação social, está envolvida. "A concupiscência amigável" é um ímpeto obscuro para se controlar, apropriar e dirigir aos fins pessoais de alguém todas as boas coisas que foram criadas por Deus.

Ai de nós, a raça humana é, "mais do que qualquer outra espécie", social por natureza. Mais do que isso, uma vez que somos uma raça mortal desde o nascimento, não há maneira de nos blindarmos contra o desespero e continuarmos sãos sem abraçarmos a orgulhosa e imponente "ficção" da grandeza social e da imortalidade.

Então, o que podemos fazer?

Felizmente, há uma saída. Pois Agostinho é capaz de anunciar que a retidão agora vem com a morte. Júbilo! "Foi então dito ao homem, 'você morrerá se pecar'. Agora diz-se aos mártires, 'morra, em vez de pecar'."

Mesmo naquela época, alguns intelectuais cristãos queixavam-se de que Agostinho fazia parecer que o demônio fosse o criador da humanidade. Consideravam absurdo alegar que infantes eram amaldiçoados pela culpa já no útero das mães e acreditavam que isso contradizia o amor de Deus pela justiça. Alguns queixavam-se da influência dos Maniqueus nas descrições agostinianas do mal e do mundo da carne. Um monge galês chamado Morgan, mas conhecido como Pelágio, argumentou que como o pecado era algo da alma, e não do corpo, não poderia ser transmitido sexualmente e passado de geração em geração. Insistia que as pessoas poderiam escolher entre o bem e o mal e que em vez de nascerem pecadoras, as pessoas não tinham desculpas para o comportamento pecaminoso. Também queria reformar a Igreja e criticava Agostinho por favorecer os abastados, afirmando que um homem rico estava seguramente condenado. Agostinho ficou alarmado com seu solapamento do rito do batismo e com a perspectiva de que os ricos (que evidentemente foram assim tornados pelo favorecimento divino) arruinassem a si próprios distribuindo suas fortunas entre as massas fornicárias, em vez de deixar suas terras para os monastérios católicos. Por isso persuadiu o papa, embora com dificuldade, a "excomungar" Pelágio. O monge foi obrigado a retornar para a Bretanha e permanecer lá pelo resto de sua vida. Grande miséria!

Capítulo 9

Santo Tomás de Aquino discute a existência de Deus (1225-1274)

Tomás de Aquino era muito obeso, sofria de hidropisia e tinha um olho grande e outro pequeno, o que fazia com que parecesse assimétrico. Quando criança, era calado a maior parte do tempo; quando falava, frequentemente dizia coisas sem relação com a conversa. Então, decidiu tornar-se um monge-filósofo. E, como tal, foi muito bem-sucedido.

De fato, em 1323 Tomás foi canonizado (proclamado santo) pelo papa João XXII e, em 1567 (melhor), foi reconhecido como um "doutor da Igreja", passando a ser oficialmente conhecido como Doutor Angélico. Em 1879, no Concílio de Trento, quando a Igreja enfrentou o ceticismo da Revolução Industrial, foi aos escritos de Tomás que recorreu, juntamente com a Bíblia. Posteriormente, o papa Leão XIII recomendou Aquino aos crentes como seu guia mais seguro para a fé cristã e leitura essencial para todos os estudantes de teologia. No entanto, o caminho de Tomás para a santidade não foi inteiramente desprovido de obstáculos. Antes de mais nada, quando seguia para juntar-se ao monastério, dois de seus irmãos saltaram de trás dos arbustos e o sequestraram, para aprisioná-lo num castelo e importuná-lo com tentações. Ainda pior, em 1277 o arcebispo de Paris tentou fazer com que Tomás fosse formalmente condenado como herege.

De herege em 1277 a santo em 1323, é uma verdadeira ressurreição... Mas qual deles era o Tomás real?

O caso filosófico

De todos os escritos essenciais de Tomás, nenhum é mais essencial do que sua *Suma teológica*, ou "resumo de teologia". Trata-se de uma *magnus opus* que consiste em 518 perguntas e 2.652 respostas. O Doutor Angélico trabalhou nisso durante sete anos, de 1266 a 1273. A *Suma* é escrita, ao estilo da época, em forma de "desafios". As pessoas da Idade Média, e não apenas seus filósofos, adoravam essas disputas formais (conhecidas como *obrigationes*) em que os adversários eram *obrigados* a formular declarações concordantes, discordantes ou de dúvida. A primeira pessoa que acabasse caindo em contradição perdia. Uma disputa célebre envolveu a teoria de Aristóteles de que objetos como as lanças cairiam embaraçosamente ao solo ao ser atiradas, não fosse a "pressão" do ar impelindo-as por trás. Nesse caso, o aristotélico foi declarado perdedor quando teve de considerar se caso afilasse o cabo da lança (em oposição à ponta) isso faria alguma diferença. Mas para Tomás tais coisas eram trivialidades. A primeira disputa na *Suma teológica* é, em vez disso, sobre a natureza da teologia, enquanto a segunda é sobre a existência de Deus.

Os filósofos, para não mencionar a Igreja, vêm tendendo a enfatizar os argumentos de Tomás *a favor*, e não seus excelentes, confiáveis e avassaladores argumentos *contra* a existência de Deus. Ao atacar o problema, ele provavelmente esperava aperfeiçoar os argumentos que aquele outro Santo Tomás apresentou, cerca de dois séculos antes. Em 1077, depois de muito pensar, Tomás Anselmo apresentou suas provas da existência de Deus conhecidas como o Argumento Ontológico. Essa argumentação, que era apresentada em forma de oração a Deus, começa com uma descrição Dele como "algo em relação ao qual nada maior pode ser pensado".

Sua lógica é que uma vez que todos aceitam que — por definição — Deus é o maior ser possível, e em segundo lugar que Deus existe ao menos no fato de fazermos essa ideia Dele (ou seja, Ele existe "em entendimento"), é-nos necessário apenas um pequeno passo adiante para nos darmos conta de que Deus existe igualmente em "realidade". E esse passo é proporcionado pela terceira e inteligente premissa da argumentação, que afirma que algo que existe em realidade, assim como em teoria, é maior do que algo que existe apenas em entendimento. Uma vez que Deus é o Maior, deve existir em realidade tanto quanto em entendimento. Os monges consideraram essa demonstração da existência de Deus um triunfo. Mas sua fraqueza é que ela ainda deixa que Deus exista apenas por definição. Tomás achou que podia fazer melhor.

Os argumentos de Tomás para a inexistência de Deus

Como parte de sua investigação intitulada *Se Deus existe*, Tomás observa que aparentemente Deus não existe, pois se uma entre duas coisas contrárias fosse infinita, seu oposto seria completamente destruído. Uma vez que por "Deus" entendemos um bem infinito, segue-se que se Deus existisse, o mal não existiria. No entanto, o mal existe no mundo. Portanto, Deus não existe.

Em segundo lugar, acrescenta com vivacidade, "não se deve multiplicar desnecessariamente os elementos de uma explanação". Parece que podemos julgar tudo o que vemos neste mundo com base na presunção de que Deus não existe. Todos os efeitos da natureza podem ser atribuídos a causas naturais e todos os efeitos artificiais podem ser atribuídos à razão e à vontade humanas. Portanto, não há necessidade de supor que Deus existe.

Refletindo sobre a possível fraqueza desses argumentos, a refutação da primeira questão apresentada por Tomás é muito tíbia. Ele meramente recorda que Santo Agostinho observou que "uma vez que Deus é o bem supremo, Ele não permitiria mal algum em Sua obra, a não ser que fosse tão onipotente e bondoso que pudesse produzir o bem até mesmo a partir do mal". Tomás pode não dizer isso, mas é totalmente claro que tal coisa nem sequer começa a abordar o problema. Obviamente, um Deus totalmente bom e totalmente poderoso poderia e preferiria "fazer o bem a partir do bem". Por que introduzir o mal?

A discussão de Tomás sobre os argumentos contra a existência de Deus é bem mais detalhada. "Deve ser dito que a existência de Deus pode ser provada por cinco vias", ele começa com bastante celeridade (ou talvez possa ter sido exaustão). "A primeira via, e a mais óbvia, baseia-se na existência do movimento. É correto, e de fato evidente aos nossos sentidos, que algumas coisas no mundo são móveis. Tudo o que se move, porém, é movido por alguma outra coisa, pois algo não pode se mover a não ser que o movimento esteja potencialmente em seu interior." Esse é o seu primeiro argumento. Está, infelizmente, equivocado: o erro de Aristóteles repetindo-se através dos séculos. Talvez fosse por isso que os colegas de escola de Tomás chamassem-no de "Boi Mudo".

Porém ele berra bem alto. O fogo, afirma, que é de fato quente, causa a mudança ou movimento pelo qual a madeira, que é potencialmente quente, torna-se quente de fato. "Ora, é impossível que algo possa ser a mesma coisa em potência e de fato ao mesmo tempo, embora ela pudesse ser diferentes coisas potencialmente e de fato", afirma, de maneira obscura. Por exemplo, o que é quente de fato não pode ser ao mesmo tempo frio de fato, embora possa ser quente de fato e potencialmente frio. Por outro lado, é impossível que uma coisa possa mover a si própria, pois isso envolveria simultaneamente mover e ser movida. Logo, qualquer coisa que for movida deve ser movida por alguma outra coisa e assim por diante. Isso não pode prosseguir indefinidamente, porém, pois se tal coisa ocorresse, não haveria um primeiro motor e, consequentemente, nenhum outro movido, pois esses outros movidos o são unicamente à medida que são movidos por um primeiro motor... Portanto, é necessário retroceder até algum "motor primeiro", que não é movido por mais nada, e é a isso o que todos se referem pela palavra "Deus". Ta-ram!

O argumento de Tomás é simplista e um tanto dúbio, por comparação nem tanto com a ciência de hoje quanto com a dos antigos, notavelmente Zenão e as sutilezas de seus paradoxos de movimento (como o da flecha que parece necessariamente estar ao mesmo tempo em movimento e estacionária).

Uma segunda prova da existência de Deus também supõe uma cadeia de efeitos, mas dessa vez expandindo-se pelas noções de "possibilidade e necessidade", que é um tema caro a Aquino. Mas novamente o Boi logo parece tropeçar. "Se é possível para cada coisa determinada não existir, deve ter havido um tempo em que nada existia", muge inconsequentemente. "Se isso fosse verdade, porém, então nada existiria agora, pois algo que não existe só pode começar a fazê-lo por intermédio de algo que já existe. Se, por conseguinte, houve um tempo em que nada existia, então nada poderia ter começado a existir, e assim nada haveria hoje, o que é claramente falso... Assim, devemos postular a existência de algo que é necessário e não deve sua necessidade a qualquer causa externa a si próprio." E, novamente, é isso o que todos chamam "Deus". Porém, poderíamos perguntar, antes que o universo fosse criado não havia tempo e o que significa dizer "antes que houvesse o tempo"?

Claramente dando-se conta de que isso não estava levando a lugar algum, o próximo argumento de Tomás adota um sabor mais platônico. Para que as coisas sejam verdadeiras, grandes, nobres ou *seja lá o que forem*, diz ele, algo mais deve existir que seja "o mais verdadeiro, o maior, o mais nobre *et cetera*"; "pois, como afirma Aristóteles, as coisas mais verdadeiras são as mais plenas de existência... Portanto, há algo que é a causa do ser, da bondade e de qualquer outra perfeição em todas as coisas e..."

Por fim, considera a ideia, novamente aristotélica, de que as coisas são projetadas e parecem ter uma função ou "propósito", assim como uma flecha voa num certo sentido porque o arqueiro a apontou naquela direção. "Percebemos que certas coisas que carecem de cognição, como os corpos naturais, funcionam em direção a um fim, como se vê a partir do fato de que elas sempre (ou ao menos de maneira geral) agem do mesmo modo, e não por acidente, mas por desígnio. Coisas desprovidas de conhecimento tendem em direção a um objetivo, porém só se forem guiadas nesse sentido por um ser dotado de conhecimento e entendimento, como acontece com uma flecha e seu arqueiro." Portanto, existe algum ser inteligente pelo qual todas as coisas naturais são ordenadas ao seu fim e a esse ser chamamos "Deus".

Como tem-se observado com frequência, se um argumento funciona, não é necessário um segundo, e se você o apresenta, ele tende a enfraquecer o primeiro. Tomás surgiu com cinco. Talvez tenha sido por isso que Martinho Lutero classificou a *Suma teológica* como "a fonte e o caldo primordial de toda heresia, todo erro e toda confusão com os Evangelhos".

No entanto, muitos comentadores religiosos contemporâneos ainda têm Tomás em muito alta conta. Tome-se este exemplo extraído da internet, em algum site chamado Trinity Communications, recentemente. Para esse entendido anônimo, Tomás "situa-se entre os maiores escritores e teólogos de todos os tempos" e sua *Suma teológica* continua a estabelecer o padrão ainda hoje. O que é mais notável, porém, é que, apesar de sua grande fama, Tomás:

> ainda assim continuou modesto, um modelo perfeito de simplicidade e bondade infantil. Era moderado em suas palavras e gentil em seus feitos... Quando alguém pecava por fraqueza, Tomás lamentava o pecado como se fosse seu. A bondade de seu coração iluminava seu rosto, ninguém poderia olhar para ele e permanecer desconsolado. O modo como sofria pelos pobres e necessitados era extremamente inspirador. Qualquer vestimenta ou outro item de que pudesse dispor, fazia-o de bom grado. Ele nada conservava de supérfluo em seus esforços para aliviar as necessidades alheias. Depois de sua morte, seu confessor e companheiro de toda a vida testemunhou: "Sempre soube que ele era tão inocente quanto uma criança de cinco anos. Jamais uma tentação carnal poluiu a sua alma, jamais consentiu em cometer um pecado mortal."

Mas isso é dar um salto adiante. Vamos retornar ao humilde começo de Tomás. Na verdade, veio de uma família italiana muito abastada e teve grande quantidade de irmãos, todos preparados para grandes coisas. Ele próprio recebeu a oferta de uma sinecura como diretor de uma abadia beneditina que o pai havia recentemente tomado pela força e saqueado. No entanto, Tomás recusou, dizendo que queria tornar-se dominicano, ou seja, um "monge mendicante" do tipo que renunciava à riqueza terrena. Por isso, a caminho do mosteiro dominicano, dois dos irmãos, que desde então se tornaram sinistros como nenhum outro desde Caim e Abel, sequestraram-no, arrastaram-no pela estrada e aprisionaram-no num castelo. Ali, tentaram "exonerá-lo" de seu hábito monástico, mas Tomás se recusou, e decidiram em vez disso trancá-lo numa cela. Mas como monges recebem de bom grado qualquer oportunidade para refletir em silêncio, isso teve pouco efeito que se pudesse discernir.

G.K. Chesterton, romancista do século XX e filósofo nas horas vagas, ocupa-se com grandeza da história.

> Aceitou a prisão em si com sua costumeira compostura e provavelmente não fazia muita diferença para ele que fosse deixado para filosofar num calabouço ou numa cela. De fato, há algo por trás da maneira como a história toda é contada que sugere que durante grande parte desse estranho sequestro foi carregado de um lado para outro como uma desajeitada estátua de pedra. Só uma das histórias de seu cativeiro mostra-o meramente zangado; e retrata-o mais zangado do que jamais esteve antes ou depois disso.

E isso foi quando seus irmãos introduziram em seus aposentos uma "cortesã especialmente deslumbrante e maquiada", com a ideia de tentá-lo a cometer um ato escandaloso. G.K.C. relata com entusiasmo o que aconteceu a seguir:

> Nesse único instante, vemos aquela figura imensa e canhestra numa manifestação de atividade, ou mesmo de animação; e ele ficou realmente muito animado. Saltou de seu assento, agarrou um tição da lareira e ficou brandindo-o como se fosse uma espada flamejante. A mulher, como não deixava de ser natural, deu um grito agudo e fugiu, e isso era exatamente o que ele queria. Mas é estranho imaginar o que deve ter pensado daquele louco de estatura monstruosa, fazendo malabarismos com chamas e aparentemente ameaçando incendiar inteiramente a casa. Só o que ele fez, porém, foi avançar a passos largos até chegar à porta e então batê-la e trancá-la atrás da mulher. Então, como numa espécie de vio-

> lento impulso ritualístico, apertou o tição ardente contra a porta, enegrecendo-a e empolando-a com um grande sinal negro da cruz. Depois retornou e largou o tição novamente no fogo; e acomodou-se naquele assento de erudição sedentária, aquela cadeira filosófica, aquele trono secreto de contemplação, de onde jamais tornou a levantar-se.

Essa é uma ótima narrativa, embora um detalhe pareça ter sido deixado de fora. Notadamente que: "Depois que ele afastou a tentadora, dois anjos vieram até ele e prenderam um cinto de castidade em torno de sua cintura." Ou pelo menos é assim que a história é embelezada por outro perito em teologia da Trinity Communications, na internet, juntamente com um conselho aos leitores para que "comprem ou criem seus próprios cintos de castidade, fáceis de fazer com fio trançado ou uma corda fina e macia". (Acrescentando que "os cintos de castidade São José estão disponíveis em algumas lojas católicas", o que Tomás não teria aprovado, sendo ele contrário a lojas e ao comércio em geral.) Mas ao menos há consenso quanto ao bom caráter de Tomás, embora ainda permaneça um desafio para pessoas que consideram o sexo algo tão ruim preservar a existência humana depois que a presente geração tiver morrido.

Seja como for, quando Tomás finalmente escapou, ou mais precisamente, quando sua família abandonou toda esperança de fazê-lo mudar de ideia e deixou-o partir, foi estudar filosofia aristotélica em Colônia, com o famoso frei dominicano Albert Graf von Bollstadt, também conhecido como Alberto Magno, ou *Doctor Universalis*, como passou a ser chamado depois de canonizado. Alberto é tido como o Pai da Escolástica, responsável pela união bem-sucedida entre a teologia cristã e a filosofia aristotélica. E Tomás foi seu pupilo mais brilhante.

O *Doctor Universalis* incumbiu Tomás de pequenos trabalhos, de anotação ou exposição de ideias, e persuadiu-o a se tornar menos

(Aquino) Seus irmãos introduziram em seus aposentos uma "cortesã especialmente deslumbrante e maquiada", com a ideia de tentá-lo a cometer um ato escandaloso...

tímido de modo a participar dos debates. G.K.C. descreve com ternura o que aconteceu depois que Alberto descobriu, divertido, que esse parvo fora apelidado Boi Mudo pelos colegas de escola. "O grande Alberto rompeu o silêncio com seus famosos gritos e profetizou: 'Vocês o chamam Boi Mudo: eu lhes digo que este Boi Mudo mugirá tão alto que seus mugidos encherão o mundo!'"

Essa foi uma época em que novas traduções de Aristóteles a partir do árabe estavam circulando e causando o caos evangélico. Haviam sido usadas para fornecer uma base filosófica para o Islã por teólogos como Ibn Rushd, Farabi e Ibn Sina e para o judaísmo pelo rabi Moisés ben Maimon, mais conhecido como Maimônides. Então Alberto Magno e Tomás assumiram a tarefa de fazer o mesmo com o cristianismo. Armado de traduções diretas do grego, que lhe foram fornecidas por seu companheiro dominicano Guilherme de Moerbeck, Tomás se pôs a padronizar os termos do debate e a fustigar as heresias. Quando não estava fazendo isso ou estudando os textos sagrados, dava voltas e mais voltas ao redor do claustro a passos muito rápidos, furiosos.

Opiniões típicas de Tomás são as que emitiu a respeito das "guerras justas". Essas poderíamos agraciar com o título especial de "argumentações tautológicas", pois presumem os elementos da justiça ao decidir quais guerras são "justas".

Ele inicia com bastante firmeza, afirmando que uma guerra é justa quando começada e controlada pela autoridade do Estado ou seu legislador, mas depois diz que "deve haver uma causa justa" e que "a guerra deve ser para o bem ou contra o mal". Em anos recentes, talvez pressentindo que aqui houvesse uma debilidade na obra do Doutor Angélico, ou talvez preocupada com que essa abrisse caminho para um bom número de guerras, outras duas regras foram acrescentadas pela Igreja Católica. Determinam que a guerra deve ser um último recurso e que deve ser lutada de maneira proporcional.

Tomás também legislou sobre a condição da escravidão, que, como vimos, muitos filósofos (seguindo Aristóteles) consideravam totalmente justificável. Ele concorda, argumentando que alguns homens pertenciam a outros, no sentido de que filhos pertencem aos pais (mas não, é claro, às suas mães). Além do mais, acrescenta, "homens que se sobressaem pela inteligência assumem naturalmente o comando, enquanto aqueles que são menos inteligentes, porém de físico mais robusto, parecem destinados pela natureza a atuarem como servos".

Como se uma evidência adicional fosse necessária, chama a atenção para a hierarquia natural do céu, onde alguns anjos são conhecidos por serem superiores a outros. Com benevolência, porém, Tomás acrescenta que escravos, como filhos, têm alguns direitos limitados, "na medida em que cada um deles é um homem".

Por outro lado, a agiotagem, determinou ele (seguindo Aristóteles), era *inatural*, e na verdade Tomás vai mais longe, dizendo que o comércio em geral tem uma certa *inhonestas* em si. *Inhonestas* não significa exatamente desonestidade, mas "algo indigno", ou talvez "algo não muito belo". Dessa maneira meticulosa, Tomás também legislou sobre muitos temas, maiores ou menores indistintamente. Dadas as circunstâncias do século XIII, deixou evidências de uma carreira epistolar surpreendentemente ativa, respondendo dúvidas de completos estranhos — frequentemente perguntas um tanto ridículas. Quando alguém, por exemplo, perguntou-lhe se os nomes de todos os abençoados estavam escritos num pergaminho exposto no paraíso, respondeu: "Até onde posso ver, não é esse o caso; mas não há mal em afirmar isso."

Quanto à questão mais significativa de "se os hereges devem ser tolerados", sua resposta presente na *Suma* (segunda parte da segunda parte, questão 11, artigo 3, sob o mesmo título) é menos tranquilizadora.

> Quanto aos hereges, dois aspectos devem ser observados: um do lado deles, outro do lado da Igreja. Do lado deles, há o pecado, em razão do qual merecem não apenas ser separados da Igreja pela excomunhão, mas também ser eliminados do mundo por meio da morte. Pois é um assunto muito mais grave corromper a fé que vivifica a alma do que falsificar dinheiro, que sustenta a vida temporal. Enquanto os falsários e outros malfeitores são sumariamente condenados à morte pela autoridade secular, muito mais razão existe para que os hereges, tão logo condenados pela heresia, sejam não apenas excomungados, mas até mesmo submetidos à morte.

Sua reputação de tolerância vem, no entanto, da seguinte qualificação para o veredicto, em que sugere que como a Igreja "procura a conversão do extraviado", deveria condená-lo não imediatamente, mas apenas "depois da primeira ou segunda repreensão". Depois disso, se o transgressor for refratário, a Igreja busca a salvação dos outros, "excomungando-o e separando-o da Igreja, e posteriormente entregando-o ao tribunal secular para ser, por meio desse, exterminado do mundo pela morte". Como diz São Jerônimo: "Extirpa a carne deteriorada, expulsa a ovelha sarnenta do aprisco, caso contrário a casa inteira, o pasto inteiro, o rebanho todo, arderá, perecerá, apodrecerá e morrerá." Tomás tem o crédito por prescrever em vez disso um processo que dê a chance de arrependimento.

Mesmo sobre a capacidade dos bons cristãos de evitar a danação eterna, Tomás, como Agostinho, não era tranquilizador. Ele recorda que no tempo de Noé toda a raça humana foi submergida pelo Dilúvio e apenas oito pessoas se salvaram na Arca. A Arca é a Igreja e as oito pessoas que foram salvas significam que muito poucos cristãos estão salvos, "porque há muito poucos que renunciam sinceramente ao mundo, e aqueles que a ele renunciam apenas em palavras não pertencem ao mistério representado por aquela arca".

Por isso o próprio Doutor Angélico, depois de pesar todas as razões, pró e contra, em sua imensa erudição, finalmente concluiu que a grande maioria dos católicos (que dirá todos os outros) está condenada. Isso porque "a beatitude eterna ultrapassa o estado natural".

Se isso deixa a maioria de seus companheiros de monastério encarando toda a eternidade sem esperança de piedade ou libertação dos vermes, do calor insuportável, da sede insuportável *et cetera, et cetera*, Santo Tomás oferece-lhes alguma consolação ao determinar que apenas uma forma de tortura seria usada em seu caminho para lá — o sofrimento do fogo. Para aqueles que não irão para o inferno, há uma recompensa adicional, pois para que "os santos possam desfrutar de sua beatitude e da graça de Deus de maneira mais abundante", é-lhes permitido assistir à punição dos danados no inferno. Sobre essa importante questão, Tomás estabelece que:

> Nada deveria ser negado aos bem-aventurados que pertença à perfeição de sua beatitude. Pois todas as coisas são mais bem conhecidas quando comparadas com seu oposto, porque quando os contrários são posicionados lado a lado se tornam mais distintos. Daí decorre que para que a felicidade dos santos possa ser-lhes mais deleitosa e que possam render graças mais copiosas a Deus em virtude dela, é-lhes permitido ver com perfeição os sofrimentos dos danados.

Pessoas suscetíveis podem não querer ver as outras sendo torturadas, mas tais pessoas carecem da devoção apropriada. Aqueles sofredores, afinal, mereceram muitas vezes suas punições por fazer coisas como... ãhn... sexo, ou abrir lojas para vender bens. O padeiro, o açougueiro (com toda certeza) e o fabricante de velas — todos esses merecem estar lá.

Alguns se intrigaram com a dúvida de se o inferno e o purgatório ficam de fato no mesmo lugar. Tomás cita Gregório, o Grande (que por sua vez se aproxima de Santo Agostinho): "Assim como no mesmo fogo o ouro reluz e a palha produz fumaça, na mesma fogueira ardem os pecadores e os eleitos se purificam." Tomás conclui que há duas localizações para o purgatório: uma delas está no interior da terra e é próxima do inferno, de forma que eles podem compartilhar o mesmo fogo. A outra localização fica acima da terra, entre nós e Deus. Essa é uma dedução filosófica em sua mais pura e poderosa qualidade.

No entanto, embora as advertências medievais de Tomás, e ainda mais seus argumentos aristotélicos, hoje pareçam datados, seus métodos permanecem impressionantes, um retorno ao estilo de Sócrates e ao exame filosófico aberto de grandes temas. Se ele (como Kierkegaard, séculos mais tarde) insiste em que há coisas sobre Deus que devemos aceitar unicamente pela fé, também insiste em que elas não podem ser refutadas pela razão, mas apenas além da razão. Argumentos, escreve, deveriam se basear não "nos documentos da fé, mas nas razões e afirmações dos próprios filósofos". Ele prossegue:

> Se então há alguém que, orgulhando-se jactanciosamente da própria sabedoria, deseja desafiar o que escrevemos, não deixemos que o faça em algum canto afastado ou diante de crianças que são impotentes para decidir sobre temas tão difíceis. Deixemo-lo replicar abertamente, se ousar fazer isso. Ele então me encontrará a confrontá-lo, e não apenas meu insignificante ser, mas muitos outros cujo estudo é verdadeiro. Batalharemos contra seus erros ou traremos uma cura para a sua ignorância.

Para Tomás, as verdades religiosas e científicas ou filosóficas, longe de ser contraditórias, são apenas lados diferentes da mesma verdade, e de fato complementam-se mutuamente. Os sentidos e o pensamento são ambos necessários para compreender o universo e a revelação para compreender o divino. Dito isso, "se o único caminho aberto ao uso para o conhecimento de Deus fosse unicamente aquele da razão, a raça humana permaneceria nas mais escuras sombras da ignorância".

Dante premiou o Doutor Angélico num pináculo do paraíso, um pouco mais alto que Aristóteles, e declarou-o uma chama de sabedoria celestial. Infelizmente, como Colin Kirk recentemente expressou, "tolerância é incompatível com a verdade de inspiração divina expressa nos termos da lógica aristotélica".

Como um de seus atos finais, Tomás foi chamado pelas autoridades eclesiásticas para defender o status do conhecimento religioso contra a alegação de Siger de Brabante de que algo poderia ser verdadeiro na teologia ainda que demonstravelmente falso para a ciência e a filosofia. Tomás preocupou-se em vencer a discussão, a fim de evitar que a Igreja se tornasse irrelevante em matéria de conhecimento. Depois do debate, seus seguidores saudaram a mais arrasadora das vitórias e denominaram-na como um feito supremo do qual ele podia se orgulhar. No entanto, em vez disso, Tomás subitamente parou de escrever. O que aconteceu, aparentemente, foi isto: a 6 de dezembro de 1273, enquanto oficiava uma missa, o filósofo experimentou uma visão divina. E quando instado a pegar a pena novamente, então respondia: "Tamanhas coisas me foram reveladas que tudo o que escrevi parece-me não mais do que bagatelas. Agora espero o fim de meus dias."

E embora ainda não tivesse completado 50 anos, morreu apenas três meses mais tarde.

• • •

IV

Filosofia Moderna

Capítulo 10

Descartes, o Diletante (1596-1650)

E então há Descartes, com quem, dizem-nos com autoridade, a filosofia "real" passou a existir. "Aqui, finalmente chegamos ao lar", escreveu Hegel em sua magistral *História da filosofia*, "como um marinheiro depois de uma longa viagem por mar tempestuoso, podemos gritar 'Terra à vista!', pois com Descartes a cultura e o pensamento dos tempos modernos realmente se iniciam."

Portanto, tirem os chapéus, por favor, para Descartes, Pai da Filosofia Moderna, soldado, cientista, geômetra, filósofo. Mas "como ele procedeu?", pergunta o professor F.E. Sutcliffe, antes de responder rapidamente a si próprio.

> Rejeitando [diz ele] como absolutamente falso tudo de que tivesse a mais leve razão para duvidar, para em seguida ver se restou algo que fosse inteiramente indubitável... Mas enquanto Montaigne havia concluído que os céticos estavam certos ao afirmar que a mente humana é incapaz de alcançar qualquer coisa com certeza, Descartes, no momento em que todas as saídas pareciam fechadas, apresenta dramaticamente sua proposição "penso, logo existo".

O caso filosófico

Mas Descartes é um indivíduo histórico tanto quanto uma lenda filosófica. E a obra do cavalheiro militar que escreveu as *Meditações* e o *Discurso do método* pode também ser entendida quando vista como o produto de um egotista, tanto quanto o trabalho de um "gênio". Foi por isso que ele pôde ser encontrado com 23 anos vaticinando com confiança que havia descoberto "uma ciência inteiramente nova" e anunciando sua intenção de revelar tudo num livro. Mas acontece que, sempre cauteloso com um possível ridículo, ele não suportaria se comprometer e esse livro, depois de anos de revisões, caiu por terra. O mesmo destino esperava seu próximo projeto, as trinta e seis *Regras para a orientação da mente*, e também o que veio depois desse, os *Elementos de metafísica*. Na verdade, até a metade de sua vida, Descartes nada havia publicado e falava-se a boca pequena que ele era um *celebris promissor* — um grande promissor — que alardeava tudo mas nada produzia.

Porém Descartes ainda não estava acabado. Numa carta a seu amigo monacal Marin Mersenne, escreveu que enquanto seus trabalhos anteriores tiveram forçosamente de ser modificados, abandonados e recomeçados à medida que adquiria novos conhecimentos, ele tinha agora uma nova obra que estaria finalmente a salvo de qualquer modificação, "qualquer que seja o novo conhecimento de que eu possa necessitar no futuro".

Um tanto ironicamente, talvez, essa foi a obra que, no devido tempo, seria anunciada como a que introduziu o "método da dúvida". O que havia acontecido, de fato, foi que à medida que se aproximava do ominoso marco humano dos 40 anos, Descartes decidiu montar — talvez seja melhor dizermos "preparar" — uma "coleção" de todos os seus trabalhos não publicados, para receberem o título de *Projeto para uma ciência universal, destinado a elevar nossa natureza até o mais alto nível de perfeição*. Foi a essa altura que resolveu, essencialmente em causa própria, que talvez fosse melhor que a maioria das referências na primeira pessoa fossem removidas. Exceto, quero dizer, no prefácio, que se tornou, ao contrário, quase autobiográfico em sua descrição do "método" ou, mais precisamente, de como ele muito inteligentemente descobriu todas essas coisas. Com o tempo, porém, sua afeição por essa parte da obra logo levou-o a rebaixar os escritos científicos muito mais extensos a um apêndice com palavras apologéticas afirmando que abominava publicar, pois isso interferia na sua "liberdade de pensamento", mas desejava permitir que o leitor inspecionasse alguns trabalhos recentes... O Prefácio, então, tornou-se o prato principal do livro, que, requerendo agora um novo título, tornou-se o *Discurso do método para bem conduzir a própria razão e procurar a verdade nas ciências.*

Mas, aos olhos modernos, é a marca do democrata, do "moderno", que fez com que Descartes escrevesse em primeira pessoa. Não apenas enquanto ele ruminava em seu quarto quente como um forno sobre a possibilidade de o Diabo enganá-lo ou evocava suas impressões sobre a cera enquanto essa derretia e desaparecia, mas também nos escritos científicos originais sobre a luz e a geometria — ao longo de todos eles, no palco central está o jovem Descartes, exibindo-se com suas descobertas.

Isso, então, era parte do encanto do estilo filosófico altamente pessoal de Descartes — mas, mesmo assim, a novidade era menos do que parece àqueles de nós que não estão familiarizados com as tradições francesas do século XVII. Descartes de fato estava também imitando os textos extremamente populares de Montaigne, cujos *Ensaios*, que consistem em divagações cuidadosamente autoirônicas, já haviam deliciado os aristocratas franceses por uns bons 50 anos. Descartes chega até a abrir o *Discurso* com uma astuciosa referência ao seu predecessor, quando afirma que "o bom-senso" é "a coisa mais equanimemente distribuída do mundo". Montaigne prossegue dizendo, porém, que isso é apenas porque aparentemente ninguém está insatisfeito com seu próprio quinhão dela. Descartes não oferece tal observação bem-humorada.

Mas Montaigne não é a única fonte não reconhecida de Descartes. Como convém a alguém educado pelos mais severos e ortodoxos mestres jesuítas, ele repete muitos dos credos de Santo Agostinho em sua filosofia. O "método da dúvida" crucialmente não inclui duvidar daquelas opiniões que parecem particularmente plausíveis. O próprio Santo Agostinho referia-se ao auxílio da "revelação divina" ao lidar com as incertezas do conhecimento humano; isso é remodelado como a "luz natural" por Descartes, quando diz que tudo o que nos parece óbvio — "tudo o que é percebido clara e distintamente" — deve ser verdadeiro. Infelizmente, tal coisa abre a possibilidade para que outros vejam sob a luz natural verdades de que nós próprios queremos duvidar. Ainda assim, a dedução, na nova Geometria do Conhecimento de Descartes, baseia-se na identificação de tais certezas, rotulando-as como verdades evidentes e depois aumentando-as e expandindo-as. Assim, por exemplo, após ter descoberto ser "impossível" duvidar da existência de seus pensamentos, mas inteiramente possível imaginar a inexistência de seu corpo, Descartes conclui que a "coisa que pensa" é uma substância separada, inteiramente independente do corpo. E expandindo isso conclui que animais não têm alma, mas são brutos inconscientes, meras máquinas.

Para Descartes, investigando agora o domínio da física, a essência do mundo cotidiano e observável é a "extensão", ou seja, altura, comprimento, largura, posição. E tais atributos torna literalmente universais: toda matéria deve ser a mesma em todo lugar do universo. Desse modo, oferece à ciência um fundamento aparentemente robusto sobre o qual se erigir; no entanto, até sob um teste modesto a estrutura começa a se abalar. Um exemplo é a sua "lei da colisão", que Leibniz logo refutou.

A lei da colisão de Descartes sustenta a tese de que quando um objeto pequeno atinge outro maior (como uma pedra atirada contra uma parede), ele ricocheteia na direção exatamente oposta com igual velocidade, mas quando um objeto maior colide com um menor (como um bloco de rocha rolante esmagando uma mosca), eles se deslocam juntos de um modo que conserva a quantidade total de movimento. Até aqui, tudo aparentemente muito óbvio, mas considere uma colisão em que uma bola atinge outra apenas fracionalmente maior. Nesse caso, de acordo com a lei de Descartes, a primeira bola deve quicar para trás à mesma velocidade com que se aproximou, enquanto a outra permanece imóvel. Ora, diz Leibniz, suponha que uma fina camada seja raspada da segunda bola, de modo que ela então se torne a ligeiramente menor das duas — o que nós imaginamos que acontece se o experimento for assim repetido?

De acordo com a teoria de Descartes, se a colisão se repetir, a primeira bola, que anteriormente quicou para longe da outra com toda força, dessa vez se combinará com ela e ambas rolarão juntas na mesma direção e a meia velocidade. Leibniz considera implausível que uma mudança tão tênue possa ter um efeito tão dramático, e logo há a necessidade de que Descartes duvide da própria lei. E muitas das outras noções de Descartes, incluindo as da impossibilidade dos "espaços vazios" e da natureza do "movimento", que dirá as que tratam da relação entre mente e corpo, são também um tanto difíceis de explicar. Gabrielle-Émilie Le Tonnelier de Breteuil, que traduziu os *Principia* de Newton para o francês e de quem podemos lembrar mais facilmente como a amante de Voltaire ("um grande homem cuja única falha foi ser uma mulher", ele escreveu sobre ela), disse do cartesianismo: "É uma casa prestes a desabar até as ruínas, escorada por todos os lados... acho que seria prudente abandoná-la." Mas o inventor do método da dúvida absteve-se de aplicá-lo a si próprio. Afinal de contas, no resumo que abre as *Meditações*, havia escrito:

> A totalidade dos erros que se originam dos nossos sentidos é posta em revista, enquanto os meios de evitá-los são apontados e, por fim, aduzem-se as bases segundo as quais a existência dos objetos materiais pode ser inferida. Não, porém, porque eu os considere de grande utilidade no estabelecimento do que provam, *viz*, que há na realidade um mundo, que seres humanos são dotados de corpos e assim por diante — de cuja veracidade ninguém dotado de mente sã jamais duvidou seriamente; mas porque, após considerá-los com atenção, percebe-se que não são nem tão fortes nem tão claros quanto o raciocínio que nos conduz ao conhecimento de nossas mentes e de Deus...

Mais Des Cartes

Se o *Discurso do método* foi originalmente uma coleção de escritos práticos sobre questões científicas, e não realmente filosofia de modo algum, as *Meditações* foram igualmente vestidas pomposamente como uma coleção de "pessoas famosas" falando sobre um novo ensaio — as *Meditationes de Prima Philosophia*, de "Renatus Des Cartes" (como então gostava de assinar-se, em estilo latinizado). Entre essas objeções há uma, levianamente ignorada, de Thomas Hobbes discutindo a ideia de "duvidar" de tudo. A objeção é descartada como irrelevante, uma vez que (Des Cartes explica concisamente) apenas mencionara a "doença" da dúvida no espírito de um escritor médico que tenciona pouco mais tarde demonstrar como curá-la. (Mas, talvez preocupado com os comentários recebidos, o prefácio às *Meditações* explica que o livro não se pretende adequado a "intelectos mais débeis".)

Montaigne constantemente referia-se a si próprio com um modo tanto de ridicularizar seus pontos de vista quanto se desculpar por eles. Des Cartes usa o mesmo recurso para distanciar-se da crítica antecipada e também para criar a história dramática da "iluminação" do autor após cerca de seis dias refletindo sobre a natureza do mundo numa estufa abrasadora. Mas isso é apenas um recurso; o processo de iluminação parece ter tomado tantos anos quanto os seis dias descritos no livro. É claro, se todo o processo de iluminação tem meios-tons religiosos (jesuítas), também particularmente o tem a escolha dos seis dias.

No primeiro dia, Des Cartes adentra o terrível mundo do nada ao admitir que tudo seja desconhecido e incerto...

No segundo dia, ele acalma seus medos refletindo que pelo menos sabe de algo, que é uma criatura pensante com dúvidas e temores: "O que sou eu? Uma criatura que pensa, o que é isso? Uma criatura que duvida, entende, afirma, nega, concorda, reluta e também imagina e tem percepções sensoriais..."

No terceiro dia, prova a si próprio que a existência de Deus é certa...

No quarto dia, ensina a si mesmo alguns modos de evitar o erro...

No quinto dia, provê a si próprio de uma prova superior da existência de Deus, e...

No sexto e último dia, desfaz-se de quaisquer dúvidas e prepara-se para reingressar no mundo equipado com uma nova ciência para entendê-lo, uma ciência que aplica com muito cuidado as mesmíssimas ferramentas de percepção sensorial originalmente rejeitadas no primeiro dia.

As famosas palavras *cogito ergo sum* (que se traduziram tão elegantemente em português como "penso, logo existo") nunca aparecem na versão original das *Meditações*, apenas numa posterior e na verdade um tanto casual tradução. As palavras realmente usadas podem ser mais bem traduzidas como: "Deixe que o Demônio me engane o quanto puder, ele nunca fará com que eu seja nada enquanto eu pensar que sou algo. Portanto, depois de considerar tudo de maneira muito completa, devo concluir que esta proposição, *eu sou, eu existo*, é necessariamente verdadeira, cada vez que eu a digo ou a formulo em minha mente."[1]

Des Cartes, afinal, foi claro ao enfatizar a diferença entre "eu penso" e "existem pensamentos", uma distinção que se perdeu muitas vezes ao longo do caminho desde então. E há também as sagradas pegadas de Agostinho por todo o *cogito*. O santo havia ensinado que: "aquele que não é certamente não pode ser enganado; portanto, se sou enganado, eu sou".

Então, o que torna Renatus Des Cartes tão "moderno"?

Descartes afirmou que sua intenção era criar uma "geometria da metafísica" — mas uma que fosse construída não empilhando-se tijolos uns sobre os outros em sequência mental, mas pela análise das várias partes do edifício intelectual, para ver se elas são concordantes e podem se manter coesas. Toda a abordagem lógica, assim como a narrativa filosófica em si, era sobre a necessidade de se depender do efeito prolongado "do que ainda não é conhecido".

Suas maiores obras, o *Discurso* e as *Meditações*, foram em muitos sentidos meditações tardias — aditamentos egotísticos destinados a incensar o autor, e não tentativas de subverter os parâmetros antiquados da filosofia francesa, que dirá a autoridade da Igreja, numa espécie de "contragolpe" iconoclasta, como são às vezes reinventadas nos dias de hoje. O "método da dúvida" é um mero dispositivo, rapidamente substituído pela habilidade do autor de obter verdadeiro conhecimento de maneira direta.

O engodo contado por Descartes de como ele dividiu o mundo em duas partes separadas, mente e matéria, certamente prenuncia o mundo moderno, de máquinas e ciência desapaixonada, assim

(Descartes) "...esta proposição, *eu sou, eu existo*, é necessariamente verdadeira, cada vez que eu a digo..."

como mistérios, sentimentos e compaixão deixados em segundo plano. Porém Platão também sustenta a tese de que há dois tipos de substância e privilegia fortemente a existência separada da alma (o que tornou sua obra tão popular entre os padres da Igreja como Agostinho, e Descartes foi educado como agostiniano). No diálogo *Eutífron*, de Platão, que representa Sócrates em sua cela de condenado prestes a beber a cicuta, apresenta-se o caso da separação entre a alma e o corpo, prevendo-se com firmeza que só a primeira subirá ao céu. Quando Sócrates é desafiado a justificar sua fé na imortalidade da alma, usa o mesmo gênero de exemplos posteriormente empregados de maneira tão efetiva por Des Cartes — do mundo perecível da substância e da aparência em oposição ao mundo imutável do conhecimento puro.

Descartes morreu apenas poucos anos depois da publicação das *Meditações*, na Suíça, aquela terra de "ursos entre pedras e gelo", como desfavoravelmente a descreve. Dedicou-se aos seus escritos até o fim — mas não (como podem presumir os que foram educados sobre a lenda cartesiana) a grandes tratados filosóficos, e sim concluindo uma comédia e um balé para a diversão da rainha e sua corte.

Pomposa nota final

[1] *Ego sum, ego existo, quoties a me profertur, vel mente concipitur, necessario esse verum* é o texto latino original de 1641, para os puristas. A versão francesa do princípio presente no *Discurso* aproxima-se superficialmente do "penso, logo existo", sendo ela "*je pense, donc je suis*", mas uma tradução exata disso não é "penso, logo existo", mas "estou pensando, portanto existo". De qualquer forma, o *cogito* não se refere a esse texto, mas ao argumento presente nas *Meditações*. Para que fique claro.

• • •

Capítulo 11

Hobbes torna o círculo quadrado (1588-1679)

A despeito de suas origens humildes como o filho de um pároco desempregado no interior da Inglaterra (seu pai desapareceu pouco depois de discutir com outro pastor na porta da igreja — na verdade, "houve troca de socos"), Thomas Hobbes de algum modo conseguiu subir ao topo da hierarquia social inglesa, bebendo em companhia de duques e vivendo de uma renda pessoal oferecida por cortesia do próprio rei.

Mas, afinal, quando deixou a escola, com 14 anos, já havia traduzido a *Medeia* de Eurípides do grego para iâmbicos latinos, um feito que continua a impressionar comentadores filosóficos ainda hoje (talvez um tanto mais do que deveria). Renunciando então aos cuidados do tio para se tornar um bolsista de Oxford, começou a frequentar círculos cada vez mais aristocráticos. Após concluir Oxford, assumiu um posto com o conde de Devonshire e viajou pela Europa, conhecendo até o célebre astrônomo italiano Galileu, em 1636.

Hobbes ficou impressionado com as descrições que Galileu fez das montanhas da lua, das fases de Vênus e dos movimentos dos planetas, assim como por descobertas biológicas como a da circulação sanguínea, por Harvey, todas as quais tendiam a desafiar a opinião estabelecida. Na verdade, o aspecto mais impressionante da filosofia política de Hobbes é que, numa época de respeito elaborado e obrigatório às várias autoridades de Deus, o papa, os bem-nascidos, ou seja lá quem for, ela é resolutamente racional na abordagem. Seus argumentos baseiam-se em fundamentos demonstrados com clareza, seus raciocínios são demonstrados passo a passo em termos nítidos, sem palavras vazias ou "enrolações", como descreve com desprezo os esforços de outros filósofos:

> Quando homens escrevem volumes inteiros sobre a matéria, não estão eles loucos, ou pretendem fazer com que outros fiquem?... De modo que esse tipo de absurdo pode ser prontamente enumerado entre os diversos tipos de loucura; e todas as vezes que, guiados pelos claros pensamentos de sua avidez mundana, abstêm-se de discutir ou escrever desse modo, isso só se dá em intervalos de lucidez. E daí vêm muitas das virtudes e defeitos intelectuais.

Como expressa Tom Sorell na *Routledge Encyclopaedia of Philosophy*, quando Hobbes terminou de visitar a Europa, havia "tido sucesso em fazer seu nome, particularmente como uma figura que conseguiu levar a demonstração geométrica para o campo da ética e da política". Mas não, certamente, como alguém capaz de levar a filosofia para a matemática.

O caso filosófico

Na verdade, é graças ao seu desprezo pelas presunções tradicionais da filosofia que a influência da obra de Hobbes tem sido tão grande.

As modernas sociedades de hoje refletem e aceitam seu ponto de vista de que as pessoas são motivadas por interesse próprio e deixadas para agir por sua conta sempre entram em conflito. Hobbes explica que a "máquina humana" é programada para dirigir suas energias de maneira egoísta e duvida de que seja possível para o gênero humano agir de maneira altruísta, pois até mesmo ações aparentemente benévolas são na verdade praticadas em causa própria, talvez uma tentativa de fazer com que as pessoas se sintam bem consigo mesmas. Na verdade, nos seres humanos, o movimento primário é em direção ao poder. Em primeiro lugar, escreve, "evidencio uma inclinação geral de toda a humanidade, um perpétuo e incansável desejo de poder após poder, que só cessa com a morte". Por causa disso, um poder *absoluto* é necessário para controlá-los.

> A causa, o fim ou desígnio últimos dos homens (que naturalmente amam a liberdade e o domínio sobre os outros), com a introdução dessa coibição sobre si mesmos... é a providência da própria preservação e de uma vida mais satisfeita por meio disso; ou seja, de se livrarem daquela condição miserável da guerra, que é a consequência necessária... das paixões naturais dos homens, quando não há poder visível para mantê-los em temor e atá-los, pelo medo da punição, à execução de suas obrigações contratuais... obrigações contratuais, sem a espada, não passam de palavras.

No entanto, apesar de defender uma autoridade absoluta, Hobbes demoliu a pretensão dos reis ao favor divino e, ao fazer isso (entre outras razões), foi considerado por muitos de seus contemporâneos, se não de fato um ateu, certamente um herege perigoso. Depois da Grande Peste de 1666, quando 60 mil londrinos morreram, seguida pelo Grande Incêndio imediatamente depois, um comitê parlamentar foi formado para investigar se seus escritos poderiam ter provocado os dois desastres no reino. Como resultado das conclusões desse comitê, foi proibido de escrever qualquer outro livro sobre temas relacionados à "conduta humana", e por isso teve de publicar suas obras no exterior.

Todos os livros de Hobbes são uma estranha mistura de jurisprudência, entusiasmo religioso e iconoclastia política. Os aspectos legais são inovadores e perspicazes, ainda que algumas vezes um tanto duvidosos quanto à lógica de sua argumentação. Partindo de um único suposto "direito fundamental", o da autopreservação, os direitos individuais são deduzidos e derivados. Em sua mais famosa descrição do funcionamento da sociedade, *Leviatã*, Hobbes determinou o rumo da teoria política, da ética social e da legislação internacional. Essas são grandes conquistas. Mas talvez seu maior empreendimento não seja apreciado com frequência. Thomas Hobbes conseguiu tornar o círculo quadrado.

Como fazer isso

Escondida no fundo de seu livro *De Corpore* (*Sobre o corpo*), que faz parte do que deveria ser uma trilogia, avançando para "o homem" e "o cidadão", estava a solução de Hobbes para um problema matemático de três mil anos de existência — a quadratura do círculo. O antigo enigma, que deixara Platão perplexo, era se um quadrado poderia ser construído usando-se apenas uma aresta reta e um par de compassos, o qual tivesse *exatamente* a mesma área de um dado círculo. O problema havia provavelmente começado como uma questão prática que tinha a ver com medição de terras. Mas no século XVII, "estabelecer a quadratura do círculo" era objeto do mais generalizado interesse entre as pessoas comuns — talvez o primeiro quebra-cabeça matemático a fazê-lo. Havia até mesmo competições abertas a "todos os membros do público" e o assunto brotava regularmente nas conversas educadas. Um comunicado do *Journal des Savants* de 4 de março de 1686 registra que uma jovem dama havia recusado "um pretendente perfeitamente qualificado" porque "fora incapaz, dentro de um determinado tempo, de apresentar qualquer ideia nova sobre a quadratura do círculo".

Nas opiniões tanto de Platão quanto de Hobbes, só as duas ferramentas tradicionais poderiam ser usadas como implementos para a geometria. Quaisquer construções que usassem outros recursos eram consideradas vulgares e tabus. Para determinar a quadratura do círculo você deveria começar com uma linha reta e, usando essa como raio, desenhar um círculo. Então, parece que, ainda usando apenas uma aresta reta e compassos, seria possível mensurar e construir, usando um número limitado de passos, um quadrado que tivesse a mesma área do círculo. Acontece que, a despeito de dois mil anos de tentativas, ninguém conseguiu fazer isso.

Mas uma vez que, por qualquer ângulo que se olhe, o problema nada tinha a ver com o assunto de seu livro, a solução de Hobbes, além de ser em sua opinião excelente, não combinava realmente com o restante do *De Corpore*. Pior ainda, os amigos do filósofo logo apontaram um erro nela. Hobbes relutava em remover a "prova" e, em vez disso, reintitulou-a: "A partir de uma falsa hipótese, uma falsa quadratura." Um pouco mais tarde, acrescentou uma segunda prova, mas teve também de modificá-la, dessa vez explicando, um tanto frouxamente, que era uma "quadratura aproximada". Uma terceira prova "exata" foi então acrescentada, mas quando o livro estava sendo impresso ele se deu conta de que essa também estava errada. Mas então já era tarde demais para remover o texto prejudicial, de modo que acrescentou, ao fim do capítulo, "o leitor deve considerar essas coisas que se dizem terem sido exatamente descobertas sobre as dimensões do círculo... como se fossem ditas problematicamente".

(Hobbes) Hobbes imaginou que sua prova da quadratura do círculo estabeleceria sua autoridade em todas as matérias...

Hobbes imaginou que sua prova da quadratura do círculo estabeleceria sua autoridade em todas as matérias, não apenas em matemática. Resolvendo o problema discutido sem proveito por Platão, babilônios, hindus, árabes e os antigos chineses durante milhares de anos,[1] esperava erguer-se muito acima da controvérsia causada por seus escritos políticos. Estava cansado de ser o Monstro de Malmesbury, o Bicho-Papão da Nação, o Apóstolo da Impiedade, o Insípido Venerador de um Deus Material e o Alcoviteiro da Bestialidade. Mas não contou com o catedrático de geometria em Oxford. Ali, entre seus leitores, estava um dos mais notáveis matemáticos da época, que havia inventado os símbolos de infinito e de "maior que" e "menor que" e uma parcela substancial do cálculo propriamente dito. Um antigo opositor "puritano" do rei, um rígido presbiteriano, John Wallis havia alcançado seu posto após decodificar uma mensagem militar para o exército revolucionário de Oliver Cromwell durante a Guerra Civil. Ferozmente contrário a Hobbes e a tudo o que esse defendia, decidiu então desmontar a íntegra da obra matemática revelada em *De Corpore*.

Numa carta datada de 1º de janeiro de 1659 ao físico e astrônomo holandês Christiaan Huygens, Wallis esboçou seu plano.

> Nosso Leviatã está atacando e destruindo furiosamente nossas universidades... e especialmente os ministros, o clero e a religião por completo... como se os homens não pudessem entender de religião se não entendessem de filosofia, nem de filosofia a menos que soubessem matemática. Consequentemente, parece necessário que algum matemático mostre a ele, pelo processo reverso do raciocínio, quão pouco ele entende da matemática da qual tira sua coragem. Tampouco deveríamos nos dissuadir de fazer isso pela sua arrogância que, sabemos, vomitará imundície venenosa contra nós.

A primeira salva de artilharia, destinada a fazer Hobbes naufragar com um golpe rápido, veio na forma de um panfleto chamado *Elenchus Geometriae Hobbianae* (*Um elenco da geometria de Hobbes*), sendo o "elenco" o popular método de análise cruzada que Sócrates emprega em todos os diálogos de Platão e que às vezes assume o nome de "método socrático". Nesse formato coloquial, Wallis repassou sistematicamente, uma a uma, as definições de Hobbes, assim como seus métodos, derrubando e arruinando cada asserção a seu tempo, combinando sem esforço habilidade matemática e palavras de escárnio. Não deixou nem mesmo de fazer troça do nome de Hobbes, chamando-o *hobgoblin* [duende, bicho-papão].

A parte do "bicho-papão" sem dúvida doeu, mas os insultos matemáticos significaram mais, porque Hobbes, como muitos antes e depois dele, havia tentado reduzir a filosofia à matemática. De fato, o raciocínio, sustentara, não era "nada mais do que a adição e subtração do nome" e "proposições verdadeiras" eram "não sobre a natureza das coisas, mas sobre os seus nomes". Pior ainda foi o conhecimento da geometria que colocou no centro do entendimento.

> Vendo então que a *verdade* consiste no correto ordenamento dos nomes em nossas afirmações, um homem que procura a *verdade* necessita recordar o que cada nome que usa representa e situá-lo de maneira apropriada; caso contrário, encontrar-se-á enredado em palavras: como um pássaro no visgo, quanto mais luta, mais imobilizado fica. E portanto, na geometria (que é a única ciência que Deus até o momento teve a graça de conceder à humanidade) os homens começam a estabelecer os significados de suas palavras; a esse assentamento de significados chamam *definições* e colocam-no no início de seus raciocínios.

A propósito, a geometria, Hobbes observa em algum outro lugar, "tem em si algo semelhante ao vinho". Certamente ela lhe era suficiente. Tal era o seu apelo que ele ficou conhecido por fazer com frequência esboços geométricos nas coxas e nos lençóis, quando não havia papel à mão.

Historiadores acreditam que o caso amoroso de Hobbes com a geometria começou durante sua "grande turnê" pela Europa com o duque de Devonshire. Ele havia casualmente se deparado com os *Elementos* de Euclides tentadoramente abertos no teorema de Pitágoras, na biblioteca de um cavalheiro estrangeiro. Euclides continuaria sendo sempre sua inspiração, ainda que, em seu estilo característico, mais tarde não hesitasse em reescrever as definições euclidianas, mudando-as a ponto de, por exemplo, torná-las mais semelhantes a partículas em movimento. Hobbes, seguindo Galileu, Robert Boyle e outros daquela época, considerava que movimentos mecânicos eram a maneira de entender o universo.

E agora suas amadas provas geométricas estavam sendo esfarrapadas diante de seus olhos! Mas se Hobbes Pai havia fugido do pastor da igreja, Hobbes Júnior era feito de matéria mais dura. Respondeu com um frenesi de novos panfletos. O primeiro a sair foi

Marks of the Absurd Geometry, Rural Language, Scottish Church Politics, and Barbarisms of John Wallis [*Marcas da geometria absurda, da linguagem rural, da política eclesiástica escocesa e dos barbarismos de John Wallis*]. Esse foi seguido de seis "diálogos" um tanto desprovidos em atrativos, na primavera de 1660, sob o título *Examinatio et Emendatio Mathematicae Hodiernae* (1660), o último dos quais consiste em 70 ou mais proposições ininteligíveis "sobre o círculo e a cicloide".

Voltando ao *De Corpore* em si, acrescentou um apêndice à edição inglesa com o título *Seis lições aos professores de matemática, um de geometria, outro de astronomia*. Esse confronta não apenas o *Elenchus*, mas também duas das outras obras de Wallis, *De sectionibus conicis* (1655), um livro altamente respeitado sobre as propriedades dos cones, e *Arithematica Infinitorum* (1656), sobre a aritmética do infinitesimalmente pequeno, um livro que influenciaria Newton e talvez Leibniz no desenvolvimento do cálculo. Na verdade, esse último também explorou questões relativas à "quadratura do círculo" ao estabelecer um novo método para determinar a área de um círculo, e portanto o valor de pi, usando a álgebra. O valor de sua fórmula está registrado no fato de que ela traz seu nome até os dias de hoje: a fórmula de Wallis.

No entanto, Hobbes despreza esplendidamente a *Arithematica Infinitorum* de Wallis com as palavras: "Acredito que desde o princípio do mundo não houve, nem jamais haverá, tamanho absurdo escrito sobre geometria."

Mas sua resposta mais astuta foi publicar uma nova solução para outro antigo problema, o da "duplicação do cubo", anonimamente em francês. Hobbes estava bastante seguro de que dessa vez a sua solução estava correta, mas ainda assim, quando Wallis mordeu a isca e escreveu uma resposta, Hobbes foi ligeiro. Depois que o catedrático apontou as debilidades, Hobbes republicou a demonstração em seu próprio nome, mas dessa vez incorporando os pontos levantados por Wallis como se fossem ideias suas!

E assim, ao longo dos anos 1660, enquanto milhares de seus conterrâneos pereciam sob a Grande Peste, Hobbes estava preocupado unicamente em marcar pontos sobre os "professores de geometria". Os métodos algébricos de Wallis ele desprezou como "mera ignorância e tagarelice"; seus livros eram "vis" e "tão cobertos com a crosta dos símbolos" que parecia "que uma galinha havia ciscado ali". Em 1666, enquanto Londres ardia, publicou *De principiis et ratiocinatione geometrarum* (*Princípios de geometria*), seguido três anos depois por *Quadratura circuli, Cubatio sphaerae, Duplicitio cubii* (*Quadratura do círculo, cubicidade da esfera e duplicação do volume de um cubo*), todos planejados como grande demonstração de suas conquistas matemáticas. Infelizmente, foram todos refutados imediatamente por Wallis, e os dois homens entraram num círculo vicioso aparentemente sem-fim de publicação e refutação ao longo de numerosos outros ensaios.

Típicos dessa troca foram o panfleto impresso por Wallis com o título *Due Corrections for Mr Hobbes*, ou *School Discipline for not Saying his Lessons Aright* [*Devidas correções para o sr. Hobbes* ou *Castigo escolar por não fazer corretamente suas lições*], que se ocupou do uso indevido da linguagem técnica por Hobbes, particularmente do palavra "ponto", e a resposta irada de Hobbes, com um título igualmente ridículo: *Marks of the Absurd Geometry, Rural Language, Scottish Church Politics, and Barbarisms of John Wallis, etc.*, mencionado anteriormente.

Ao longo do tempo, Wallis parece ter se cansado da "guerra", mas Hobbes defendeu seus trabalhos matemáticos até o fim da vida. Mesmo aos 91 anos, pouco antes de sua morte, estava trabalhando em mais outro livro sobre a quadratura do círculo. A introdução explica:

> E assim, após ter dedicado suficiente atenção ao problema por diferentes métodos, que não foram entendidos pelos professores de geometria, acrescento este mais novo deles.

Pomposa nota final

[1] Em 1882, o matemático alemão Ferdinand Lindemann apresentou uma demonstração extremamente convincente de que *não é possível* "estabelecer a quadratura do círculo". O motivo é que o comprimento de um dos lados do quadrado seria algum número multiplicado por pi, e pi é o que se denomina um número transcendental, ou seja, é um número com infinitas casas decimais.

Capítulo 12

Spinoza pole a si mesmo... (1632-1677)

"Spinoza é o mais nobre e o mais humilde dos grandes filósofos", declara Bertrand Russell na *História da filosofia ocidental.* "Intelectualmente, outros o superaram, mas eticamente ele é supremo." Russell acha que essa grande bondade deveria explicar por que ele era geralmente considerado "um homem de temível perversidade", durante sua vida e por séculos depois dela. *Mas poderia haver outras razões.*

O caso filosófico

A vida de Spinoza parecia bastante inócua. Ele passou seus dias fabricando lentes óticas e científicas em Amsterdã. Poderia ter assumido uma cadeira de filosofia em Heidelberg, mas preferiu continuar a polir e lixar. Só em seu tempo livre escrevia, chegando à conclusão de que todas as coisas devem ser em essência uma só e que mente e corpo eram dois aspectos dessa mesma coisa, algo que tem muitos aspectos, incluindo o de ser rochas, animais e Deus.

Publicou apenas dois livros em vida. O primeiro foi *Princípios da filosofia cartesiana*, com um prefácio observando que discordava da maior parte dela (não acreditava que havia duas coisas distintas, mente e matéria, mas que essas eram dois "aspectos" da mesma coisa; nem que seres humanos têm "livre-arbítrio", nem que exista algo além do entendimento humano). O segundo foi o *Tractatus Theologico-Politicus* (*Tratado teológico-político*). Esse contém muitos comentários céticos sobre as Escrituras cristãs, embora louve a "mensagem moral" da Bíblia como um todo. Visto da perspectiva atual, parece uma obra devota, mas ele se preocupava suficientemente com a possibilidade de ser acusado de heresia a ponto de alterar detalhes do livro a fim de permanecer anônimo. De fato, o *Tractatus Theologico-Politicus* causou controvérsia imediata e quando Spinoza foi "desmascarado" como o autor, passou a ser um homem muito insultado. Tanto que mesmo após a morte, quando seus outros escritos foram publicados pelos amigos, esses optaram por ocultar sua autoria, creditando os livros, inclusive sua "obra-prima", a *Ética*, a "B.D.S."* Assim, um dos "modernos" textos fundadores da filosofia ocidental, a *Ética demonstrada à maneira dos geômetras*, teve de ser publicado, com efeito, anonimamente.

A *Ética*, como as *Meditações* de Descartes, preocupa-se em fornecer uma base lógica para a crença em Deus, uma estratégia que hoje parece bastante inofensiva. Mas, uma vez que o Deus de Spinoza é despido de tantos atributos (tais como o de ter vontade, ideias ou preferências), para muitos na época isso foi considerado ateísmo designado por outro nome e usado para sustentar as piores coisas que seus conterrâneos haviam dito sobre ele.

Hoje ninguém sabe exatamente de que foi acusado, mas um de seus primeiros biógrafos, Colerus, descreve como Spinoza, relaxado após ter fumado um cachimbo, ou quando queria "repousar

* Abreviatura de seu nome, Baruch de Spinoza. (*N. do T.*)

(Spinoza) Às vezes, para "repousar sua mente", punha moscas numa teia de aranha, "e então assistia à batalha com tanto prazer que rompia em gargalhadas".

sua mente" um pouco mais, procurava aranhas que tivessem iniciado uma luta entre si ou (caso isso não fosse possível) punha moscas numa teia de aranha "e então assistia à batalha com tanto prazer que às vezes rompia em gargalhadas".

Diversões como essa eram as que havia antes da tevê.

Tais pessoas nascem — ou são fabricadas?

Spinoza nasceu em Amsterdã simplesmente Baruch Ben Michel (só mais tarde latinizou seu nome para Benedictus de Spinoza). Seus pais haviam fugido da Espanha para a Holanda, pois aquele país na época era aterrorizado pela Inquisição e sua caçada por hereges. A mãe morreu quando ele era criança e o pai, que era uma figura respeitada nas comunidades de judeus e negociantes de Amsterdã, morreu quando Baruch tinha 22 anos.

A família Ben Michel havia sido judia e depois, por várias gerações, ao menos oficialmente, um tipo de católicos pejorativamente conhecidos como "marranos" (O termo era usado para descrever o tipo de judeus que "comem porco", pois isso é estritamente proibido pela religião judaica), antes de, subsequentemente, voltarem a ser judeus. Mas fossem judeus ou "católicos marranos", a religião os punha em desacordo com a Holanda então uma jovem república, fortemente calvinista. O próprio Spinoza recusava-se a identificar-se com qualquer das associações culturais ou religiosas de seu tempo, aceitando apenas uma afiliação, a mais secular. Ele se considerava um cidadão da República da Holanda, à qual se referia com orgulho como sua "terra natal".

Imagine, como muitos imigrantes holandeses antes e depois, mal sabia falar a língua do país. Quando criança, foi criado falando espanhol e português e depois, com propósitos acadêmicos, latim e hebreu. Mas não holandês. Esse parece ter adquirido de maneira incidental e imperfeita, por "osmose", como se costuma dizer.

Spinoza foi mandado a uma escola rabínica rígida e ultratradicional, que se detinha obsessivamente sobre os grandes textos religiosos do judaísmo, o Talmude, o Velho Testamento e também ocasionalmente comentários mais "filosóficos", como aqueles do filósofo medieval Maimônides.

Maimônides claramente teve grande influência sobre Spinoza. Em seu *Guia dos perplexos* propõe certo número de problemas para os crentes e depois responde-os com confiança. Spinoza, sempre um rápido aprendiz, logo começou a ver por sua conta problemas nos textos, mas não foi tão bom em encontrar as respostas. De fato, ele concluiu que não havia alguma. Isso porque os textos eram construtos humanos imperfeitos, de vários autores, definitivamente não divinos!

Por exemplo, aprendera na escola que o Pentateuco, os primeiros cinco livros do Velho Testamento, era divino por ter sido escrito diretamente por Moisés. Mas Spinoza se perguntou como, nesse caso (como fizeram outros estudiosos), poderia a passagem que descreve a morte de Moisés e os eventos subsequentes ter sido escrita por ele?

Spinoza por fim decidiu que as religiões convencionais eram uma mistura de superstição e engodo, úteis apenas na medida em que guiavam as massas não filosóficas em direção aos princípios morais básicos. O Deus alternativo de Spinoza, diferentemente do judeu, não tem opiniões ou preferências e certamente não escolhe entre pessoas ou tribos. Adorar o Deus de Spinoza envolve unidade com a "natureza". *Deus sive Natura* — Deus e a Natureza são um só. Com 18 anos começou a aprender sobre esse tipo de Deus ao estudar com um professor holandês que lhe ensinou latim e o introduziu no novo mundo dos "cientistas": Copérnico, Galileu, Kepler, Huygens — e Descartes.

Em 1656, quando Spinoza tinha 24 anos, os anciãos de sua sinagoga se fartaram. Eles o excomungaram da comunidade judaica:

> Tendo falhado em fazê-lo corrigir seus modos perniciosos e, ao contrário, recebendo informações cada vez mais sérias sobre as heresias abomináveis que praticava e ensinava e sobre seus *feitos monstruosos*, decidiram que o chamado Spinoza deveria ser excomungado e expulso do meio do povo de Israel. Por decreto dos anjos e ordem dos homens santos, *nós excomungamos, expulsamos, amaldiçoamos e condenamos Baruch de Spinoza*, com o consentimento de Deus (Bendito seja Ele)... Amaldiçoado seja esse homem durante o dia e amaldiçoado seja à noite; amaldiçoado seja ao se deitar e amaldiçoado seja ao levantar. Amaldiçoado seja quando sair e amaldiçoado seja ao entrar.

Como se não tivessem certeza de que isso era suficiente, acrescentaram: "O Senhor não o poupará, ao contrário, que a ira do

Senhor e o Seu zelo fumeguem contra aquele homem e que todas as maldições que estão escritas neste livro caiam sobre ele, *e que o Senhor apague seu nome debaixo dos céus.*"

No entanto, embora o decreto oficial, ou "cherém", como é conhecido, fale de "opiniões e atos malignos", "heresias abomináveis" e "feitos monstruosos", nenhuma ação específica é registrada, e por isso os filósofos vêm especulando desde então sobre o que ocasionou tamanha hostilidade.

Uma das teorias é que ofendeu a comunidade judaica em Amsterdã por ter revivido uma controvérsia viciosa que a perturbara durante os anos 1630. Essa havia sido sobre o que acontece com a alma após a morte, e apenas acabara de ser posta de lado após apelação à comunidade judaica de Veneza em busca de auxílio. Um dos pontos de vista sobre a questão, às vezes atribuído a Maimônides, é que a única coisa que permanece após a morte é o "conhecimento", ou mais precisamente o conhecimento de Deus. A opinião de Spinoza parecia ser semelhante. Por outro lado, talvez pela natureza polêmica do assunto, comentadores reclamam que ele a expressa de um modo particularmente complexo e confuso. Tanto assim que alguns chegaram à conclusão de que ela é desprovida de sentido — "asneiras que fazem com que outras pessoas escrevam asneiras", como o filósofo britânico contemporâneo Jonathan Bennett rudemente definiu.

Mas vamos julgar por nós mesmos. Na Parte V da *Ética*, Spinoza diz que a mente humana "não pode ser absolutamente destruída com o corpo, mas algo dela que é eterno permanece". Essa parte eterna é uma "ideia que expressa a essência do corpo humano, *sub specie aeternitatis*, e que pertence à essência da mente humana". Asneira? Talvez. Mas asneira de classe. De qualquer forma, Spinoza tem evidência. "E embora seja impossível que recordássemos ter existido antes do corpo — uma vez que não é possível nele existirem traços disso, e a eternidade não pode ser definida pelo tempo nem ter qualquer relação com esse — ainda assim, sentimos e sabemos por nossa experiência que somos eternos."

Ou poderia simplesmente ter sido que, em vez de discutir alguma posição particular, mas simplesmente por advogar uma abordagem que implique uma "leitura crítica" dos textos religiosos, já tivesse se tornado impopular. Seja como for, a excomunhão dificilmente iria preocupar alguém que operasse dentro do sistema religioso de Spinoza. Serviu, ao contrário, apenas para reforçar suas convicções políticas de que a sociedade requer um regime secular para manter as várias autoridades religiosas em xeque. Em sua teoria política, Spinoza adotou grande parte dos pontos de vista de seu contemporâneo e correspondente Thomas Hobbes sobre a natureza humana e a necessidade de um governo central forte, mas, ao contrário desse, privilegiava a tolerância política. Bastante natural, considerando suas circunstâncias pessoais, mas ele também argumentava que a tolerância era essencial para conservar o consentimento dos cidadãos de serem governados.

Com 30 anos sua fama era considerável e havia uma sociedade dedicada a discutir e promover suas opiniões. Mas foi apenas alguns anos depois, em 1670, que publicou o *Tractatus Theologico-Politicus*, exibindo-as de maneira mais pública. O livro destinava-se a examinar o papel da religião no contexto da sociedade e da política. Diz coisas como:

> Então Deus revelou-se aos apóstolos por meio da mente de Cristo, como anteriormente havia se revelado a Moisés por meio da voz celestial. E portanto, a voz de Cristo, como aquela ouvida por Moisés, pode ser considerada a voz de Deus. E nesse sentido podemos também dizer que a Sabedoria Divina, ou seja, uma sabedoria que ultrapassa a humana, assume uma natureza humana em Cristo.

Mas o método que Spinoza estava desenvolvendo (e exibe em sua *Ética*) era muito mais matemático. Para investigar questões identifica "axiomas" subjacentes e prossegue extraindo conclusões unicamente por meio de demonstrações sólidas. Tudo isso impressionou os decanos da Universidade de Heidelberg o suficiente para que lhe oferecessem a cadeira de filosofia naquela instituição em 1673, mas Spinoza declinou. Preferiu em vez disso continuar na Holanda, preparar a publicação da *Ética* e trabalhar como polidor de lentes — não apenas para óculos, mas também para instrumentos científicos —, sustentado também por dinheiro proveniente dos admiradores de sua filosofia.

Em consequência de sua busca por rigor, a parte "matemática" de sua filosofia é impressionantemente ilegível. Apenas pequenos fragmentos não expressos em estilo matemático, frequentemente como notas de rodapé, oferecem uma compreensão mais clara. Um deles, brotando de um excesso de racionalismo, afirma que é "irracional" preocupar-se mais com um desastre futuro do que com um que já tivesse acontecido. Por exemplo, é ilógico preocupar-se mais em ser torturado até a morte pela Inquisição espanhola no dia seguinte, digamos, do que com o Êxodo da Palestina cerca de mil anos antes. Diante da resposta de que "bem, é verdade, o Êxodo deve ter envolvido muito sofrimento, mas nada podemos fazer quanto a isso, enquanto no que acontece amanhã *podemos* interferir", replica que para Deus todos os eventos já estão planejados e apenas a ignorância humana nos faz pensar que podemos controlá-los.

Depois há o seu "remédio" contra as emoções. "A bem-aventurança", escreve, "não é a recompensa pela virtude, mas a própria virtude", acrescentando que "não nos deleitamos na bem-aventurança porque refreamos nossa luxúria, mas, ao contrário, porque nos deleitamos nela, portanto somos capazes de refreá-la."

E o capítulo de encerramento da *Ética*, muito citado nos círculos filosóficos, otimista e amigável em seu tom, diz:

> Concluí tudo o que queria explicar a respeito do poder da mente sobre as emoções e sobre sua liberdade. Pelo que foi dito, vemos em que consiste a força do homem sábio e quanto ele ultrapassa o ignorante que é conduzido apenas pela concupiscência. Pois o homem ignorante não apenas é agitado de muitas maneiras por causas externas e nunca desfruta da verdadeira paz de espírito, mas também vive inconsciente, por assim dizer, de Deus e das coisas, e tão logo cessa de sofrer, cessa também de ser. Por outro lado, o homem sábio, enquanto for considerado como tal, raramente comove seu espírito, mas sendo consciente, por uma certa necessidade externa, de si mesmo, de Deus e das coisas, nunca cessa de ser e sempre desfruta da verdadeira paz de sua alma.

Este, então, é o tipo spinoziano de imortalidade: a parcela individual de uma ideia que a ele sobrevive. Do mesmo modo, se alguém descobre uma fórmula matemática (digamos, uma das de Pitágoras) e escreve-a num pedaço de papel, a fórmula continua a existir até muito tempo depois desse papel, enquanto for lembrada ou levada em consideração. Spinoza então conclui sua *magnus opus* com as palavras:

> Se a via que, como demonstrei, conduz a isso parece muito difícil, é possível ainda assim segui-la. E deve de fato ser árdua, uma vez que é tão raramente encontrada. Pois se a salvação estivesse tão ao alcance de nossa mão e pudesse ser descoberta sem grande labor, como seria possível que quase todos a negligenciassem? Mas tudo o que é excelso é tão difícil quanto raro.

Spinoza é verdadeiramente o "filósofo dos filósofos". Coisas são difíceis e só filósofos podem entendê-las. Mas a mensagem tranquilizadora que oferece ao homem comum é que como Deus é perfeito, Ele, e o mundo, é incapaz de ser de qualquer outra forma. Essa posição, ou pelo menos a versão que seu contemporâneo Leibniz propagou, é ridicularizada de maneira muito divertida por Voltaire em *Cândido*, em que o dr. Pangloss passa pela vida encontrando desastre após desastre, insistindo o tempo todo que "tudo é para o melhor neste melhor dos mundos possíveis" — mas eis o que o próprio Spinoza diz:

> Se as coisas devessem ser diferentes do que são, isso envolveria uma mudança na vontade de Deus, e essa não pode ser mudada (como nos foi muito claramente demonstrado pela perfeição de Deus): portanto, as coisas não poderiam ser de outro modo senão como elas são. (*Ética*, Parte I, nota 2 à proposição XXXIII.)

Como consequência, um "homem livre" não pensa "em nada menos do que na morte; e sua sabedoria é uma meditação não sobre a morte, mas sobre a vida", conclui entusiasticamente Spinoza. Tudo já está determinado e as pessoas são "livres" apenas no sentido limitado de que são livres para aceitar os eventos em vez de apenas sofrê-los. Um pouco como a mosca apanhada na teia da aranha. Há! Há! Há!

• • •

V

Filosofia Iluminista

Capítulo 13

John Locke inventa o tráfico de escravos

(1632-1704)

John Locke nasceu numa tranquila vila de Somerset, numa família de comerciantes puritanos, e em meio a um nada tranquilo período de guerra civil entre o Parlamento e os Realistas. Alto e magro, com um nariz longo como o de um cavalo, e o que um biógrafo chamou de "olhos suaves e melancólicos", seu *Ensaio acerca do entendimento humano*, de 1689, descreve de maneira amena o conhecimento como nada mais do que "a percepção da conexão e concordância" das ideias. Uma vez que isso exclui a possibilidade de conhecimento inato, sua filosofia foi vista como um antídoto contra a de Descartes. E ao descrever como a mente pode absorver ideias "simples ou complexas" por intermédio dos sentidos, antes de combiná-las para criar conhecimento, também refletiu a ciência mecanicista da época.

No entanto, é sua teoria política, demonstrada nos *Dois tratados sobre o governo* (1690), que se tornou a mais influente. Credita-se a ela a inspiração para as revoluções americana e francesa em nome dos direitos e das liberdades fundamentais. A influência de Locke está na

Declaração de Independência dos Estados Unidos da América, em sua separação constitucional entre os poderes, e na Declaração de Direitos. Está também presente na doutrina dos direitos naturais que aparece no início da Revolução Francesa e na Declaração dos Direitos Humanos. "Como todos são iguais e independentes, ninguém deve ameaçar outrem no que diz respeito à sua vida, saúde, liberdade ou propriedade", declara Locke, com firmeza.

Todos, isto é, exceto os escravos. Porque, curiosamente, o filósofo cujo nome inspirou outros a exigirem "liberdade" tinha um outro lado mais sinistro.

O caso filosófico

Muitos contemporâneos notáveis têm Locke em alto conceito. O matemático e físico sir Isaac Newton, que tirando isso evitava companhias, estimava o pensamento de Locke. O celebrado médico inglês Thomas Sydenham trabalhou com ele em muitas pesquisas médicas, declarando que aquele era "um homem a quem, pela agudeza de seu intelecto, pela firmeza de seu julgamento... declaro ter, entre os homens de nosso tempo, poucos iguais e nenhum superior". O filósofo francês Voltaire considerava Locke um homem da maior sabedoria, acrescentando: "O que ele não vê com clareza não tenho esperança de jamais ver." Uma geração mais tarde, na América, a reputação de Locke se elevou ainda mais alto. Benjamin Franklin agradeceu-lhe sua "educação autodidata"; Thomas Paine difundiu suas ideias radicais sobre a revolução e Thomas Jefferson reconheceu-o como um dos maiores filósofos da liberdade de todos os tempos.

A ascensão a essa posição vertiginosa começou com uma das grandes escolas inglesas, seguida por uma bolsa de estudos em Oxford. Locke apareceu impresso pela primeira vez ali, quando ainda era estudante. Esses primeiros trabalhos foram quatro poemas escritos para celebrar ocasiões especiais entre 1654 e 1668, um período que ofereceu fartas oportunidades para poemas comemorativos. Ele poderia ter escrito, por exemplo, sobre a Peste Bubônica de 1665 ou o Grande Incêndio de Londres, em 1666, para não mencionar uma possível retrospectiva da decapitação do rei em 1649. Mas os poemas de Locke foram, em vez disso, escritos para assinalar ocasiões mais mundanas. Houve um para apresentar o livro de seu amigo Thomas Sydenham sobre febres e outro para marcar uma vitória do exército republicano de Oliver Cromwell contra a monarquia holandesa. Oito anos mais tarde, com Cromwell já morto e um príncipe holandês restituído ao trono inglês, Locke contribuiu com outra coletânea, dessa vez para celebrar o casamento do novo rei com Catarina de Bragança. "Nossas preces são ouvidas", escreveu, exatamente como havia anteriormente saudado Cromwell com a estrofe de abertura: "Vós, poderoso Príncipe!"

Na verdade, devido a um desejo bem situado de se esquivar não apenas da publicidade mas também de acabar executado, nada mais além desses poemas apareceria publicado por Locke até que tivesse quase 60 anos. Tal timidez foi reforçada quando, em 1663, as autoridades da Universidade de Oxford ordenaram que todos os livros que consideravam perigosos fossem queimados, um evento que impeliu Locke a viajar para a Holanda pouco tempo depois. Lá ficaria pelos próximos cinco anos, passando muito tempo nos cafés ao ar livre, enquanto, em Londres, o governo preparava um mandado pedindo sua extradição para enfrentar acusações capitais...

Mas voltemos a 1660, quando John Locke, então com 28 anos, acabara de ser indicado como professor júnior de grego em Oxford. A indicação exigia que fizesse os votos sagrados, mas Locke declinou, e foi-lhe incomumente aberta uma exceção em 1666. Depois dessa contenda com a autoridade, ainda que resolvida de maneira satisfatória, Locke começou a escrever dois ensaios, um em inglês, outro em latim, sobre o poder do magistrado em questões de prática religiosa. Todavia, sendo um sujeito cauteloso, poderia muito bem ter mantido essa obra em segredo e limitar-se a publicar seus poemas e estudos médicos e científicos respeitáveis (em colaboração com figuras de alta reputação, como Robert Boyle e Sydenham), não fosse por um encontro casual no verão de 1666.

Foi então, enquanto trabalhava como secretário para um diplomata, que conheceu lorde Anthony Ashley Cooper. O nobre cavalheiro ficou encantado com a inteligência e a erudição de Locke e imediatamente convidou-o a juntar-se à sua casa, acumulando as funções de médico e filósofo pessoal. Ashley, que mais tarde se tornaria o primeiro conde de Shaftesbury, foi um personagem chave na vida política inglesa e sob sua influência Locke logo começou a trabalhar, paralelamente ao *Ensaio acerca do entendimento humano*, em esboços para estudos mais controversos, como seu *Ensaio sobre a tolerância* e mesmo os *Dois tratados sobre o governo*. A celebrada segunda obra reflete o interesse do patrão no comércio e nas colônias e sua opinião, como lorde chanceler da Inglaterra, de que ambos eram cruciais para o poderio do país.

Vida, liberdade e a busca de riqueza

Shaftesbury foi também um dos líderes dos Lordes Proprietários das Carolinas, uma companhia para a qual fora concedida a concessão real para fundar uma colônia no que hoje são as Carolinas do Norte e do Sul, no "Novo Mundo". Locke tornou-se o secretário dos Lordes Proprietários (1669-71) e também secretário do Conselho de Comércio e Agricultura (1673-4) e, por fim, membro da Junta de Comércio (1696-1700). Na verdade, Locke estava entre a apenas meia dúzia de homens, durante a "Restauração", que criou e supervisionou as colônias e seus iníquos sistemas de servidão. E uma de suas mais importantes funções envolvia a redação de uma constituição para a nova colônia, pondo assim seus princípios filosóficos em prática.

O preâmbulo para a Constituição do miniestado estabelece especificamente que com a finalidade de "evitar erigir uma democracia numerosa", oito lordes proprietários (incluindo o próprio conde de Shaftesbury) tornar-se-iam uma nobreza hereditária, com controle absoluto sobre os cidadãos. Esses seriam tratados como servos feudais, ou o que Locke chama de *leet-men*.

O artigo XIX explica que: "Qualquer senhor de terras arrendadas pode alienar, vender ou transmitir sua propriedade para qualquer outra pessoa, e seus herdeiros indefinidamente, em sua integralidade, com todos os privilégios e *leet-men* que a ela pertencem..."

(Locke) Em sua constituição para um miniestado, Locke declarou que ninguém deveria ter "liberdade para deixar a terra de seu senhor particular e viver em qualquer outro local, sem licença de seu mencionado senhor, conforme lavrado e assinado".

E o artigo XXII vai além, observando que todos os *leet-men* devem estar "sob a jurisdição dos respectivos senhores das mencionadas senhorias, baronias ou terras arrendadas, sem possibilidade de apelo. Tampouco terá qualquer *leet-man*, ou *leet-woman*, liberdade para deixar a terra de seu senhor particular e viver em qualquer outro local sem licença de seu mencionado senhor, conforme lavrado e assinado".

Se em outro lugar da filosofia de Locke todos os homens são criados "iguais e independentes", nas Carolinas os *leet-men* são desiguais e dependentes de seus senhores. Além disso, "todos os filhos dos *leet-men* serão *leet-men*, e assim por todas as gerações" (artigo XXIII).

Quanto aos africanos (chegando ali acorrentados), a cada colono era concedido "absoluto poder sobre seus negros escravos". Esse privilégio, acrescenta Locke com um aceno de igualitarismo, aplica-se a colonos "de qualquer opinião ou religião" (artigo CX).

O comércio escravista transatlântico estava apenas começando quando Locke escreveu isso. Com o tempo se tornaria uma das mais amplas migrações involuntárias de pessoas da era moderna. Durante os três séculos e meio em que o tráfico persistiu, quase nove milhões de negros africanos seriam transportados para as Américas — e isso sequer leva em conta aqueles que morreram ao longo do caminho. A maior parte dos escravos foi transportada entre 1700 e 1850, e os britânicos determinaram o passo, somando pelo menos um quarto de todos os navios negreiros.

Se Locke, como Shaftesbury, tinha responsabilidades públicas a cumprir, também tinha suas opiniões privadas. Em 1671, comprou ações da lucrativa companhia de comércio de escravos, a Royal African Company (que costumava marcar cada um de seus escravos com as letras RAC) e, um ano depois, da Bahama Adventurers.

Com toda certeza, a escravidão existia na África antes da colonização da América. Numerosos registros reportam que escravos costumavam ser enviados através do deserto norte-africano até o reino da Berbéria, juntamente com ouro. Eram geralmente pessoas escravizadas após captura durante guerras, ou "vendidas" para saldar débitos — ocasionalmente até como reparação por crimes como assassinato ou feitiçaria. No entanto, historiadores consideram que a prática ocorria originalmente não apenas em escala muito menor, mas também de forma muito menos malévola. Esses escravos africanos podiam ser tratados como parte da família da pessoa por quem eram escravizados. Seus proprietários podiam trabalhar lado a lado com eles e compartilhar da mesma comida e do mesmo abrigo. Nas Américas, pelo contrário, o tráfico representou o que tem sido chamado de "escravidão industrial". Imensas turmas anônimas de escravos eram mantidas nos campos e usadas para produzir safras de lavoura intensiva, como cana-de-açúcar, tabaco e algodão. Seus proprietários não trabalhavam ao lado deles, mas moravam em mansões e empregavam capatazes com chicotes para forçar os escravos a trabalharem "até cair". As condições eram desumanas e horrendas nas plantações do Novo Mundo.

As condições no trajeto dentro dos navios negreiros também eram bem ruins. Uma vez recolhidos nos portos da costa oeste da África, os prisioneiros eram amontoados e acorrentados juntos sob o tombadilho e mantidos em situações insalubres e cruéis por longas semanas. Seus navios seguiam uma longa rota ditada pelo que veio a ser conhecido como "o comércio triangular". Esse envolvia tipicamente zarpar de portos britânicos, como Liverpool ou Bristol, até a costa ocidental da África, transportando os produtos das novas indústrias, tais como ferragens ou artigos de algodão, que eram então trocados pelos escravos. Uma vez que esses se encontravam a bordo, os navios retomariam a viagem até as Índias Ocidentais ou outros portos das Américas — o segundo lado do triângulo. Ao chegar, os escravos sobreviventes seriam vendidos e produtos como cana-de-açúcar, rum ou tabaco seriam recolhidos a bordo para a terceira e última etapa da viagem de volta à Inglaterra. Não admira que em 1723 John Houston tenha descrito o comércio escravista como "a dobradiça sobre a qual todo o comércio do globo se move".

Assombrosamente, por volta de 1820, havia mais escravos na América do que "colonos" — cinco vezes mais! (Não é por acaso que George Washington em pessoa era proprietário de escravos.) Os nativos indígenas haviam, é claro, sido exterminados em larga escala também (por guerras, pela expulsão de seus territórios e por doenças). Mas tanto em crueldade quanto pela atenção burocrática a detalhes e custos, o único paralelo ao tráfico escravista é com o transporte para os campos de concentração dos judeus e outras "raças inferiores" pelos nazistas durante os anos 1930 e 1940.

Os europeus expandiram grandemente o comércio de escravos já existente na África, oferecendo dinheiro e mercadorias por quantidades cada vez maiores de escravos. Essas incitações levaram os africanos a saírem em incursões para capturar outros escravos. Essas incursões também contribuíram para a penúria, encorajando assim as pessoas a vender filhos para se tornarem escravos (talvez ignorando a totalidade das consequências), a fim de comprar comida para os membros restantes da família.

O *Segundo tratado sobre o governo* de Locke contém uma discussão especial sobre a escravidão. Os capítulos 4 e 16 dão conta do "estado de escravidão". Essa explicação, por sua vez, depende de sua discussão do "estado de natureza", no capítulo 2, e do "estado da guerra", que compõe o capítulo 3.

Por que Locke se prolonga tanto no tema? Afinal de contas, esse parece situar-se em posição desconfortável em relação a grande parte de seus outros escritos, em favor da igualdade de direitos e liberdades. Mas há uma longa tradição de filósofos em favor da divisão da sociedade em escravos e senhores. Filósofos desde Aristóteles e Platão haviam enfatizado a habilidade de uma elite para pensar racionalmente — para comandar — e esses pensadores necessitavam de alguém a quem comandar, pessoas a quem negar a capacidade de pensar por si próprias.

Para Aristóteles em particular, o escravo doméstico era definido como posse e propriedade, ou, por assim dizer, a "parte descartável do senhor", ainda que devesse supostamente ser usado não meramente de acordo com o interesse ou capricho pessoal do proprietário, mas para o bem geral e de acordo com "a razão". Do mesmo modo, Aristóteles definiu o escravo como uma pessoa "naturalmente" talhada para tal, escrevendo que:

> Aqueles homens, portanto, cujas capacidades estão confinadas predominantemente ao corpo, e cuja principal excelência consiste em proporcionar serviços corporais; aqueles, afirmo, são naturalmente escravos, porque é de seu interesse sê-lo. Podem obedecer à razão, embora sejam incapazes de exercê-la; e embora diferentes dos animais domésticos, que são disciplinados meramente por meio de suas sensações e seus apetites, fazem quase as mesmas tarefas e tornam-se propriedade de outros homens, porque sua segurança assim o requer.

No *Segundo tratado*, Locke atualiza isso:

> Há outra espécie de servos, que chamamos pelo peculiar nome de escravos, que, sendo cativos tomados em uma guerra justa, são pelo direito da natureza subjugados ao domínio absoluto e ao poder arbitrário de seus senhores. Tendo esses homens, como disse, permitido que suas vidas fossem confiscadas, e com elas suas liberdades, e perdido suas propriedades, e encontrando-se em estado de escravidão, incapazes de qualquer posse, não podem, em tal condição, ser considerados parte da sociedade, cujo fim último é a preservação da propriedade.

Mas, à parte o interesse filosófico da discussão, Locke pode ter tido razões mais específicas para incluí-la detalhadamente em seus escritos políticos. Uma hipótese é que pensou que precisava de uma descrição da escravidão "legítima" para mostrar que a família real inglesa estava tentando de maneira ilegítima escravizar o povo da Inglaterra. Como um dos objetivos de sua filosofia política é distinguir entre governo civil legítimo e ilegítimo, a descrição da escravidão podia ser simplesmente uma variação desse tema.

Uma segunda razão, de acordo com Shaftesbury, pode ter sido que Locke considerava seu dever patriótico explicar e justificar uma atividade tão lucrativa e proveitosa para o poderio nacional da Inglaterra.

Ou um terceiro motivo poderia ter sido meramente que Locke, como Aristóteles e tantos outros antes dele, considerava que algumas pessoas simplesmente eram por natureza muito inferiores e por isso nenhuma teoria de direitos naturais precisava se aplicar a elas.

Os filósofos de hoje não falam muito sobre as opiniões de Locke acerca dos escravos. Mas isso não significa que o tema seja irrelevante. Porque na filosofia de Locke a propriedade é a chave da sociedade, e a chave para a propriedade é o trabalho. De fato, como a moral para ele começa com a instituição da propriedade, a escravidão é um caso muito peculiar mas significativo. Nos *Dois tratados*, diz que "inicialmente a terra e todas as criaturas inferiores sobre ela" pertencem a todos em comum — com uma importante exceção. Cada indivíduo possui uma coisa; detém a propriedade sobre sua própria pessoa. No "estado original", ninguém tem qualquer direito a essa a não ser ela própria. Locke acrescenta: "É apenas essa propriedade que confere liberdade aos indivíduos." Mas Locke crucialmente adiciona um novo requisito para que alguém seja apto a ser livre. A liberdade de alguém para seguir sua própria vontade então "se fundamentará no fato de ser ele dotado de razão capaz de instruí-lo naquela lei pela qual deve governar-se a si mesmo".

No *Ensaio sobre a verdadeira origem, extensão e fim do governo civil*, Locke frisa que a escravidão é "um estado do homem tão vil e miserável" e "tão diretamente oposto ao temperamento e espírito benevolente da nação" que era "difícil conceber que qualquer inglês, muito menos um cavalheiro, devesse argumentar em favor dela". A liberdade natural do homem aqui representa uma liberdade inalienável do poder absoluto e arbitrário. Entretanto, com a finalidade de justificar a economia da escravidão, pareceu necessário despir algumas pessoas de sua razão e portanto de sua liberdade. O problema de Locke era pensar que "o estado natural do homem é de igualdade, no qual todo poder e toda jurisdição são recíprocos, nenhuma pessoa tendo mais do que outra".

Mutatis mutandis, como ele poderia ter dito em um de seus poemas latinos (mudando-se as coisas que têm de ser mudadas), tanto na vida privada, como investidor da Royal African Company, quanto na vida pública, como redator da Constituição das Carolinas, a posição de Locke sobre a liberdade é, digamos, ambígua. De fato, foi só criando novos conceitos de inferioridade cultural e intelectual e situando os escravos fora do contrato social que Locke poderia reconciliar sua fé nos direitos inalienáveis do homem sobre sua pessoa com a crua realidade de sua época.

• • •

Capítulo 14

As muitas faces de David Hume (1711-1776)

Na introdução à sua obra épica, o *Tratado da natureza humana*, David Hume aconselha os leitores a terem cautela contra filósofos que "insinuam a exaltação de seus próprios sistemas pela depreciação de todos os outros, que eram avançados antes deles". Em seguida, prossegue denunciando os fundamentos débeis dos sistemas filosóficos de todos os outros, repletos de "incoerências" que são "uma desgraça para a própria filosofia", e em lugar deles propõe "um completo sistema científico" de sua própria autoria.

Assim opera David Hume, cujo estilo indolente, assim como sua face rechonchuda e inexpressiva, oculta uma astúcia e determinação que Rousseau descreveu como completa e simplesmente aterrorizante. Religião não tem lugar nem papel a desempenhar em sua filosofia. Conhecimento, ética e Deus são todos obrigados a retornar à terra para o escrutínio de Hume. Fazendo isso, como diz Bertrand Russell, "esperava veementes ataques, os quais receberia com réplicas brilhantes". No entanto, iria se desapontar. O *Tratado*, caso célebre, já "nasceu morto" no prelo. Revisões posteriores dessa obra, as duas "Investigações", a primeira *Sobre o entendimento humano* (1748) e a outra *Sobre os princípios da moral* (1751), também deixaram de receber a atenção que ele achou que realmente mereciam, com a descrição "das paixões" saindo-se particularmente mal, apesar de ser, em muitos sentidos, sua passagem mais original. Mas, afinal, a filosofia de Hume, como também observou Bertrand Russell, é um beco sem saída. "Na sua direção é impossível ir mais longe."

O caso filosófico

David Hume é admiravelmente franco sobre seus propósitos e suas ambições na vida. Esses consistem em apenas duas coisas: uma reputação literária e uma renda confortável. E por isso talvez seja condizente o fato de a história registrar por parte de David Hume não uma grande declaração filosófica, mas uma observação muito mais pragmática sobre as vendas de seu primeiro livro. "Nunca uma tentativa literária", diz Hume, "foi mais desafortunada do que meu *Tratado da natureza humana*. Já nasceu morto do prelo, sem alcançar qualquer distinção, nem mesmo para excitar algum murmúrio entre os fanáticos."

Na verdade, isso não era totalmente exato. O livro "excitou" um pequeno murmúrio, incluindo uma resenha numa publicação londrina chamada *The Works of the Learned* [*As obras dos eruditos*]. O resenhista concluiu que o livro

> traz, de fato, marcas incontestáveis de uma grande capacidade, de um gênio sublime, porém jovem e ainda não inteiramente treinado. O tema é vasto e nobre, como qualquer um capaz de exercitar o entendimento; mas é necessário um julgamento muito maduro para tratá-lo como requer sua dignidade e importância. A máxima prudência, ternura e delicadeza são requisitos para esse desejável debate. O tempo e a prática podem amadu-

> recer tais qualidades em nosso autor; e provavelmente teremos razão em considerar esta, se comparada com suas produções posteriores, à mesma luz com que vemos as obras *imaturas* de *Milton* ou o primeiro estilo de um *Rafael*.

Autores têm de aceitar as boas e más críticas. Mas parece que para o Hume cavalheiresco e de maneiras suaves essa resenha foi um pouco longe demais. De fato, ao lê-la, "partiu voando num violento acesso de fúria para exigir satisfações a Jacob Robinson, o editor, a quem manteve, durante o paroxismo de sua raiva, na ponta da espada, tremendo atrás do balcão".

Ninguém pôde depois disso confirmar esse chocante episódio, descrito pelo dr. Kendrick no *London Review*, e certamente o próprio Hume não fez menção a ele. Em vez disso, afirma sobre a recepção geral ao *Tratado* que, "sendo naturalmente de temperamento alegre e sanguíneo, muito em breve recuperei o ânimo e prossegui com grande ardor meus estudos no país".

Tal caráter sanguíneo condiz com um filósofo. Mas o paroxismo de raiva é mais a marca de um literato. E para extrair algum sentido de Hume, tido ao menos por alguns na conta do maior filósofo a escrever em língua inglesa, precisamos decidir qual dos dois, profissional das letras ou cavalheiro filósofo, David Hume realmente era.

Quem era quem?

Ao contrário da maioria dos filósofos, Hume aproveitou a oportunidade (embora aquela um tanto tardia e derradeira de estar confinado no leito de morte) de escrever sua autobiografia, ou o que um comentador chamou "aquelas curiosas memórias", que intitulou "A VIDA DO ILMO. DAVID HUME, ESCRITA *POR ELE MESMO*".

Agostinho foi o pioneiro do gênero, com suas *Confissões*, e Rousseau, contemporâneo de Hume, havia-lhe contado seus planos de escrever uma autobiografia, também intitulada *Confissões*. Mas a de Hume não é uma narrativa confessional, antes uma astuta tentativa de ditar os termos pelos quais a posteridade iria recordá-lo, interpretá-lo e entendê-lo. A obra começa oferecendo um esboço de sua juventude. Ele comenta:

> Passei pelo trajeto habitual da educação com sucesso e muito cedo fui tomado de amor pela literatura, que tem sido a paixão determinante de minha vida e minha grande fonte de prazeres. Minha disposição para o estudo, sobriedade e industriosidade proporcionaram à minha família a noção de que o direito era a profissão apropriada para mim: mas descobri uma insuperável aversão a todas as coisas que não a busca da filosofia e da educação geral; e enquanto imaginavam que me debruçava sobre Voet e Vinnius, Cícero e Virgílio eram os autores que devorava em segredo.

Então, de imediato, *há* pano para manga. Mas afinal, tais segredos dificilmente poderiam se esconder para sempre. De qualquer forma, foi pouco depois disso, diz Hume, que passou a se dedicar a "aquele plano de vida que firme e exitosamente persegui. Resolvi fazer com que uma frugalidade muito severa suprisse minha deficiente fortuna, para manter minha independência intacta, e considerar todos os objetos insignificantes, exceto a melhoria dos meus talentos literários". Naturalmente, o primeiro passo seria a publicação de um livro.

Esse marco chegou não muitos anos depois, perto do fim de 1738, com a publicação do *Tratado*. Esse havia sido escrito enquanto o autor alugava quartos no antigo lugar preferido de Descartes, em La Flèche, Anjou, no coração da França. E ainda na metade da casa dos

20 anos, ocorre um ataque juvenil a toda a filosofia, inspirado pelo "método da dúvida" do Mestre Francês. (Não que Descartes tenha recebido muitas menções aqui.) Na página de abertura, ele diz que se trata de "uma tentativa de introduzir o método do raciocínio experimental nas questões morais". Mas é o caráter do método experimental que domina o livro, e isso no devido tempo despertaria Kant "de seus sonhos dogmáticos". Porque (Hume anuncia) há apenas dois tipos de conhecimento genuíno: o que nasce da experiência e da experimentação e o que nasce do exame racional das relações. O restante precisa ser posto em dúvida. Na verdade, Hume expressa isso de maneira um tanto mais forte:

> Se tomarmos em nossas mãos qualquer volume de teologia ou da escola metafísica, por exemplo; vamos perguntar: contém qualquer raciocínio abstrato a respeito de quantidade ou número? Não. Contém algum raciocínio experimental concernente a algo prático ou à existência? Não. *Então condene-o às chamas*: pois nada pode conter além de sofismas e ilusões.

A propósito, Hume descarta a ciência e a ética e assinala que nenhum montante de experiências passadas pode proporcionar informação sobre o futuro, assim como nenhuma quantidade de evidências fatuais pode decidir uma questão ética. Um "ser" não pode de modo algum implicar um "dever ser", como elegantemente expressa.

Pouco mais tarde, ao apresentar uma nova versão, Hume explicou seus objetivos de maneira mais geral como uma indagação sobre se algo "pode ser *averiguado*" em filosofia. Não se trata, diz, meramente "do mesmo sistema da dúvida" defendido por Robert Boyle e outros (que "chegou unicamente a demonstrar a incerteza das conclusões que se referem a espécies determinadas de argumento"), mas "um argumento arrebatador que demonstre que, de acordo com a estrutura do entendimento, o resultado de todas as investigações, sobre todos os temas, deve ser sempre a dúvida".

Numa passagem muito distinta, que recorda as *Meditações*, em que Descartes alerta para os efeitos de se desfazer, ainda que temporariamente, de todas as suas conjecturas convencionais, Hume fala de sua filosofia desassossegada e das sensações que ela produz em sua mente.

> Fiquei inicialmente assustado e confuso com aquela solidão miserável em que me posicionei com minha filosofia, e imaginei-me como uma espécie de estranho monstro bravio, que, incapaz de misturar-se e reunir-se em sociedade, foi excluído de todo comércio humano e restou completamente abandonado e desconsolado. De boa vontade teria corrido para o meio da multidão em busca de abrigo e calor, mas não posso convencer-me a me deixar confundir por tamanha deformidade. Apelo às outras pessoas a unirem-se a mim, de modo a formarmos uma corporação à parte, mas ninguém me dará ouvidos. Todos se mantêm a distância e temem aquela tormenta que se abate sobre mim por todos os lados. Eu me expus à inimizade de todos os metafísicos, lógicos, matemáticos e mesmo teólogos; e posso me espantar diante dos insultos que devo sofrer? Declarei minha desaprovação aos sistemas deles; e posso surpreender-me quando expressam seu ódio ao meu e à minha pessoa? Quando olho para o exterior, prevejo por todos os lados controvérsia, contestação, raiva, calúnia e menosprezo. Quando volto meu olhar para o interior, nada encontro além de dúvida e ignorância. O mundo inteiro conspira para se opor a mim e contradizer-me: embora minha fraqueza seja tal que sinto todas as minhas opiniões se afrouxarem e desmoronarem quando não apoiadas pela aprovação alheia. Cada passo que dou é com hesitação e cada nova reflexão me faz temer algum erro e absurdo em meu raciocínio.

É um filósofo corajoso, aquele que toma um caminho tão solitário. E os estudiosos atuais de Hume consideram o *Tratado* uma grande obra, "em certos aspectos a mais importante obra de filosofia em língua inglesa", como um deles, o professor Selbe-Bigge, afirma, desconsiderando as duas *Investigações* posteriores por terem deixado de fora "a melhor parte".

Infelizmente, o próprio Hume mais tarde censurou sua "obra imatura", dizendo que a atenção continuada dos estudiosos não lhe era justa, uma "prática muito contrária a todas as regras de imparcialidade e justiça e um forte exemplo de artifícios polêmicos que um fanático intolerante se julga autorizado a empregar". Evidentemente, um Hume distinto daquele que havia escrito, em 1740, a Francis Hutcheson, um dos mais eminentes filósofos de sua época (e cujo posto na Universidade de Edimburgo ele cobiçava), alegando-se ansioso por corrigir seus erros naquela obra e implorando para descobrir mais dos "detalhes em que errei".

É o primeiro Hume que, numa carta a John Stewart, professor de filosofia natural em Edimburgo, confessa:

> Devo reconhecer (o que é infinitamente mais relevante) um erro de conduta muito grande; *viz.*, o fato de haver publicado o *Tratado da natureza humana*, um livro em que pretendo inovar todas as partes mais sublimes da filosofia e que compus antes dos 25 anos. Acima de tudo, o ar confiante que pervade aquele livro, e que pode ser imputado ao ardor da juventude, desagrada-me tanto que não tenho paciência para revisá-lo.

Entretanto, na verdade, existe uma revisão detalhada, denominada "Um resumo", da obra, que foi publicada pouco depois e revelou-se ter sido escrita pelo próprio Hume. Ou um deles, pelo menos. Mas podemos respeitar suas vontades e deixar a síntese em vez disso aos seus adversários da Igreja. Esses eram numerosos, incluindo figuras bem conhecidas, como William Warburton, que, imbuído de espírito público, havia escrito ao editor de Hume para dizer que:

> Você me falou muitas vezes das virtudes morais desse homem. Ele pode ter muitas, pelo que me diz respeito; mas deixe-me observar-lhe que há vícios da mente tanto quanto os há do corpo: e acredito que uma mente mais perversa, e mais obstinadamente inclinada às coisas daninhas, jamais conheci.

De modo similar, James Beattie viu em seus escritos "a vil efusão de um coração endurecido e estúpido, que confunde o próprio desassossego com a atividade do gênio e seu caráter capcioso com sagacidade", enquanto Samuel Johnson declarou firmemente ser Hume um "cabeça-dura" e um "embusteiro". Mas não foi senão em 1756 que seus adversários organizaram-se o suficiente para apresentar um sumário do *Tratado* para a corte eclesiástica de Edimburgo.

Uma leitura atenta mostrou, disseram eles, que Hume acreditava:

> *Primeiro*, que toda distinção entre virtude e vício é meramente imaginária.
>
> *Segundo*, que a justiça não tinha fundamentação além da de contribuir para o proveito público.
>
> *Terceiro*, que o adultério é muito lícito, mas às vezes não oportuno.
>
> *Quarto*, que a religião e seus ministros são prejudiciais à humanidade e sempre serão encontrados correndo rumo às alturas da superstição ou do entusiasmo.
>
> *Quinto*, que não há evidência de ser o cristianismo uma revelação divina.
>
> *Sexto*, que de todos os modos de cristianismo o papado é o melhor, e a reforma, portanto, não passou de obra de loucos e entusiastas.

A ira deles era ainda maior por ser Hume na verdade menos um infiel do que um crente dissidente, um agnóstico mais do que um ateu. De fato, anos mais tarde, Hume declarou, num de seus amados saraus em Paris, que nunca havia conhecido um ateu e questionava se realmente existiam. Seu anfitrião, o barão d'Holbach, respondeu com firmeza que estava jantando com 17 deles.

Seja como for, e infelizmente, ao menos considerando a fome de Hume por controvérsias literárias, a Igreja da época estava farta de tais julgamentos e as autoridades declinaram de apurar "um tema tão obscuro e metafísico", determinando que "seria mais útil ao propósito da edificação rejeitar o processo".

Se esperavam privar seu concidadão de publicidade, iriam se desapontar, pois Hume estava então bem adiantado em seu próximo projeto a ser publicado, uma épica *História da Inglaterra*, em seis volumes. Essa começou a aparecer em 1754 e em 1762 havia se tornado um dos best sellers do século XVIII rendendo dinheiro suficiente para que Hume se sentisse pela primeira vez financeiramente independente. A *História* chegaria, no correr do tempo, a mais de cem edições e ainda estaria em uso no fim do século XIX.

Na época em que o volume final foi publicado, Hume havia recebido *royalties* suficientes para ascender a uma posição um pouco melhor, mudando-se para uma parte mais elegante de Edimburgo, como recorda numa carta ao dr. Clephane.

> Cerca de sete meses atrás, comprei uma casa própria e formei uma família regular, consistindo em um cabeça, i.e., eu mesmo, e dois membros inferiores, uma criada e um gato. Minha irmã depois juntou-se a mim e passou a me fazer companhia. Com frugalidade, posso conquistar, acho, asseio, calor, luminosidade, fartura e satisfação. Que mais você desejaria? Independência? Eu a tenho em seu grau supremo. Honra? Essa não deixa inteiramente a desejar. Graça? Ela virá com o tempo.

> Uma mulher? Não é um dos requisitos indispensáveis da vida. Livros? Esse é um deles, e tenho mais do que posso usar. Em resumo, não encontro algum prazer importante que não tenha em maior ou menor grau: e, sem grande esforço da filosofia, posso me sentir tranquilo e satisfeito.

Para seus admiradores, como o autor anônimo — e escritores anônimos, como os das atuais resenhas do Amazon (pelo menos as positivas), eram com frequência os próprios autores ou seus amigos íntimos — de um artigo no *Weekly Magazine*, ou no *Edinburgh Amusement*, a obra revela Hume dando as costas para o estilo predominante da historiografia "como uma sequência de datas, nomes e glorificações" para, em vez disso, "combinar de maneira brilhante os estudos de caráter com uma análise do amplo leque de forças subjacentes".

Outros liam-na de modo diferente. Um certo sr. Fox reclamou de Hume, dizendo: "Era um homem excelente e detentor de uma mente muito poderosa; mas sua parcialidade para com reis e príncipes é intolerável. Mais do que isso, é, na minha opinião, bastante ridícula: assemelha-se mais à tola admiração que mulheres e crianças algumas vezes sentem por reis do que a opinião, certa ou errada, de um filósofo."

John Stuart Mill, escrevendo uma resenha histórica algum tempo depois que Hume havia partido deste mundo e não podia mais se ofender, fez um comentário favorável ao seu intelecto, mas deplorou sua honestidade, dizendo que:

> Ele argumentava com agudez surpreendente; mas o objetivo de sua argumentação não era obter a verdade, e sim mostrar que essa é inalcançável. Sua mente também era completamente escravizada por uma predileção pela literatura; não daqueles gêneros de literatura que ensinam a humanidade a conhecer as causas de sua felicidade e miséria, de modo que possa bus-

> car a primeira e evitar a segunda; mas daquela literatura que, sem consideração pela verdade ou a utilidade, busca apenas excitar a emoção.

Mas a opinião de Anon venceu a discussão. "Sua *História da Casa dos Stuart* requer apenas ser lida e admirada... tomada como um todo, pode-se considerá-la um dos mais excelentes produtos da genialidade humana, e é certamente o maior trabalho histórico dos tempos modernos". Anon acrescenta que nas mãos do sr. Millar, então o principal livreiro de Londres, ela logo se tornou "um desempenho favorito" entre "as pessoas de classe mais alta".

Ainda assim, ao menos a princípio, Hume ficou desapontado com a recepção do livro. As "margens do Tâmisa", reclamou, eram "habitadas por bárbaros". "Fui, confesso", diz o autor com referência ao primeiro volume, "otimista em minhas expectativas quanto ao sucesso dessa obra. Pensei que fosse o único historiador a ter um dia desdenhado dos poderes, interesses e das autoridades presentes e do grito dos preconceitos populares; e como o tema era apropriado a todas as capacidades, esperava aplauso proporcional. Mas miserável foi meu desapontamento; fui assolado por um clamor de censura, desaprovação e até abominação."

A humilhação final veio em junho de 1763, quando lorde Bute, que era na época o primeiro-ministro escocês, nomeou outro historiador daquele país, William Robertson, para ser o Historiógrafo Real da Escócia. Lorde Bute ofereceu a Hume, em vez do cargo, uma pensão.

Uma pensão! Para o maior escritor do século! Disparate! E por isso Hume voltou para a França.

Na França, Hume era tido realmente em muito alta conta, uma *cause célèbre*. Foi universalmente festejado. Grandes nobres e suas damas fizeram chover convites sobre ele, não se dando por satisfeitos a menos que *le gros David* fosse visto em suas recepções e em seus camarotes teatrais. Outro visitante britânico, lorde Charlemont, recorda como invariavelmente cruzava com ele na ópera, "sua larga face inexpressiva" geralmente vista "*entre deux jolis minois*".

Pois se em Edimburgo Hume tinha apenas uma criada e um gato para lhe fazer companhia, em Paris era cercado de admiradores. Os anfitriões de todos os círculos literários, a chamada República das Letras, fenômeno único do Iluminismo francês, constituída por salões governados por mulheres talentosas, competiam por seu favoritismo. Uma dessas, madame d'Épinay, que o chamou de *grand et gros historiographe d'Angleterre*, descreve uma ocasião curiosa em que seus artistas pediram que o famoso filósofo atuasse no papel de um sultão, empenhado em seduzir com sua eloquência duas belas escravas. Hume foi apropriadamente caracterizado com bigodes, turbante e maquiagem negra e colocado num sofá entre duas das beldades mais célebres de Paris. Seguindo as instruções que havia recebido:

> Ajoelhou-se e inflou o peito (ou, como designou a madame, "*le ventre*"), mas não conseguiu convencer sua língua a participar da atividade, a não ser proferindo "*Eh bien! Mes demoiselles. Eh bien! Vous voilà donc. Eh bien! Vous voilà... voulez-vous voilà, ici?*", exclamações que repetiu até exaurir a paciência daqueles que, esperava-se, deveria entreter. (*Mémoires et Correspondance de Madame d'Épinay.*)

O próprio Hume recordava a época com cores mais róseas, escrevendo a um amigo historiador que:

> Só posso dizer que nada comi nada além de ambrosia, nada bebi nada além de néctar, nada aspirei além de incenso e pisei além de flores. Todo homem que encontrei, e toda dama mais ainda, pensaria estar em falta para com o mais indispensável dever, caso não dirigisse uma longa e elaborada arenga em meu louvor.

(Hume) Ele se ajoelhou e inflou o peito, mas não conseguiu convencer sua língua a participar da atividade, a não ser proferindo: "*Eh bien! Mes demoiselles. Eh bien! Vous voilà donc!*"

Nos salões, Hume foi apresentado aos críticos, escritores, cientistas, artistas e filósofos que puseram em marcha o Iluminismo francês, os *philosophes*. Uma das anfitriãs era a bela, inteligente e virtuosa madame de Boufflers, em cujo salão, forrado de enormes e deslumbrantes espelhos, Mozart uma vez tocou. E a correspondência entre Hume e madame de Boufflers igualmente bruxuleia com falsos reflexos. Ela o bajula por seu gênio, declarando que conhecer Hume a torna "enfastiada com o grosso das pessoas com quem tenho de conviver", enquanto em sua resposta ele transborda: "Ai de mim! Por que não me encontro perto de você para que possa vê-la ao menos meia hora por dia!"

Realmente, Hume apreciava particularmente a aceitação francesa de si enquanto pessoa, de sua personificação como *le bon David* e de seus princípios pessoais, causa de tanto escândalo mais perto de casa. "O que mais me deu prazer foi descobrir que a maior parte dos elogios que me foram concedidos dirigia-se ao meu caráter pessoal; minha ingenuidade e a simplicidade de minhas maneiras, a candura e a suavidade da minha disposição *et cetera.*" Essa foi a origem de sua alcunha francesa, *le bon David*. Porém, mesmo no zênite de sua felicidade, uma nuvem cobria sorrateiramente o sol.

O incidente é um dos mais famosos casos filosóficos de todos, amplamente discutido tanto na época quanto bem mais recentemente, em livros como o popular e impressionantemente detalhado *O cachorro de Rousseau*. Nesse, David Edmonds e John Eidinow observam que Hume considerava que o acontecimento mostrou-o como a vítima inocente, e de fato um tanto trágica, da ingrata paranoia do filósofo francês. Mas a realidade é um pouco mais complicada do que isso.

Os eventos principais são bastante claros. Quando o embaixador, lorde Hertford, foi substituído, as férias de Hume no paraíso chegaram abruptamente ao fim. Teria de voltar para a Grã-Bretanha. Isso foi um golpe. Mas o que de fato acabou sendo muito mais desafortunado foi um pedido aparentemente inócuo, vindo de sua anfitriã favorita, madame de Boufflers, para que ajudasse um escritor em necessidade. Esse de fato não era nenhum outro senão o iconoclástico filósofo suíço Rousseau. Os dois nunca haviam se encontrado, mas por várias vezes trocaram congratulações mútuas por carta, e agora Hume era perguntado se teria a possibilidade de ajudar Rousseau a encontrar asilo político na Inglaterra. Como teria *le bon David* a possibilidade de dizer não? Os dois filósofos finalmente se encontraram em Paris, em dezembro de 1765. Rousseau ficou extasiado, escrevendo sobre Hume: "Suas grandes opiniões, sua surpreendente imparcialidade, seu gênio, o ergueriam muito acima do resto da humanidade, caso você fosse menos ligado a ela pela bondade de seu coração." Hume também caneteou elogios ainda mais grandiosos a um amigo da Igreja da Escócia, comparando Rousseau a Sócrates.

Uma nota amarga, porém, foi tangida logo na noite anterior à partida de Hume e Rousseau para a Inglaterra. Hume fora visitar o barão d'Holbach para uma última despedida. Pedindo desculpas se por acaso estivesse ferindo suas ilusões, o barão alertou-o contra Rousseau, dizendo: "Você não conhece esse homem. Vou dizer-lhe com franqueza, você está abrigando uma víbora em seu seio!"

No entanto, de início, tudo correu bem. Chegando a Londres, Rousseau foi aclamado não apenas como um grande romancista, mas também como um celebrado extremista! Os jornais londrinos parabenizaram tanto a si próprios quanto a seus leitores por essa demonstração de hospitalidade, tolerância e imparcialidade inglesas, em agudo contraste, afirmavam com um riso abafado, com os franceses intolerantes e autocráticos.

No entanto, deve ter sido um tormento para Hume, aclamado em Paris e reduzido agora, segundo a perspicaz observação de um amigo íntimo, William Rouet (professor de história civil e eclesiástica em Edimburgo), a "expositor do leão". O leão se apresentava em seu bizarro traje armênio completo, com beca e barrete com borla, e era por quase toda parte acompanhado por seu pequeno cão castanho e branco, Sultão. Hume, em contraste, fazia uma figura ridícula.

Lorde Charlemont, que (recordamos) frequentava muitas das mesmas festas que Hume, deixou a melhor descrição do filósofo, dizendo:

> Seu rosto era amplo e gordo, sua boca larga e sem qualquer outra expressão que não a da imbecilidade. Seus olhos eram vazios e destituídos de espírito; e a corpulência de toda a sua pessoa era muito mais apropriada para comunicar a ideia de um conselheiro municipal devorador de tartarugas do que a de um refinado filósofo. Sua fala em inglês se tornava ridícula pelo mais manifesto sotaque escocês e seu francês era, se isso é possível, ainda mais risível; de modo que a sabedoria, com toda certeza, jamais se disfarçou anteriormente em roupagem tão tosca. Embora hoje se aproxime dos 50 anos,[1] era saudável e forte; mas sua saúde e sua força, longe de serem vantajosas

> para a sua figura, em vez de beleza máscula, tinham apenas a aparência da rusticidade. O fato de usar uniforme acrescentava muito à sua deselegância natural, pois o vestia como um merceeiro das milícias. (*Life of Charlemont* [*A vida de Charlemont*], de Hardy.)

E o triste contraste não parecia ter escapado a Hume. Mesmo enquanto professava aos amigos franceses seu eterno amor por Rousseau, escrevendo que "jamais conheci homem mais amigável e virtuoso do que ele se apresenta a mim; é suave, gentil, modesto, afetuoso, desinteressado e, acima de tudo, dotado de um coração sensível num grau supremo", contava aos seus parentes e amigos escoceses uma história muito diferente. Apenas uma semana depois de retornar a Londres, escreveu ao primo John Home, o "Shakespeare escocês", declarando Rousseau um filósofo "que se permitia ser governado igualmente por seu cão e sua amante".

Hume foi além, vaticinando que Rousseau seria infeliz vivendo no campo inglês, "como na verdade tem sempre sido em todas as situações".

> Ficará inteiramente desprovido de ocupação, de companhia e quase sem diversão de qualquer espécie. Leu muito pouco durante o curso de sua vida e agora renunciou totalmente a toda leitura. Viu muito pouco e não tem o costume da curiosidade de observar ou notar. Refletiu, propriamente falando, e estudou muito pouco; e não tem de fato muito conhecimento: apenas sentiu, durante todo o curso de sua vida. E, a esse respeito, sua sensibilidade eleva-se a um cume além do qual eu tenha visto qualquer exemplo: mas ela ainda lhe dá um sentimento mais agudo de dor do que de prazer. Ele é como um homem... despido não apenas de suas roupas, mas também de sua pele.

Na verdade, Rousseau lia ávida e extensamente e também estava escrevendo — suas *Confissões*, que se tornariam uma das obras mais influentes da literatura europeia. E, é claro, amava o campo. De fato, uma vez instalado na nova casa, logo conheceu o colecionador e botânico da duquesa de Portland, fez amizade com ele e juntos saíram em muitas felizes expedições para coletar plantas no distrito de Peak. Longe de ser "despido de sua pele", a criatividade de Rousseau ardeu intensamente como nunca, enquanto Hume lutava por ideias.

Mas inicialmente Rousseau teve de se alojar em Londres com duas senhorias escocesas perto da Rua Strand e, como a cidade estava no auge da industrialização, Rousseau certamente encontrou-a "tomada por negros vapores". Felizmente, esse foi apenas um arranjo temporário. Logo Hume encontrou para ele um chalé na vila de Chiswick com "um honesto merceeiro", James Pullein. Então, em março de 1766, a oferta de uma casa de campo partiu de um cavalheiro inglês, Richard Davenport, com uma mansão desocupada em Staffordshire, Wootton Hall.

Na superfície, então, tudo parecia estar indo bem, quando Rousseau parou em Londres a caminho do novo lar em Staffordshire para ver o amigo. No entanto, Rousseau já estava dividido entre sentimentos de gratidão por Hume, por sua ajuda, e de suspeitas contra o escocês. A noite acabou de maneira desastrosa depois que Rousseau acusou Hume de ter-lhe mentido sobre a suposta descoberta oportuna de uma carruagem adequada para transportá-lo em segurança, e a baixo custo, até seu retiro.

Na verdade, a "descoberta" foi um artifício, supostamente para poupar Rousseau de sentir-se muito em débito. Mas como uma narrativa "anônima" (novamente, obra provável de Hume ou um de seus amigos) da época prossegue, o truque atiçou todas as dúvidas do filósofo suíço.

> Rousseau suspeitou do artifício benevolente e acusou o sr. Hume de ser cúmplice nele. O sr. Hume protestou sua inocência e esforçou-se para mudar de assunto. Depois de uma resposta sarcástica, Rousseau sentou-se por algum tempo em aparente melancolia, depois levantou-se de um salto, caminhou duas ou três vezes pela sala e por fim atirou os braços em volta do pescoço do irmão filósofo, banhando a face atônita de David com lágrimas e chorando como uma criança. "Meu querido amigo", disse, tão logo foi capaz de falar, "algum dia você me perdoará por esta extravagância? Depois de todas as penas que você assumiu para me servir, depois das inumeráveis provas de sua amizade, é possível que eu possa pagar dessa forma sua gentileza, com raiva e ofensas! Mas ao me perdoar você me dará um novo sinal de sua consideração e espero que quando me conhecer melhor descobrirá que não sou indigno dela."

Entretanto, Rousseau tinha algum fundamento para sentir suspeitas, embora a história tenha frequentemente se contentado em concluir que ele era simplesmente "paranoico". Bertrand Russell, por exemplo, diz em sua *História* que depois de sua "desafortunada rixa", Hume comportou-se com "admirável indulgência, mas Rousseau, que tinha mania de perseguição, insistiu numa ruptura violenta". Porém, se foi assim, como muitos outros, Rousseau tinha suas razões. Estava correto em suas suspeitas de que suas cartas estavam sendo interceptadas e lidas por outros e já havia descoberto que relatos cruéis e zombeteiros sobre ele e seu exílio tinham ampla circulação, tanto na Grã-Bretanha quanto na França.

O mais doloroso desses foi uma carta satírica, que passava por ser proveniente do rei da Prússia, escarnecendo do desarraigado refugiado suíço ao oferecer-lhe guarida, acrescentando causticamente: "Se deseja novos infortúnios, sou um rei e posso torná-lo tão miserável quanto você conseguir almejar". A "carta do rei da Prússia" chegou até a imprensa londrina e até o refúgio de Rousseau em Staffordshire. Ele ficou muito zangado. Hume sustentou ignorar totalmente a paródia. Mas, de acordo com Edmonds e Eidinow, estava presente num jantar em que a piada começou, assim como em dois outros em que Walpole leu a carta em voz alta, e provavelmente contribuiu com alguns dos ataques mais ferinos dela.

E pelas costas de Rousseau Hume conduzira uma intrusiva investigação das finanças do filósofo. Havia pedido a vários contatos franceses que fizessem averiguações — escondendo de cada um que havia também pedido aos outros. Madame de Boufflers ficou desconcertada ao saber que Hume havia incumbido a ela e ao barão d'Holbach a mesma missão. "Com que propósito?", interpelou Hume. "Você não se converterá em seu denunciante, após ter sido seu protetor." Porém parecia ser exatamente essa a intenção. Não havia a possibilidade de que Hume buscasse a informação para auxiliar Rousseau. Ao contrário, o próprio Hume torna claro que era o caráter de Rousseau que ele estava investigando: estava tentando determinar se o suíço era uma fraude rica declarando ser um pobre! Na verdade, a história registra que na época em que Rousseau deixou a Inglaterra, em maio de 1767, foi obrigado a vender os talheres para pagar a passagem.

Nesse meio-tempo, Rousseau pensou ter enxergado o miolo do complô e que no centro da teia, como uma aranha malévola, estava seu suposto aliado, Hume.

A 23 de junho de 1766, escreveu declarando suas suspeitas: "Você se disfarçou de maneira precária. Estou inteirado a seu respeito, Senhor, e você sabe muito bem disso." E explicou em detalhes a essência do complô: "Você me trouxe para a Inglaterra aparentemente para procurar um refúgio para mim, mas na realidade para desonrar-me. Você se aplicou a esse nobre empreendimento com um zelo digno de seu coração e com uma arte digna dos seus talentos." Hume ficou consternado e talvez um pouco assustado. Apelou a amigos em busca de apoio contra "a monstruosa ingratidão, ferocidade e delírio desse homem".

Preocupante, do ponto de vista de Hume, era o potencial dano à sua reputação de escritor. Afinal, seu acusador era um dos mais célebres escritores da Europa, um autor cujos livros, dizia-se, eram alugados por hora nas lojas de Paris! "Você sabe", escreveu ele a outro amigo de Edimburgo, o professor de retórica Hugh Blair, "quão perigosa seria qualquer controvérsia sobre um assunto polêmico com um homem dos seus talentos."

A resposta inicial de Hume à carta de Rousseau que descrevia "o complô" foi pedir que esse identificasse seu acusador e fornecesse evidências sobre a trama. A resposta de Rousseau à primeira pergunta foi curta e diretamente ao ponto: "Esse acusador, Senhor, é o único homem no mundo cujo testemunho eu admitiria contra você: você mesmo". Quanto à questão da "evidência", a 10 de julho de 1766 Rousseau forneceu uma breve acusação formal de 63 parágrafos contendo os "incidentes" que o haviam levado àquela conclusão.

A acusação é pouquíssimo convincente do ponto de vista legal e mostra antes a paixão do romancista pelo drama. Central entre as acusações é a alegação de Rousseau de que na fatídica viagem de Paris para a Inglaterra juntos, ouvira Hume murmurar no sono "*Je tiens J.J. Rousseau*" — "Eu tenho J.J. Rousseau". O filósofo suíço joga com o que denomina essas "quatro palavras aterrorizantes". "Nenhuma noite passa sem que eu pense ouvir 'Eu tenho você, J.J. Rousseau' soando nos meus ouvidos, como se ele tivesse acabado de pronunciá-las. Sim, sr. Hume, você me tem, eu sei, mas apenas por aquelas coisas que me são exteriores... Você me tem por minha reputação e talvez por minha segurança... Sim, sr. Hume, você me tem por todos os laços desta vida, mas não me tem por minha virtude ou minha coragem."

A Hume sempre faltou o estilo de Rousseau. Ao contrário, ele percorreu laboriosamente todas as acusações, incidente por incidente, escrevendo "mentira", "mentira", "mentira" nas margens à medida que avançava. Isso ele eventualmente usou como a base do seu próprio relato.

Particularmente na França, onde sua reputação como *le bon David* havia se sobressaído tão alto, ele temia as consequências da atenção pública. Por isso Hume conduziu uma campanha cada vez mais amarga e desesperada de difamação contra Rousseau. Suas primeiras denúncias foram feitas num livreto chamado *Conciso e genuíno relato da disputa entre o sr. Hume e o sr. Rousseau*, publicado em francês (editado por inimigos de longa data de Rousseau) e enviado para seus amigos em Paris. Hume evitou contato direto com madame de Boufflers, suspeitando que ela iria, como de fato mais tarde o fez, aconselhá-lo contrariamente a tais ataques e instá-lo, em vez disso, "à piedade generosa". Longe disso: as descrições que Hume faz de Rousseau como um vilão traiçoeiro, "*noir*, negro, e um *coquin*, patife", salpicaram entusiasticamente os jornais e se tornaram o principal assunto das salas de estar e cafés elegantes.

Cartas revelam a hostilidade e o desespero de Hume. Rousseau, de acordo com esse, foi exposto como "seguramente o mais negro e atroz dos vilões, sem qualquer comparação, que ora existe no mundo". Numa carta a D'Alembert, atacou Rousseau em termos tão sórdidos que o destinatário destruiu-a e respondeu aconselhando o "homem da moderação" a permanecer moderado.

De fato, mesmo na Grã-Bretanha, a cobertura da imprensa sobre o que o *Monthly Review* chamou de a "rixa entre esses dois célebres gênios" não era inteiramente favorável a Hume. Se Rousseau foi condenado por falta de gratidão, o *Review* não foi o único a instigar a "compaixão para com um homem desafortunado, cujos temperamento e constituição mental peculiares devem, tememos, torná-lo infeliz em qualquer situação". Quando Voltaire, perene inimigo de Rousseau, pediu a Frederico, o Grande, que apoiasse Hume contra esse, o rei da Prússia respondeu: "Você me pergunta o que penso de Rousseau? Acho que é infeliz e digno de piedade", acrescentando com reprovação que "apenas almas depravadas chutam um homem quando está caído". Esse tratamento imparcial não era o que Hume havia esperado e não foi a versão que ofereceu a madame de Boufflers, escrevendo que havia "considerável quantidade de zombaria no incidente, atirada nos jornais públicos, mas tudo contra aquele homem infeliz".

Edmonds e Eidinow, após terem examinado o assunto em consideráveis, até infatigáveis, detalhes, concluíram que o modo com que Hume tratou do incidente foi "cheio de malevolência". Suas cartas, dizem, eram "transbordantes de meias-verdades e mentiras", tais como a de que Rousseau o havia chamado o mais negro dos homens; de que tinha provas de que Rousseau havia tramado durante dois meses para desonrá-lo; e de que o rei George III era "muitíssimo predisposto" contra Rousseau. Depois que esse retornou para a França a fim de viver sob a proteção de madame de Boufflers, Hume chegou a escrever para ela sugerindo que "para a própria segurança dele" seria melhor encarcerar Rousseau como um louco.

Comentadores foram rápidos em apontar a ironia de que em tudo isso *le bon David* permitiu que a razão se tornasse escrava de suas paixões. Mas embora isso soe convenientemente desdenhoso, é claro que Hume havia escrito que a razão é, e deve ser, exatamente isso. Se em grande parte de sua vida se escondeu por trás de estratagemas e pseudônimos, ao menos aqui não pode ser acusado de inconsistência.

E quanto ao próprio Hume? Deveria realmente ser lembrado como um grande filósofo ou, como ele mesmo se define, um "literato"? (Um julgamento ainda ferozmente disputado por filósofos contemporâneos.) Alegava ser perito em ética, mas como um indivíduo moral, era o conspirador e atormentador de Rousseau, como suas cartas parecem mostrar, ou a figura santificada que Adam Smith descreveu a William Strathern após sua morte?

> Seu temperamento, realmente, parecia ser mais felizmente equilibrado, se me pode ser permitida tal expressão, do que talvez o de qualquer outro homem que já conheci. Mesmo no mais baixo estado de sua fortuna, sua grande e necessária frugalidade nunca o impediu de exercer, em ocasiões propícias, atos de caridade e generosidade... A gentileza extrema de sua natureza jamais enfraqueceu a firmeza de sua mente nem a prontidão de suas resoluções. Sua constante jovialidade era a genuína efusão de boa natureza e bom humor, temperados com delicadeza e modéstia, e sem nem mesmo o mais leve matiz de malignidade, com tanta frequência a desagradável fonte do que se considera sagacidade em outros homens... E aquele temperamento alegre... assistido pela mais severa dedicação, a mais extensa educação, a maior profundidade de pensamento e uma capacidade das mais abrangentes em todos os sentidos. Tudo somado, sempre o considerei, tanto em vida quanto depois da morte, como o mais próximo da ideia de um homem perfeitamente sábio e virtuoso, como talvez a natureza da fragilidade humana irá admitir.

Claramente ele não era nada disso. O quadro pintado por Smith é gentil, mas não criterioso. Talvez ele se sentisse mal (não era para menos) por ter obstruído a chance de Hume ser designado professor de filosofia em Edimburgo e essa fosse uma pequena maneira de se redimir. Mas talvez tampouco ele fosse o outro Hume, mais vingativo. Provavelmente a resposta seja mais interessante do ponto de vista psicológico, pois afinal Hume era, em seus próprios termos, um estudioso da natureza humana, apontando para os caminhos complexos pelos quais construímos o mundo em nossas mentes para atender aos nossos propósitos — e depois proclamar que ele está realmente, "objetivamente", lá. Hume poderia ter sido ao mesmo tempo o conspirador de sangue-frio e o homem bom e emotivo; tanto um iconoclasta quanto um conservador; tanto um pensador original quanto superficial. Talvez a palavra definitiva sobre Hume devesse ser a dele próprio, ou ao menos a do seu caráter da juventude, no *Tratado*. É nele que escreve:

> A mente é uma espécie de teatro, onde diversas percepções fazem sucessivamente seu aparecimento — passam, repassam, deslizam e se misturam numa infinita variedade de atitudes e situações. Não há propriamente *simplicidade* nela num determinado momento, nem *identidade* em momentos distintos, por mais que tenhamos propensão natural a imaginar tal simplicidade e identidade...

Pomposa nota final

[1] Na verdade, na época em que lorde Claremont escreveu, Hume podia aparentar 50, mas estava apenas no fim da casa dos 30. E quando Hume levou Rousseau para Londres, estava bem entrado na casa dos 50, e, portanto, poderia ser desculpado por parecer um pouco apagado. Não obstante, o vistoso Rousseau era apenas um ano mais jovem.

• • •

Capítulo 15

Rousseau, o Malandro (1712-1778)

Um dos mais interessantes ensaios na monumental *História* de Bertrand Russell é o que trata de Rousseau. Na verdade, Russell parece ter sido um bom especialista no filósofo suíço. Isso apesar de insistir que, como expressa, Rousseau não era "o que hoje em dia chamaríamos de *filósofo*". Um *philosophe* (ou iluminista) talvez, mas certamente não um folósofo. Entretanto (lamenta Russell), a despeito disso, o enciclopedista exerceu "uma influência poderosa sobre a filosofia" e qualquer que possa ser "nossa opinião sobre seus méritos como pensador, devemos reconhecer sua imensa importância como força social". Essa, Russell resume brevemente, consistiu na invenção da filosofia política das "ditaduras pseudodemocráticas", que levou diretamente a Hitler. E pensar que outros associam Rousseau com *liberté*, *egalité* e *fraternité*!

Nietzsche, o filósofo favorito de Hitler, certamente o fez. Em seu caderno de notas do outono de 1887, em outras passagens preocupado em lamentar a abolição da escravidão e a nova propaganda a favor de que as pessoas fossem tratadas como "iguais", Nietzsche fala de sua luta contra Rousseau e sua noção do homem natural como sendo bom. É uma filosofia nascida, declara encarniçadamente Nietzsche, "de um ódio contra a cultura aristocrática". Russell, por contraste, associa Rousseau em vez disso com a *sensibilité* — o modo de vida que eleva os sentimentos acima do mero calculismo. *Sensibilité* é o que faz de Rousseau a figura fundadora do Romantismo, o movimento na poesia, nas artes e por certo na filosofia que louva os grandes gestos acima dos cálculos perspicazes, celebra o tigre feroz, esplêndido e realmente um tanto desnecessário, de certo modo, sobre a vaca enfadonha, ainda que útil.

O caso filosófico

Felizmente para os historiadores, se não para os filósofos sérios, a história de Rousseau é muito bem contada pelo próprio em suas *Confissões*. Essa narrativa não é particularmente acurada, mas pelo menos (ao contrário de tantos outros que registram suas memórias) é interessante. De fato, alguns dos aspectos mais interessantes são exageros do quanto ele era perverso. Não à estranha maneira da viagem à roda do próprio umbigo de Santo Agostinho, que busca laboriosamente encontrar o mal nas minúcias de sua existência diária (o roubo das peras, o sentimento de tristeza quando seu amigo morreu *et cetera*, *et cetera*), mas antes em atos chocantemente egoístas, como sua conversão "forjada" ao catolicismo (para obter uma residência onde morar), sua denúncia inverídica da criada da família (para esconder o próprio roubo) e o abandono de não simplesmente um (o que é casualidade) ou dois (o que se torna um tanto mais displicente), mas cinco de seus filhos em orfanatos.

Cada ato reprovável ele admite livremente — na verdade, com um certo fascínio. A falsa conversão (um processo que repetiu em vários estágios da vida, e sempre por motivos venais) sucedeu quando fugiu da Genebra natal, então o centro do rígido calvinismo, para evitar tornar-se aprendiz do tio. Encontrando um padre católico crédulo, recorda que pronunciou todas as palavras sagradas exigidas, enquanto se sentia participando "do mais baixo ato de banditismo".

A denúncia da pobre criada ocorreu pouco depois que foi expulso pelo padre católico e conseguiu introduzir-se por meio da sedução na residência de uma rica dama da aristocracia, de quem roubou um belo medalhão de prata preso a uma fita. Ele acha que sua reação pode ser considerada particularmente interessante, em sentido psicológico, escrevendo que:

> Jamais a maldade esteve tão longe de mim quanto nesse cruel momento; e quando acusei a pobre garota, é contraditório e ainda assim verdadeiro que minha afeição por ela foi a causa do que fiz. Ela estava presente em minha mente e joguei minha culpa sobre o primeiro objeto que se apresentou.

Rousseau explica a história em todos os seus desagradáveis detalhes. Como a anfitriã havia morrido, servira-se do belo objeto imaginando que ninguém iria notar. No entanto:

> Tal era a fidelidade dos criados domésticos, e a vigilância de Monsieur e Madame Lorenzy, que nenhum artigo do inventário foi dado como ausente; em resumo, nada estava faltando a não ser uma fita rosa e prateada, que estava gasta e pertencia a Mademoiselle Pontal. Ainda que várias coisas de mais valor estivessem ao meu alcance, apenas essa fita me tentou, e consequentemente a roubei. Como não fiz grande esforço para esconder a bugiganga, ela foi logo descoberta. Imediatamente insistiram em saber onde a havia conseguido. Isso me deixou perplexo — hesitei, e por fim disse, de modo confuso, que Marion a havia dado a mim.

Prossegue descrevendo Marion, uma jovem de Saint-Jean-de-Maurienne, que trabalhava na cozinha fazendo "um ótimo caldo".

> Marion não era apenas bonita, mas tinha aquelas cores frescas que só se encontram entre as montanhesas e, acima de tudo, um ar de pudor e doçura que tornava impossível vê-la sem afeição. Era, além disso, uma boa garota, virtuosa e de fidelidade tão absoluta que todos se surpreenderam ao ouvir seu nome. Eles não tinham menos confiança em mim e julgaram necessário certificar-se de qual de nós dois era o ladrão. Marion foi chamada; um grande número de pessoas estava presente, entre as quais o conde de La Roque: ela chega; eles mostram-lhe a fita; eu a acuso com confiança; ela permanece confusa e calada, lançando-me um olhar que teria desarmado um demônio, mas meu coração bárbaro resistiu.

Rousseau, como Agostinho, chafurda em sua maldade.

> Por fim, negou aquilo com firmeza, mas sem raiva, exortando-me para que voltasse a mim e não caluniasse uma garota inocente que nunca me havia feito mal. Com impudência infernal, confirmei minha acusação e na cara dela sustentei que Marion havia-me dado a fita: diante do que a pobre garota, rompendo-se em lágrimas, disse estas palavras: "Oh, Rousseau! Pensei que você tivesse um bom temperamento — agora você me deixou muito infeliz —, ainda assim não gostaria de estar na sua situação."

Sua moderação, observa Rousseau, "causou-lhe dano; pois não parecia natural supor, de um lado, uma convicção tão diabólica; de outro lado, uma brandura tão angelical". O resultado final foi que o conde mandou que ambos empacotassem suas coisas, dizendo bruscamente que "a consciência do culpado vingaria o inocente", mas Rousseau imagina que ela estaria para sempre sob "uma imputação cruel ao seu caráter em todos os respeitos". Ela seria suspeita não apenas de ter sido uma ladra, mas de ter como motivo a sedução de Rousseau e a desgraça de deixar de admitir isso quando descoberta.

> Eu nem mesmo vejo a miséria e a desgraça em que a submergi como o maior dos males [diz Rousseau egoisticamente], quem sabe, na sua idade, para onde o desprezo e a inocência desdenhada poderiam tê-la conduzido? Ai de mim! Se o remorso por tê-la feito infeliz é insuportável, o que devo ter sofrido sob o pensamento de tê-la tornado ainda pior do que eu. A lembrança cruel dessa transação às vezes me transtorna e desordena tanto que, em meus sonhos perturbados, imagino ver essa pobre garota entrar em meu quarto e exprobrar meu crime, como se eu o tivesse cometido apenas ontem.

Tirando isso, é claro, Rousseau não sofria tanto. Pois felizmente o mundo é cheio de ricas aristocratas desejosas de fazer amizade com belos e jovens malandros, e Rousseau passou os dez anos seguintes na residência de madame de Savoy, tornando-se oportunamente seu amante, isso até enquanto seu parceiro original (mais velho) ainda vivia com ela. Na verdade, todos os três davam-se muito bem juntos: Rousseau chamava madame de "*maman*" e ansiava, como escreve, pelo dia em que herdaria as roupas do amante mais velho.

Em 1743, novamente jogando as cartas de seus contatos aristocráticos, obteve seu primeiro emprego propriamente dito, como secretário do embaixador francês em Veneza. Dois anos depois, conheceu Thérèse le Vasseur, criada de um hotel em Paris onde às vezes se hospedava. Russell diz que ninguém jamais entendeu o que o atraiu nela, observando que todos concordam que ela era "feia e ignorante", mas nisso ele certamente revela mais sobre si mesmo do

(Rousseau) Às vezes, em seus sonhos, imaginava que podia ver a pobre garota entrar em seu quarto e exprobrar seu crime.

que sobre Rousseau. O amor, ao menos, não deveria ter de seguir os ditames do cálculo racionalista. Não obstante, Russell apoia-se no próprio Rousseau, que escreve que nunca sentiu uma centelha de amor pela parceira de toda a vida; que embora a tivesse ensinado a escrever algumas palavras, ela era estúpida demais para jamais aprender a ler; que a mãe dela e a família usavam-no como uma fonte de dinheiro fácil; e, finalmente, que ela nem mesmo lhe era fiel, correndo atrás de "cavalariços", particularmente no fim da vida. Dificilmente pareceria o relacionamento apropriado para o fundador do Romantismo.

De alguma relevância aqui é a história que conta que quando James Boswell apresentou-se como voluntário para conduzir até Rousseau sua amante desde a França, para que essa se juntasse a ele na Inglaterra, ele *en route* aproveitou a oportunidade para seduzir Thérèse — não uma, mas 13 vezes — antes de chegar ao seu destino. Isso tem um reflexo desfavorável sobre o cavalheiro inglês[1] e talvez tenha contribuído para as suspeitas de Rousseau quanto à ajuda prestada por Hume em seu refúgio (ver "As muitas faces de David Hume", atrás), mas pelo menos Boswell foi apropriadamente alertado mais tarde por Thérèse. Ela lhe disse que seu modo de fazer amor era precário — ainda que depois tenha se oferecido para dar-lhe algumas lições.

Até aqui, então, bastante trivial. Mas com 38 anos, bem tarde para os padrões de muitos *philosophes*, que dirá de filósofos, Rousseau passou por um período profundo de *insights* súbitos. O catalisador para que isso acontecesse foi ver o anúncio de um prêmio oferecido pela Academia de Dijon para um ensaio sobre o tema "As artes e as ciências beneficiaram a humanidade?"

Uma lufada de ideias lhe ocorreu de maneira desordenada. Rousseau anotou-as furiosamente em seu pequeno quarto: ciência, literatura, arte eram todas "ruins": o ácido que corrói os costumes, não os princípios. Contribuem para uma cultura da aquisição, dos desejos insatisfeitos, que levam no decorrer do tempo ao conflito, à escravidão e à submissão. Cada fibra de conhecimento deriva de um pecado: a geometria provém da avareza; a física, da vaidade e da curiosidade vazia; a astronomia, da superstição. A própria ética tem suas raízes no orgulho.

Os cientistas, longe de serem nossos salvadores, estão arruinando o mundo, e qualquer noção de progresso é uma ilusão que se espalha à medida que nos afastamos cada vez mais das vidas saudáveis, simples e equilibradas do passado. Em vez disso, o *Discurso sobre as ciências* saúda o tipo de sociedade defendida por Platão, dois milênios antes, na verdade a "vida simples" da antiga Esparta.

O ensaio foi como um sopro de ar fresco nos debates insípidos da época, e, o que é bem mais surpreendente, Rousseau ganhou o prêmio. Catapultado assim da obscuridade para a celebridade, começou a adotar novos padrões de comportamento, mais condizentes com suas opiniões de ensaísta: desenvolveu um amor por longas caminhadas e pela tranquila contemplação do campo; absteve-se de toda sofisticação e tecnologia. Até vendeu o relógio, dizendo que não precisava mais saber as horas.

Escreveu um ensaio subsequente, intitulado *Discurso sobre a desigualdade*, mas esse, infelizmente, não conseguiu vencer um prêmio, apesar de ter sido tão polêmico quanto o anterior. Nele, explica que "o homem é naturalmente bom e apenas por causa das instituições se torna mau", um ponto de vista que se poderia supor que causaria desagrado na todo-poderosa Igreja, em todas as suas nuances católicas e protestantes. Nesse ensaio, como Thomas Hobbes, usa um imaginário "estado de natureza" para inferir certas "leis naturais", unicamente sobre as quais o Estado pode estabelecer a própria ordem. Também como Hobbes, diz que os homens são essencialmente iguais, mesmo aceitando diferenças evidentes devido à saúde, inteligência, força e assim por diante. Mas as diferenças vistas na sociedade,

> a extrema desigualdade dos nossos modos de vida, o excesso de ócio entre alguns e de trabalho árduo entre outros, a facilidade de estimular e gratificar nossos apetites e sentidos, os alimentos demasiadamente elaborados dos ricos, que os inflamam e dominam com a indigestão, os péssimos alimentos dos pobres, dos quais com frequência se privam inteiramente, de forma que sofregamente se alimentam em excesso quando têm a oportunidade; aquelas noites em claro, excessos de todos os tipos, transbordamentos imoderados de todas as paixões, fadiga, exaustão mental, os padecimentos inumeráveis e a ansiedade

> que as pessoas de todas as classes sofrem, e pelas quais a alma humana é constantemente atormentada

— têm outra origem, uma origem inatural. A desigualdade brota da instituição da propriedade privada. Numa frase famosa, diz que "o primeiro homem que, tendo cercado um pedaço de terra, pensou em dizer 'isto é meu', e encontrou pessoas simplórias o bastante para acreditar nele, foi o verdadeiro fundador da sociedade". Outra citação memorável, tomada de empréstimo por Marx como frontispício do *Manifesto comunista*, vem do livro *O contrato social*, de Rousseau: "O homem nasce livre e por toda parte encontra-se acorrentado."

Melhor, diz Rousseau, que as pessoas sejam medidas não pela posição social, nem pelas posses, mas pela parcela de centelha divina que vê em todas elas: a alma imortal do "homem natural".

Tanto no *Contrato social* quanto no *Discurso sobre a desigualdade*, Rousseau argumenta que o homem no estado natural, longe de ser ganancioso, ou temeroso, como é descrito por Hobbes, de fato vive num pacífico estado de contentamento, verdadeiramente livre. Essa é uma liberdade com três elementos. O primeiro é o livre-arbítrio, o segundo é a liberdade das regras da lei (pois não existem leis) e o terceiro é a liberdade pessoal. Esse último é que é o mais importante.

Rousseau diz que as primeiras pessoas viviam como animais. Não afirma isso em qualquer sentido pejorativo, mas simplesmente no sentido de que os povos originais buscavam apenas a simples satisfação das necessidades físicas. Não teriam necessidade da fala, nem de conceitos e certamente não da propriedade. Rousseau sublinha que grande parte das imagens tanto em Hobbes quanto em Locke pertence a uma sociedade detentora de propriedades, não ao suposto estado natural anterior à invenção dos direitos de posse. Ao perceber isso, não somos obrigados "a fazer de um homem um filósofo antes que possamos fazer dele um homem". A primeira vez em que pessoas tiveram um senso de propriedade (acredita) foi quando se assentaram em um local, quando construíram cabanas para morar. Até mesmo a união sexual, Rousseau observa de maneira pragmática, tanto quanto refletindo sobre a própria experiência, provavelmente não implicava qualquer exclusividade, sendo mais plausível que se tratasse apenas de um episódio libidinoso, esquecido tão logo experimentado, principalmente no que diz respeito aos filhos.

Esse estado primitivo é para ele, se não para Voltaire (que reclamava de ser solicitado a "andar de quatro"), superior àqueles que o seguiram. Rousseau explica a mudança pelo desenvolvimento da autoconsciência, e com essa o desejo da propriedade privada. De acordo com ele, nesse ponto concordando com a famosa declaração de Hobbes da "guerra de todos contra todos", a sociedade necessariamente conduz as pessoas a odiarem-se mutuamente — em conformidade com seus diferentes interesses econômicos. Mas o denominado contrato social de Hobbes é, diz ele, na verdade feito pelos ricos, como um modo de subjugar os pobres. Na verdade, nem mesmo os ricos se beneficiam dele, pois desvirtuam-se e perdem cada vez mais o contato com a harmonia da natureza, elevados necessariamente acima de seu estado próprio, assim como os pobres são empurrados para um estado inferior ao deles.

Rousseau oferece em lugar disso apenas duas leis, ou princípios, que se poderia dizer que precedem o advento da razão. A primeira é um poderoso interesse na autopreservação e no nosso próprio bem-estar. A segunda é uma aversão natural a ver outro ser consciente submetido a extermínio ou sofrimento, especialmente se for do seu próprio gênero. Sua vida reflete amplamente a verdade do primeiro princípio. Para ilustrar o segundo, recorda romanticamente o "mugido lamentoso" do gado ao entrar no abatedouro e o "estremecimento" dos animais quando passam apressados pelo cadáver de um indivíduo de sua espécie. O único momento em que um homem natural feriria outro seria quando seu próprio bem-estar assim o exigisse.

Rousseau pinta um retrato zombeteiro do contrato social oferecido pelos ricos, buscando proteger seus ganhos ao fingir preocupação com suas vítimas. Vamos nos unir, diz o seu homem rico, para proteger os fracos da opressão, para garantir a cada um aquilo que lhe pertence e criar um sistema de justiça e paz ao qual todos devem aderir, sem exceção. Rousseau acha que essa explicação da lei civil é mais convincente do que aquelas oferecidas pelos filósofos que supõem alguma outra espécie de contrato social universal, pois, como ele afirma, os pobres têm apenas um bem — sua liberdade — e despirem-se dele voluntariamente sem ganhar algo em troca pareceria uma absoluta loucura. Os ricos, por outro lado, têm muito a ganhar.

De fato, a sociedade humana conduz as pessoas a odiarem-se umas às outras à proporção que seus interesses entram em conflito. As pessoas fingem prestar serviços umas às outras, enquanto na verdade tentam explorá-las e desmoralizá-las. Devemos atribuir à instituição da propriedade, e portanto à sociedade, os assassinatos, envenenamentos, saques de estrada e, até, as punições para esses crimes. Isso no nível individual. Em escala nacional, a desigualdade, sendo quase inexistente no estado de natureza, "torna-se permanente e é legitimada pela instituição da propriedade e das leis". Quando a sociedade, como inevitavelmente acontecerá, tiver se degenerado na tirania e todos forem escravos novamente, o círculo se completa, pois todos os indivíduos se tornam de novo iguais quando nada forem. E o tempo todo o homem atormenta-se constantemente em busca de ocupações cada vez mais laboriosas, extenuando-se até a morte, "renunciando à vida para alcançar a imortalidade". A sociedade civil é, na verdade, uma sociedade de pessoas que, na quase totalidade, reclamam e muitas das quais de fato privam-se das existências. Essa é a lógica dos proprietários e do capitalismo.

Há apenas um modo de contornar esse conflito, só uma maneira de o soberano e o povo terem um único e idêntico interesse e assegurar que todos os "movimentos da máquina civil" tendam a promover a felicidade comum, que é serem uma só coisa. O povo deve ser soberano.

Rousseau, assim, assinala uma radical mudança de direção na filosofia, afastando-se da perpétua busca filosófica por autoridade rumo, em vez disso, às incertezas da "liberdade". Enquanto o século XVIII aproximava-se do fim e novas maneiras de ver o mundo eram necessárias, Rousseau, apesar das pretensões pessoais aristocráticas, pareceu oferecer em seus escritos uma completa reversão dos valores da época. Muitos deles eram arrebatados e inspirados. Suas opiniões eram, é claro, anátema para muitos. O dr. Johnson disse de Rousseau e seus adeptos que "a verdade é uma vaca que não mais lhes fornecerá leite, de forma que tiveram de ordenhar o touro". Após receber um exemplar especialmente enviado pelo autor, pedindo seus comentários, Voltaire rapidamente respondeu:

> Recebi seu novo livro contra a raça humana e agradeço-lhe. Jamais tamanha inteligência foi usada com o propósito de fazer-nos parecer todos estúpidos. É de se desejar, após ler o seu livro, caminhar de quatro. Mas como perdi esse hábito há mais de 60 anos, sinto-me infelizmente impossibilitado de retomá-lo.

Em 1754, tendo-se tornado famoso, Rousseau foi convidado a retornar à sua Genebra natal e tornar-se "cidadão" do então pequeno Estado independente mais uma vez. Estava muito satisfeito em fazer isso e havia-se reconvertido ao calvinismo. Tanto o *Discurso sobre a desigualdade* quanto o *Contrato social* são dedicados aos seus "concidadãos livres de Genebra e aos magníficos e extremamente honrados senhores" que governam o pequeno Estado.

Mas as relações com os incompreensivos burgueses de Genebra logo azedaram, em parte por causa de Voltaire, que também residia lá, apesar de quase todas as atividades culturais serem vedadas em solo puritano. Quando Voltaire tentou fazer com que a proibição de representar peças fosse suspensa, Rousseau (apesar de ter escrito uma ópera muito apreciada, *Le devin du village*, enquanto vivia em Paris) usou sua influência em favor da municipalidade para condenar o teatro como contrário à natureza e à virtude. Mas o que vale para um vale para dois. Acusado igualmente de corromper a moral pública, o *Contrato social* foi queimado publicamente na Praça Municipal de Genebra, em 1762, assim como a obra idealista de Rousseau sobre educação, *Emílio*.

Rousseau morreu em 1778, o mesmo ano da morte de seu crítico, Voltaire, possivelmente pelas próprias mãos e certamente em circunstâncias tristes e solitárias. Mas como Goethe comentou: com Voltaire uma era se acabou e com Rousseau uma nova se iniciou.

Pomposa nota final

[1] Foi Boswell quem escreveu (no volume 2 de *A vida de Johnson*): "A maioria dos vícios pode ser cometida de maneira muito gentil: um homem pode debochar da mulher do amigo com gentileza; pode trapacear gentilmente nas cartas." Entretanto, não está claro se obedeceu a esse padrão nesse caso.

• • •

Capítulo 16

Immanuel Kant, o Chinês de Königsberg (1724-1804)

Ted Honderich, na influente qualidade de editor do *Oxford Companion of Philosophy*, considera Kant "o mais importante filósofo europeu dos tempos modernos", tão importante, na verdade, que ele próprio escreveu o verbete sobre Kant. Nesse, aprendemos que Johann Herder o descreve (Kant, quero dizer, não Honderich, embora sem dúvida isso seja verdadeiro para ambos) como:

> tendo uma testa ampla, o porte de um imperturbável bom humor e alegria. Fala, a mais rica em reflexão, flui de seus lábios. Jocosidade, sagacidade e humor estavam sob seu comando... Nenhuma intriga, nenhum segredo, nenhum preconceito, nenhum desejo de fama poderiam jamais tentá-lo da mais leve forma a esquivar-se de expandir e iluminar a verdade. Incitou e compeliu os outros a pensarem por si próprios; o despotismo era um estranho em sua mente.

Thomas de Quincey, escrevendo para a *Blackwood's Magazine* no início do século XIX, disse que a vida pessoal de Kant era muito mais interessante do que sua filosofia, uma opinião que o professor Graham Bird, da Universidade de Manchester, declara que "seria hoje considerada bizarra até o ponto da perversidade". Bird acredita em vez disso que a "apercepção transcendental" e os "númenos" de Kant são muito mais interessantes e, na verdade, sublinha, uma vez que inspiraram Husserl a apresentar a "redução fenomenológica" e estimularam Donald Davidson a conceber o "monismo anômalo", devem também ser consideradas as mais *importantes*.

Mas podemos nos permitir um pouco de perversão. Pois a contribuição de Kant para a filosofia é um conjunto de regras. E regras são também o que definiu sua vida pessoal. Por isso é inteiramente apropriado investigar ambas.

O caso filosófico

Uma das ideias mais importantes, se não interessantes, de Kant é a de que "espaço" e "tempo" são meros componentes de nosso aparato mental — não realmente "exterioridades". Situamos os eventos no tempo, inventando a noção de causa e efeito para nos ajudar a ordenar o mundo. A revelação de David Hume de que a noção de causa e efeito baseia-se em nada mais do que hábito indolente e fé cega despertou Kant, escreveu ele na *Crítica da razão pura*, de seus "sonhos dogmáticos" (embora Bertrand Russell tenha rudemente acrescentado que, evidentemente, o despertar foi apenas "passageiro, pois Kant logo inventou um soporífero que lhe permitiu dormir novamente").[1]

O baixo status filosófico de causa e efeito é importante para Kant, uma vez que ele não quer que nosso comportamento se reduza à condição de algo meramente mecânico e nós próprios a autômatos seguindo estímulos biológicos e químicos.

Tome-se a sua rotina diária, tão confiável que se dizia que o povo de Königsberg acertava os relógios por ele. Isso é mais do que uma informação "divertida", e sim o registro de um fato. Tamanha precisão! Tamanho triunfo sobre a trivialidade dos afazeres humanos! Pelo menos foi isso o que os filósofos sempre pensaram.

O Chinês de Königsberg, como Nietszche o apelidou, obscuramente, acordava às 5h todos os dias, nem um minuto mais cedo e certamente nem um minuto mais tarde. Então, sem qualquer pausa para o desjejum, começava a escrever. A filosofia era apenas uma pequena parte da sua produção. Na verdade, ensaios sobre direito natural, mecânica, mineralogia, matemática, física e geografia, todos entraram em seu âmbito de atuação. Quando chegava a manhã propriamente dita, e o resto do mundo despertava, saía para ministrar conferências. Kant tornou-se professor só no fim da casa dos 40, pois em grande parte da vida foi um conferencista pago por hora; por isso, fazia sentido tocar tantos instrumentos quantos lhe fosse possível.

A hora do almoço, no estilo continental, era uma grande ocasião, com Kant liderando certo número de amigos intelectuais, mas não acadêmicos, escolhidos com perspicácia. Sempre tinha de haver pelo menos três (o número das graças) e nunca mais do que nove (o número das musas). A conversa na mesa de Kant abarcava um vasto âmbito de assuntos, e o próprio Kant estava sempre ardentemente interessado nos últimos acontecimentos políticos, econômicos e científicos. Com sua memória para os detalhes, podia também descrever em minúcias cidades e lugares estrangeiros, embora, obviamente, como nutria o desejo de jamais deixar Königsberg, nunca tenha visitado qualquer delas. Outro dos pequenos imperativos categóricos de Kant dizia respeito à bebida favorita. Uma vez que considerava o óleo dos grãos de café prejudicial à saúde, o almoço terminava sempre com um chá fraco. Se as refeições fossem feitas devagar, e eram, seriam, no entanto, as únicas do dia para Kant.

(Kant) À tarde, Kant dava uma longa caminhada, acompanhado de seu criado, Lampe, carregando um guarda-chuva para o caso de chover.

À tarde, Kant dava uma longa caminhada ao longo do rio, acompanhado do criado, Lampe, carregando um guarda-chuva para o caso de chover. A regra de Kant de que todos deveriam ser tratados como um fim em si mesmos, e nunca simplesmente como um "meio" para se atingir um fim ("nada pode haver mais atemorizante do que as ações de um homem serem sujeitas à vontade de outro"), evidentemente não se aplicavam a criados carregando guarda-chuvas.

Ao retornar para casa, Kant pegava seus livros e estudava até a hora de dormir. Essa sempre era exatamente às 22h. Ou quase sempre. Pois, numa ocasião, depois de ter aceitado irrefletidamente um convite para passar o dia fora, Kant não conseguiu voltar para casa senão pouco depois das 22h. Após esse contratempo, ficou tão abalado de preocupação que jurou nunca mais correr tal risco.

Mesmo na cama, as regras tinham de ser seguidas: Kant tinha um sistema para enrolar-se nos lençóis de forma que se ajustassem perfeitamente à sua volta. Kant, note-se bem, dormia menos de sete horas. Escreveu um pequeno livro sobre questões de saúde, alertando contra os perigos de dormir demais. Explicou que como as pessoas tinham apenas uma certa quantidade de sono em si, caso a usassem totalmente demorando-se na cama MORRERIAM CEDO. (Meus pais deveriam ter me contado isso...)

Uma vez que o primeiro amor de Kant era a ciência (seu doutorado, completado em 1755, não era em filosofia como tal, mas antes "Sobre o fogo"), esse alerta deveria ser levado a sério. Continuou dando conferências de física e geografia durante toda a carreira, escrevendo um tratado sobre terremotos depois que ocorreu um em Portugal, outro sobre os ventos portadores de chuva do Atlântico, assim como (na *História natural geral e teoria dos céus*, em 1755) elaborou uma tese sobre como o sistema solar poderia ter se formado. Essa teoria foi levada adiante pelo matemático Pierre Simon Laplace e é hoje em dia honrada com o nome de teoria Kant-Laplace. Partes dela estão, porém, atualmente em desuso, como a passagem que diz que todos os planetas do sistema solar devem ter vida, com a inteligência das formas de vida aumentando quanto mais afastadas do sol se encontram.

Na *Crítica da razão prática* (1786), o pensamento de Kant deixa o universo da física para trás a fim de encontrar uma prova para a existência do paraíso e do pós-vida. Ele aponta que uma vez que a justiça é o florescimento do bem e que os perversos devem ser punidos, e que isso não acontece na Terra, como podemos ver olhando à nossa volta, então ela deve ter lugar "no outro mundo". Esse é um raciocínio sublime. E o mesmo vale para o não inteiramente apreciado tratado kantiano sobre o belo e o sublime. A noite é sublime, o dia é belo. O mar é sublime, a terra é bela; homens são sublimes, mulheres são belas — e assim por diante. Montes de professores escreveram tratados como esse na época; era quase compulsório.

Apesar dos interesses científicos, Kant critica o conhecimento obtido por meio dos sentidos e sugere que em lugar disso é melhor derivá-lo da Dedução Transcendental. Infelizmente, ninguém jamais foi capaz de descobrir o que é isso. Mas por certo a mente é melhor do que a matéria, que em todo caso só tem a forma que tem graças a olharmos para ela. Por velha que fosse na história da filosofia, Kant teve a ousadia de descrever sua ideia, no prefácio à segunda edição da *Crítica da razão pura* (isso foi em 1787, datando a primeira edição de bons seis anos antes), como uma "revolução copernicana" na filosofia. Acrescentando, caso não tivesse ficado claro: "Arrisco-me a dizer que não há um só problema metafísico que não se tenha resolvido, ou cuja chave para resolvê-lo já não tenha pelo menos sido fornecida."

Uma grande parte da sua *Crítica*, então, é devotada à exposição dos erros decorrentes do fracasso de entender a verdadeira natureza do espaço e do tempo. É um pouco como Zenão, com seus paradoxos, e de fato a parte mais significativa das cerca de 700 páginas da *Crítica* é a curta seção sobre as "antinomias", que busca demonstrar quatro exemplos de raciocínio paradoxal. O primeiro paradoxo é que o mundo deve ter tido um começo tanto no tempo quanto no espaço e que não pode estar concluído. O segundo é que tudo deve ser feito de partes menores e que todas as coisas devem ser partes da mesma coisa. O terceiro é que causa e efeito são inteiramente mecânicos — e que eles não o são. O último é que Deus existe necessariamente — e que Deus não necessariamente existe.

Apesar de seus empréstimos das argumentações de Zenão e dos antigos, essa parte da *Crítica* certamente impressionou Hegel, que conduziu toda a sua filosofia usando o mesmo estilo de "tese" seguida de "antítese". Hegel, porém, resolve as charadas acrescentando uma suposta "síntese", enquanto Kant, como Zenão, procura meramente desacreditar certas maneiras de pensar.

Kant vai mais adiante em *A religião dentro dos limites da mera razão* (1753), demolindo completamente todas as teorias populares sobre a existência de Deus, e foi, para seu infortúnio, proibido de fazer isso novamente por Frederico Guilherme III, o então monarca da Prússia. Kant, evidentemente, "quebrou as regras"!

Mas, a despeito disso, são as "regras", rígidas e inflexíveis, mas supostamente manifestações da própria razão, que tornam o pensamento de Kant tão distinto. Destas, talvez a mais conhecida seja o que chamou de imperativo categórico:

> Aja somente de acordo com uma máxima tal que você possa desejar que se torne uma lei geral.

Isso é um pouco como "faça aos outros apenas o que você gostaria que fizessem a você", que perpassa o Novo Testamento como o bolor atravessa os queijos azuis. E quando a versão de Kant aparece na *Metafísica dos costumes* (1785), o imperativo é também oferecido para decidir todas as questões morais. Curiosamente, porém, ele parece desmoronar aos testes mais fáceis. Por exemplo, permite coisas que certamente deveriam ser banidas, ao mesmo tempo que proscreve coisas que não parecem importar muito. Um preceito, por exemplo, que diz que todas as crianças com idade inferior a cinco anos que perturbam filósofos deveriam ser surradas com um bastão e ter suas línguas cortadas é aprovado pela "regra", uma vez que é universalizável, mas fazer empréstimos é proibido, pois se todos emprestassem, isso levaria a uma corrida aos bancos. Kant teria condenado as instituições de caridade que fazem microempréstimos aos fazendeiros do Terceiro Mundo para que esses adquiram sementes e ferramentas, por exemplo, como organizações de grande perversidade.

Kant era implacavelmente contrário ao utilitarismo e argumentava que os princípios morais deviam ser seguidos incondicionalmente e sem levar em conta as consequências. É isso o que torna os seus "imperativos" tão categóricos. Assim, por exemplo, certamente é sempre necessário dizer a verdade, até mesmo a um louco famoso à caça da vítima. Por outro lado, alguém que nunca faz algo para ferir outro não é uma boa pessoa se suas ações são movidas unicamente pelo medo de ir para a prisão, e comerciantes que são sempre prestativos não são boas pessoas se pretendem com isso melhorar suas vendas. De certo modo, essa é uma ética "antiga". Em comparação, Adam Smith, escrevendo na mesma época, constrói alegremente seu sistema moral em torno do "egoísmo esclarecido" que opera no interior de um meio social.

Famílias, que dirá sociedades, precisam garantir um pequeno espaço para o egoísmo, paralelamente às regras. Mas afinal Kant nunca se casou, embora tivesse algumas discussões sobre temas românticos com correspondentes, como uma certa Maria von Herbert, sua admiradora.

Maria escreveu a Kant, em 1791, para dizer que era havia muito tempo sua fã e que vinha recentemente aplicando o "princípio de dizer a verdade" em suas afeições mais íntimas.

"Como um crente apela a seu Deus", Maria começa com fervor, "apelo a você por ajuda, conforto e aconselhamento a fim de me preparar para a morte". Parece que ao contar ao amante sobre "um caso anterior", ela o deixou muito ofendido por causa da "mentira há longo tempo sustentada". Embora "não houvesse depravação nisso", explicou ela, "a mentira bastou e o amor dele desapareceu". Como um "homem honrado", o amante dela ofereceu-se para continuar sendo um "amigo". "Mas aquele sentimento íntimo que uma vez, sem ser chamado, conduziu-nos um ao outro não existe mais — e meu coração se estilhaça em mil pedaços ardentes!"

Até aqui, muito trágico. Maria acrescenta que foi apenas a severidade de Kant contra o suicídio que até ali a impedira de usar essa saída. Kant respondeu prontamente na primavera seguinte (isso foi antes que o e-mail reduzisse a taxa de correspondência). Depois de algumas palavras gentis sobre as evidentes boas intenções da mulher, fala com severidade para recordá-la de seu dever. Alerta para o fato de que mentiras fazem com que contratos sejam anulados e percam força e que "esse é um mal cometido contra a humanidade em geral". Uma mentira não precisa causar mal diretamente para ser errada e mesmo quando parece fazer o bem deve, em vez disso, ser julgada por esse colapso generalizado da verdade. "Ser verdadeiro em todas as declarações, portanto, é um mandamento sagrado e absoluto da razão, não limitado por qualquer expediente."

Se tal franqueza leva um casal a se separar, isso é porque sua "afeição é mais física do que moral" e logo desapareceria de qualquer maneira. Esse, suspira Kant, o solteiro convicto, é um infortúnio a ser encontrado com frequência na vida. Felizmente, o valor da vida em si, quando depende da satisfação que obtemos das pessoas, "é amplamente superestimado".

Maria respondeu um ano depois, para dizer que finalmente havia alcançado o alto nível de exatidão moral salientado por Kant, ainda que agora considerasse sua vida um tanto vazia. Ao contrário, afirmou, sentia-se indiferente a tudo e sofria de uma saúde precária. Como os melhores filósofos morais, "cada dia me interessa apenas na extensão em que me conduz para mais perto da morte". Ela pensa que gostaria de visitar Kant, porém, e no retrato dele havia discernido "uma profunda calma e profundidade moral — se não a acuidade da qual a *Crítica da razão pura* é a prova". Ela roga "a seu Deus" que lhe "dê algo que removerá esse vazio intolerável da minha alma".

Mas para isso, aparentemente, Kant nada tinha a oferecer.

Pomposa nota final

[1] Antes de Kant, como também nota Bertrand Russell, os filósofos eram cavalheiros, dirigindo-se a um público de amadores na linguagem do cotidiano. Depois de Kant, a filosofia se tornou um diálogo (na verdade, frequentemente um monólogo) conduzido em linguagem técnica e termos obscuros.

VI

Os Idealistas

Capítulo 17

Gottfried Leibniz, a Máquina Pensante (1646-1716)

"Eu adoro Leibniz", disse Voltaire, "ele é certamente um grande gênio, mesmo que seja um pouco charlatão... somando-se a isso, suas ideias são sempre um tanto confusas."

Leibniz é aquela raridade, um filósofo nascido de um filósofo — seu pai era professor de ética. Estudou direito, embora no ano em que se graduou houvesse mais advogados do que empregos, de forma que, juntamente com outros colegas, foi-lhe solicitado que aguardasse um ano. Suspeitou de uma conspiração centrada na mulher do decano, mas ninguém sabe que conspiração pode ter sido. Quando lhe foi finalmente oferecido um posto na Universidade de Altdorf, recusou-o, dizendo que tinha "coisas muito diferentes" em mente. Mas, afinal, sempre aparentou muita autoconfiança.

Por isso aprendeu latim sozinho com um livro ilustrado e com oito anos era proficiente o bastante para ler os relatórios técnicos na biblioteca do pai, ou pelo menos é isso que conta em suas cartas. Quando ainda tinha apenas 15 anos, escreveu seu primeiro grande modelo, *De arte combinatória*, que se trata de um sistema pelo qual todo raciocínio se reduziria a um complicado entrelaçamento de números, sons e cores. Esse foi o início de sua busca pela "linguagem universal", para a qual mais tarde construiria o primeiro computador.

O caso filosófico

Durante toda a vida, Leibniz orgulhou-se de sua poesia (escrita principalmente em latim) e de sua habilidade de recitar a maior parte da *Eneida* de Virgílio de cor. Apesar dessas notáveis aptidões, parece nunca ter tido amiga "íntima", que dirá se casado.

Felizmente, apaixonou-se de fato pelos números. O caso amoroso ficou sério quando, antes do curso de direito, passou o verão na Universidade de Jena. Foi lá que encontrou o pitagorismo e a opinião de que os números são a realidade última. Pitágoras acreditava que o universo como um todo era harmônico, no que manifestava razões matemáticas simples, como aquelas dos intervalos básicos da música (a "harmonia das esferas"). A filosofia de Leibniz reflete ambas essas perspectivas.

Ainda assim, a única obra que publicou em vida foi a *Teodiceia* (em 1710), que se ocupava do problema do mal. Essa é a obra que expõe sua opinião, parodiada por Voltaire em *Cândido*, de que tudo o que se sucede neste mundo acontece porque é para o melhor — pois vivemos no "melhor de todos os mundos possíveis".

No ensaio *Princípios da natureza e da graça, baseados na razão*, explica:

> Segue-se da Suprema Perfeição de Deus que Ele escolheu o melhor projeto possível ao produzir o universo, um plano em que há a maior variedade, assim como a maior ordem...

> A mais cuidadosa combinação de terreno, lugar e tempo foi usada; o máximo efeito, produzido pelos meios mais simples. As coisas criadas foram dotadas do máximo poder, conhecimento, da máxima felicidade e bondade que o universo poderia permitir.

Tudo o que parece ruim não é, de uma perspectiva divina, nada ruim, pois é necessário para criar mais felicidade em algum outro lugar. O mundo presente é o melhor possível por ser, ao mesmo tempo, "o mais simples em hipóteses e o mais rico em fenômenos" (*Discurso sobre a metafísica*, §6). Há uma razão para tudo. A isso intitula o "princípio da razão suficiente".

Seu argumento, é claro, tem ressonâncias políticas. Leibniz era tido como um aristocrata e um esnobe. Mas via a si mesmo como "um cidadão do mundo". De fato, sua visão política de uma única sociedade mundial era radical o suficiente na época para criar atrito no interior da elite europeia, e não simplesmente num âmbito mais doméstico, com seus empregadores na aristocracia de Hanover.

Sua tese universitária sobre o tema do *Princípio da individuação* (que mais tarde se tornaria seu "princípio da identidade dos indiscerníveis") atraiu a atenção do arcebispo de Mainz, que o tomou a seu serviço. O arcebispo tinha um projeto para a paz universal, baseado num fundamento mútuo para o cristianismo, entre as facções católica e protestante da Europa.

Em busca disso, Leibniz foi mandado em missão diplomática para persuadir o rei francês a atacar o Egito em vez da Alemanha, mas seus esforços foram repelidos com a sugestão de que a guerra santa contra os infiéis havia saído de moda.[1] De significância mais duradoura foi o fato de, como parte da estratégia, ter viajado a Paris em 1672 e permanecido lá durante quatro anos, sorvendo avidamente o leque completo de novos debates e ideias — incluindo aquela nova matemática dos "infinitesimais", ou "cálculo". No caminho de volta para a Alemanha, hospedou-se com o célebre filósofo holandês Spinoza, lendo com interesse uma versão inicial da sua ética "baseada na geometria". (Anos mais tarde, porém, quando Spinoza ficou antiquado, minimizou essa visita, dizendo que o havia encontrado apenas uma vez e que o filósofo judeu lhe contara algumas anedotas políticas.)

Enquanto estava em Paris, Leibniz também conseguiu explorar muitos dos próprios sonhos tecnológicos. Um deles foi um relógio com duas engrenagens simétricas em equilíbrio trabalhando sucessivamente. Demonstrou um modelo desse mecanismo à Academia de Paris, em abril de 1675. Outro dispositivo foi uma ferramenta para calcular a posição de um navio sem usar bússola ou observar as estrelas, assim como um método para determinar a distância de um objeto a partir de um só ponto de observação. Depois houve o seu projeto para um barômetro aneroide (útil o suficiente para ser reinventado por Vidi de Paris, em 1843) e vários aperfeiçoamentos para o desenho de lentes, sem mencionar seu motor a ar comprimido para impulsionar veículos e projéteis e planos para um navio que poderia navegar sob a água a fim de escapar à detecção do inimigo. A seu modo, Leibniz era um pouco como Leonardo da Vinci, interessado não apenas em todas as artes e ciências, mas prático o bastante para querer também implementar suas ideias.

Sempre um admirador dos chineses, um de seus projetos foi o de que a economia alemã poderia ser rejuvenescida por meio da produção de seda. Experimentou fazer isso em seu jardim, usando amoreiras cultivadas a partir de sementes importadas da Itália. Pode parecer absurdo, mas em 1703 obteve uma licença para iniciar a produção em Berlim e Dresden, e isso se demonstrou um empreendimento bastante produtivo. Outros planos incluíram um serviço de combate a incêndios, fontes impulsionadas a vapor para os jardins palacianos e um hospital de isolamento para vítimas da peste, para mencionar apenas alguns poucos.

Até o dia de sua morte, conservou um interesse atento em alquimia (discutindo o assunto até mesmo com seu médico, no leito de morte), testando periodicamente as alegações de vários alquimistas. Por volta de 1676, generosamente entrou num contrato de divisão de lucros firmado em lei com dois alquimistas praticantes, sendo sua parte no acordo fornecer capital e aconselhamento técnico e a deles simplesmente compartilhar suas descobertas. A principal preocupação de Leibniz era que com todo o ouro facilmente produzido, o metal poderia perder o valor de mercado. Felizmente, por assim dizer, isso não aconteceu.

Mas de todas as suas invenções o computador foi a mais característica (e à sua maneira a mais impressionante).

Em 1673, Leibniz demonstrou sua "máquina de calcular" à Royal Society em Londres, que prontamente o elegeu seu membro, provocando como consequência disso o furor de Newton. Num escrito de 1685, Leibniz fornece o seguinte relato de seu momento de inspiração para esse invento:

> Quando, vários anos atrás, vi pela primeira vez um instrumento que, quando transportado, registra automaticamente o número de passos dados por um pedestre, ocorreu-me imediatamente que toda a aritmética poderia ser submetida a um tipo similar de mecanismo, de forma que não apenas a contagem, mas também a adição e a subtração, a multiplicação e a divisão poderiam ser efetuadas com facilidade, prontidão e resultados seguros por uma máquina apropriadamente planejada.

Mas como aconteceu com sua posterior disputa com o dr. Newton sobre quem inventou o cálculo infinitesimal, Leibniz não foi o primeiro a pensar nisso. Pascal havia feito uma máquina de calcular uma geração antes para ajudar o pai — um inspetor de impostos — com suas tediosas somas. Essa podia somar números de cinco dígitos, mas não fazia qualquer outro cálculo. Era muito cara para se fabricar e emperrava com facilidade. Menos de 15 máquinas foram produzidas.

O pai de Leibniz não era coletor de impostos, como vimos, mas um filósofo moral, e convenientemente a máquina do filho foi projetada para automatizar a fatigante tarefa de resolver problemas morais. Ela usava:

> um método geral em que todas as verdades da razão eram reduzidas a um tipo de cálculo. Ao mesmo tempo, essa seria uma espécie de linguagem ou protocolo universal, mas infinitamente distinta de todas aquelas imaginadas antes, porque seus símbolos e palavras direcionariam a razão, e enganos — exceto aqueles de fato — seriam meros erros de cálculo.

Leibniz mais tarde defendeu a sua originalidade, dizendo que "a caixa calculadora de Pascal" não lhe era conhecida na época em que construiu seu computador, embora tenha reconhecido que, após ouvir falar dela, pediu "por carta ao muito distinto Carcavius*" que lhe fornecesse uma explicação sobre o trabalho que ela é capaz de executar".

Falando em termos gerais, Leibniz era, de fato, incansável em esmiuçar fatos igualmente com amigos, conhecidos e estranhos. Uma vez que tivesse conseguido toda a informação que podia, aplicava-se em ir um passo além (e reclamar todo o crédito). E assim foi com Pascal: uma vez que compreendeu como aquela máquina funcionava, rapidamente se pôs a fazer uma ainda melhor. E nesse caso ele fez, desenvolvendo algo chamado "calculadora de pisar", *stepped reckoner*: uma calculadora que usava uma engrenagem cilíndrica acionada com os pés. Agora a máquina podia somar, subtrair e mesmo (até certo ponto!) multiplicar.

---

* O matemático francês Pierre de Carcavi (1600-1684). (*N. do T.*)

(Leibniz) A máquina de Leibniz foi projetada para automatizar a fatigante tarefa de resolver problemas morais.

As máquinas de Leibniz, que chamava de seus verdadeiros caixas de banco, tinham duas partes principais. A primeira, semelhante à de Pascal, era uma coleção de rodas presas por pinos que desempenhavam a adição. A segunda parte, inovação sua, era um carro móvel que podia seguir casas decimais quando fazia a multiplicação. As duas seções eram engenhosamente ligadas por cilindros contendo dentes semelhantes aos de uma serra de diferentes comprimentos, correspondendo aos dígitos 1 a 9. Girando a manivela que ligava os cilindros, engatavam-se pequenas engrenagens acima desses, o que por sua vez engrenava a seção de soma. Para grande desapontamento de Leibniz, suas máquinas não alcançaram a excelência que pretendia. Na verdade, eram desajeitadas, difíceis de operar, emperravam com frequência e eram inexatas.

No entanto, Leibniz frequentemente se comprazia consigo mesmo e dessa invenção tinha muito orgulho. Pensou em comemorá-la com uma medalha com a divisa SUPERIOR AO HOMEM, e fabricou uma das máquinas para que Pedro, o Grande, da Rússia mandasse para o imperador da China como um exemplo da superioridade da tecnologia ocidental.[2]

De fato, embora a implementação fosse imperfeita, os princípios de acordo com os quais ela trabalhava abriram caminho para o desenvolvimento da primeira calculadora mecânica de sucesso. Essa máquina usava o princípio do movimento de dentes sobre engrenagens. O mesmo desenho foi usado em calculadoras até o século XX e é usado ainda hoje em contadores como os medidores de energia (para medir o uso da eletricidade) e velocímetros. (Uma máquina ainda mais elaborada, que faria divisões, cálculo de raízes quadradas e determinação dos quadrados dos números, foi planejada, porém jamais construída — supostamente devido à tecnologia não ser avançada o suficiente na época para manufaturar os componentes.)

Mesmo com sua muito alardeada habilidade para multiplicar, apesar de lhe gastar uma pequena fortuna no projeto até o fim da vida, a máquina de Leibniz jamais foi capaz de operar de maneira inteiramente automática. Nesse sentido, seu avanço foi menos prático do que teórico.

Em 1676, quando o arcebispo morreu, Leibniz passou ao serviço da corte de Hanover, a fim de pesquisar a genealogia da Casa de Brunswick, da qual o duque de Hanover era membro. No devido tempo, Georg Ludwig (que mal sabia falar inglês) se tornaria George I da Inglaterra, e algumas vezes se disse que tal coisa se deveu à pesquisa de Leibniz. Na verdade, parece improvável, pois havia começado a pesquisa por um período um tanto mais anterior, talvez, do que seus empregadores esperavam, lidando extensamente com fósseis e tradições das línguas europeias. (Seu assistente, Eckhart, escreveu propositalmente que com a genealogia, assim como com seus estudos sobre números, Leibniz sabia como estender as coisas ao infinito.) E quando Georg Ludwig se tornou o rei George da Inglaterra, deixou Leibniz para trás na Alemanha menos por causa (como fora sugerido) da controvérsia sobre o cálculo infinitesimal (que de fato havia tornado Leibniz *persona non grata* na capital inglesa), mas porque, na data de sua partida, Leibniz estava em uma de suas muitas ausências prolongadas, dedicando-se à sua pesquisa maldefinida (e bebendo).

Não que Leibniz se desse ao trabalho de fingir que estava no encalço da história familiar o tempo todo. Em 1679 ficou interessado em maneiras de aproveitar a força do vento e usá-la para bombear água das minas. Pois nos sete anos seguintes passou metade do seu tempo nas minas das montanhas Harz. Projetou toda espécie de bombas, empregando várias técnicas, desde o antigo método do parafuso de Arquimedes até um que antecipou as bombas rotatórias de hoje. Também apresentou numerosas invenções correlatas — para modelar ferro e produzir aço, para separar substâncias químicas e até para substituir os cavalos das minas. Notavelmente, cada um dos projetos resultou em fracasso, cuja culpa Leibniz atribuiu a todos os outros, dos trabalhadores aos gerentes.

E o tempo todo escrevia. Não livros, mas cartas. Leibniz correspondia-se com literalmente centenas de pessoas ao mesmo tempo, sobre um vasto leque de assuntos: ciência e cosmologia; matemática, direito e política; problemas econômicos (tais como política monetária, reforma fiscal e balança comercial); para não mencionar religião, filosofia, literatura, história, numismática e antropologia. Mais de 15 mil cartas sobreviveram. Algumas, como sua correspondência com Sofia Carlota, a filha do duque anterior (mas evidentemente também uma amiga íntima e real), contêm extensos e claros relatos de suas teorias, como a da transmigração das almas. A filosofia não foi gentil com as cartas de Leibniz. Em sua *Exposição crítica da filosofia de Leibniz* (1900), Bertrand Russell as repudia rudemente como concessões obsequiosas aos patrões aristocráticos. A mensagem foi passada em frente por recentes divulgadores da filosofia, como Richard Osborne, ao escrever *Filosofia para principiantes*, que diz que a maior parte do que Leibniz publicou em vida "destinava-se a apelar à realeza à qual estava ligado e era reacionária e pouco profunda".

Certamente, os dois estão certos ao dizer que as cartas de Leibniz tinham dois propósitos ao menos, um dos quais, sem dúvida, era a escalada social. Nisso ele se deu notavelmente bem. Em 1712, havia obtido posições remuneradas não em uma, mas em não menos de cinco cortes! Essas eram: Hanover, Brunswick-Lüneburg, Berlim, Viena e São Petersburgo, cada uma das quais naturalmente ressentia-se do tempo que ele passava a serviço das outras e periodicamente suspendia seu salário até que reaparecesse. E, profissionalmente falando, ele também se deu bem. Foram-lhe oferecidos os prestigiosos cargos de bibliotecário do Vaticano (em 1689) e de Paris (em 1698), ainda que tenha declinado deles, dizendo que não desejava converter-se formalmente ao catolicismo.

Quando era mais jovem, tinha a reputação de um cortesão elegante ("um homem elegante com uma peruca empoada", como um contemporâneo o definiu), erudito e sagaz. Circulava numa carruagem chamativa pintada com rosas cor-de-rosa. A duquesa de Orléans observou sobre ele: "É tão raro que os intelectuais se vistam bem, e não cheirem mal, e entendam piadas!" Sua influência nos círculos intelectuais do século XVII era enorme, para grande inveja de sir Isaac Newton, seu rival pela honra de ter sido o primeiro a inventar o cálculo infinitesimal. Mas, segundo Russell, que, como vimos, não gostava dele, Leibniz era muito mesquinho. Quando jovens damas da corte de Hanover se casavam, costumava dar-lhes um presente de casamento que consistia em máximas úteis, tais como não desistirem de tomar banho agora que haviam encontrado um marido. E em seus últimos anos tornou-se objeto de chacota pelas roupas fora de moda e excessivamente ornamentadas, a enorme peruca preta e os esquemas mal planejados.

Típico exemplo disso, um alquimista com quem Leibniz havia brigado satirizou-o num livro chamado *Sabedoria tola e tolice sábia*. J.J. Becher afirmou que Leibniz acreditava ter inventado uma carruagem capaz de viajar de Amsterdã a Hanover (quase 400 quilômetros) em seis horas, ainda que as estradas da época não fossem planas, mas trilhas de carroça profundamente sulcadas. Sabe-se que em 1687 Leibniz havia construído uma carruagem experimental, mas, quer ela tenha alcançado essa velocidade ou não, infelizmente os registros se perderam.

Mas voltemos àquelas cartas. Se faziam parte da sua escalada social, também foram cruciais para o seu *modus operandi*, tanto filosófico quanto científico. Foi em abril de 1673, por exemplo, que Leibniz recebeu de Heinrich (Henry) Oldenberg, secretário da Royal Society de Londres, um relatório produzido por John Collins sobre a situação da matemática na Inglaterra. Parte expressiva desse relatório era uma lista de problemas (muitos envolvendo séries infinitas) que poderiam ser resolvidos por um método não especificado de posse de um homem reservado em Cambridge chamado Isaac Newton. Como Leibniz mais tarde recordou, ele próprio já tinha a inspiração original para o cálculo, antes de ver quaisquer dos relatórios sobre os trabalhos de Barrow, Gregory e Newton, e é verdade que não havia descrição concreta do cálculo no relatório de 1673.

Em 1675, e 1676 adentro, houve uma troca de cartas entre Newton e Leibniz (por intermédio de Oldenberg) em que Newton, embora ainda muito reticente em revelar métodos gerais, deu-lhe dicas ainda mais explícitas sobre o cálculo, incluindo até mesmo um anagrama expondo a relação inversa entre diferenciação e integração. Leibniz também liberou no intercâmbio importantes detalhes de pesquisa de sua versão do cálculo. Os dois homens estavam jogando pôquer um com o outro, cada um tentando descobrir exatamente quanto o outro sabia, sem revelar muito do que ele próprio tinha conhecimento.

Na verdade, os princípios do cálculo infinitesimal são risivelmente simples, como sabem todos os colegiais. (Não consegui entendê-lo na escola, mas todos conseguiram claramente, portanto deve ter sido fácil.) Diferenciação é um modo de resolver gradientes.[3] O gradiente de uma estrada que sobe uma colina é a altura que ela sobe dividida pelo seu comprimento. Se ela sobe dez metros numa distância de cem metros, é de 1:10, por exemplo. Leibniz e Newton simplesmente viram que os gradientes das curvas matemáticas são equivalentes a uma série de linhas retas muito pequenas, todas imperceptivelmente unidas. Assim, qualquer ponto particular da curva pode ser tratado como uma minúscula linha reta. O comprimento da linha reta é então dividido pela "altura", que depende da equação matemática da linha. Isso é útil, pelo menos aos olhos dos professores de matemática, porque o gradiente de uma curva num determinado ponto é a maneira matemática de representar, por exemplo, a "taxa de variação" em qualquer momento dado. De maneira similar, a área sob a curva pode ser calculada tratando-a como a soma de uma série de pequenos retângulos também gerados ao se imaginarem muitas minúsculas faixas sob ela. Isso é conhecido como "integração" e é útil para alguma outra coisa (mas, como disse, perdi o fio da meada em algum lugar anterior a esse ponto).

Talvez seja difícil perceber por que alguém iria querer ser responsável por inventar isso. Ainda assim, uma longa batalha com Newton quanto ao direito de ser conhecido como o descobridor do cálculo infinitesimal persistiu. A batalha foi conduzida do lado de Leibniz por meio de cartas anônimas promovendo o seu caso e se eventualmente seria a sua notação que acabaria adotada internacionalmente,[4] o resultado foi também que o nome de Leibniz, para usar o eufemismo, tornou-se "envolto em controvérsia".

Mas não foi apenas sobre o cálculo que Leibniz estava em desacordo com Newton. Os dois tinham visões diferentes do funcionamento do universo. Leibniz considerava que Newton estava errado ao analisar os fenômenos e derivar leis para explicá-los. Em vez disso, achava que os filósofos deveriam postular grandes sistemas capazes de reproduzir os fenômenos observados. Rejeitando a "invenção" newtoniana da "força gravitacional" capaz de agir instantaneamente a distância para explicar a gravidade ("Sir Isaac Newton e seus seguidores têm também uma opinião muito estranha a respeito da obra de Deus. De acordo com sua doutrina, Deus Todo-poderoso pretende dar corda em Seu relógio de tempos em tempos; caso contrário, esse cessaria de se mover...!", zombou.), descreveu à Royal Society em Londres sua explicação do movimento planetário, que derivava basicamente de Descartes e pretendia demonstrar como o sol forçaria os planetas a percorrerem suas órbitas simplesmente por meio de um impulso. Leibniz sugeriu que o espaço era preenchido por um éter de partículas extremamente finas e que uma rotação do sol provocava movimentos circulares ("vórtices") no éter, que empurravam os planetas em torno da estrela como barcos num redemoinho.

Numa carta ao secretário de Newton, Samuel Clarke, escreveu:

> Para concluir. Se o espaço (que o autor imagina) desprovido de todos os corpos não é inteiramente vazio, de que então está cheio? Ele é pleno de espíritos estendidos, talvez, ou de substâncias materiais, capazes de se estender e contrair; que ali pairam e penetram umas nas outras sem dificuldade, como as sombras de dois corpos se interpenetram sobre a superfície de uma parede... Mais do que isso, alguns fantasiam que o homem, em estado de inocência, tinha também o dom da interpenetração; e que ele se tornou sólido, opaco e impenetrável devido à sua queda. Isso não é subverter nossa noção das coisas, fazer com que Deus tenha partes, com que espíritos tenham extensão? O princípio de uma razão suficiente por si só afasta esses espectros da imaginação. O homem com facilidade se deixa envolver por ficções, por desejo de fazer um uso correto daquele grande princípio.

Se a ciência iria adotar com sucesso o mundo mecânico de Newton, isso não significava necessariamente que Leibniz perdeu o debate teórico. Sua carta prossegue:

> Não digo que matéria e espaço são a mesma coisa. Digo apenas que não há espaço onde não haja matéria; e que o espaço em si não é uma realidade absoluta. Espaço e matéria diferem como tempo e movimento. Entretanto, essas coisas, embora diferentes, são inseparáveis.

Do mesmo modo, menosprezou a mecânica de Newton enquanto essa permitia que dois objetos repelissem um ao outro, embora, em teoria, isso também exigisse uma série infinita de movimentos cada vez menores de partículas. Para evitar esse absurdo lógico, Leibniz diz que a matéria em ultima análise consiste em campos energéticos, antecipando desse modo os avanços da física conhecidos como "teorias de campo", como seu expoente italiano, Ruggiero Giuseppe Boscovich (1711-87), pessoalmente reconheceu. Não obstante, foi Newton quem produziu o modelo capaz, na época, de fazer avançar o conhecimento científico. Até o descobridor da "nova física", Einstein, admitiu que a física do século XX permanecia estabelecida sobre as formidáveis conquistas de Newton.

Mas, acima de tudo, Leibniz discordava daqueles em sua época que, como Newton, Boyle e mesmo Descartes, explicavam o mundo em termos de pequenas partículas, ou átomos, movendo-se de acordo com certas leis "absolutas". Seu argumento era que mesmo a menor das partículas deveria poder ser dividida ainda mais, a não ser que deixasse de ser algo que podemos considerar uma partícula de matéria. Em vez de átomos, construiu o mundo a partir do que chamou "uma substância simples sem partes". Essas são as mônadas.

As "mônadas" de Leibniz estão entre os objetos mais misteriosos da filosofia.[5] Eis como ele as apresenta:

> O corpo pertencente a uma mônada (que é a enteléquia ou alma desse corpo) juntamente com uma enteléquia pode ser considerado um ser vivo e, em conjunto com a alma, constitui

> o que pode ser denominado como um animal. Ora, o corpo de um ser vivo ou de um animal é sempre organizado; pois, uma vez que toda mônada é a seu modo um espelho do universo, e uma vez que o universo é regulado em perfeita ordem, deve também haver uma ordem no ser representante, ou seja, nas percepções da alma e, consequentemente, no corpo em consonância com o qual o universo é representado.

E prossegue com o entusiasmo característico.

> Assim, cada corpo organizado de todos os seres vivos é uma espécie de máquina divina ou autômato natural, que ultrapassa infinitamente todos os autômatos artificiais. Pois uma máquina construída pela arte humana não é uma máquina em cada uma de suas partes. Por exemplo, o dente de uma engrenagem de latão tem partes ou fragmentos que, para nós, não são mais coisas artificiais e não têm mais qualquer marca para indicar a máquina para cujo uso a engrenagem se destinava. Mas as máquinas naturais, ou seja, os corpos vivos, ainda são máquinas em suas partes mais ínfimas, até o infinito. Essa é a diferença entre a natureza e o artifício, isto é, entre a arte divina e a nossa arte. (*A monadologia.*)

Leibniz ficara muito impressionado com o novo mundo do microscópio, por meio do qual seu contemporâneo Anton van Leeuwenhoek havia revelado uma miríade de minúsculos organismos vivos previamente insuspeitados.

> Há um mundo de criaturas, seres vivos, animais, formas substanciais, almas nas menores entre as partes da matéria. Cada pedacinho de matéria pode ser pensado como um jardim cheio de plantas ou um lago cheio de peixes — exceto que

> cada ramo de uma planta, cada parte do corpo de um animal, cada gota dos humores que contêm é, por sua vez, mais um desses jardins ou lagos. E embora a terra e o ar que ocupam o espaço entre as plantas no jardim, ou a água que ocupa o espaço entre os peixes no lago, não sejam plantas ou peixes, ainda assim contêm mais deles, só que em sua maior parte pequenos demais para serem visíveis. Portanto, nada há inculto, estéril ou morto no universo — nenhum caos ou confusão, exceto em aparência. É um pouco como uma lagoa se parece a distância, quando se pode ver um movimento confuso e errático, por assim dizer, dos peixes em suas águas, mas sem ser capaz de distinguir os próprios peixes individualmente. Pode-se ver a partir disso como todo corpo vivo tem uma forma substancial predominante, que no animal é a alma; mas os membros desse corpo vivo estão cheios de outros corpos vivos, plantas e animais, cada um dos quais também tem suas formas substanciais, ou mônadas dominantes. (Ibid., §§ 66-70.)

O universo de Leibniz é similarmente vivo — e consciente. Mônadas — os mais elementares blocos construtores do universo — são centros vivos de energia e atividade. No entanto, só podem ser encontradas por meio da pura lógica, e não através do microscópio. Na verdade, só precisam ser postuladas. E as *Regras da monadologia* são bastante simples.

1. Cada mônada é indestrutível. (Uma vez que mônadas não têm partes.)
2. Tampouco pode ser criada, a não ser por Deus. (Pois a matéria não se cria nem se destrói.)
3. Ela não tem cor. (É destituída de propriedades físicas.)
4. Não tem janelas. (Mônadas não podem afetar outras mônadas.)

5. É intercambiável com qualquer outra mônada. (Pois a característica essencial das mônadas é simplesmente a "atividade".)

Leibniz explica que embora as mônadas não apareçam aos sentidos ("não têm cor"), precisamos admitir sua existência para explicar a realidade e o sentido da linguagem. Sua atividade principal é a "percepção", ou espelhamento, como Leibniz a denomina, e cada mônada percebe todas as outras mônadas — equitativamente. Todo corpo físico é uma "colônia" de mônadas, vivendo numa "harmonia preestabelecida". No entanto, por alguma razão que tem a ver com supostos graus de "espelhamento", Leibniz admite diferentes tipos de mônadas para plantas, pedras, animais e seres humanos. Tenta explicar suas mônadas incolores com a metáfora do arco-íris. Esse nos aparece como um vívido espectro de cores no céu, mas na realidade é feito de muitos milhões de minúsculas gotículas de água. E cada uma delas é certamente incolor.

Uma das implicações da monadologia é que cada ser humano não é tão diferente das pedras, por ambos serem ainda reuniões de mônadas. Outra é que uma vez que as mônadas são indestrutíveis e eternas, também assim somos nós, embora nossa consciência varie dependendo das combinações que as mônadas por acaso adotem. Uma terceira é que Deus deve ter programado cada mônada no nascimento do universo, de modo que (sem necessidade de interação casual) pudessem se comportar exatamente como se estivessem interagindo. Leibniz usa o exemplo de um coro para explicar como as mônadas parecem estar interagindo, quando de fato permanecem inteiramente independentes. Isso, o "princípio da harmonia preestabelecida", também resolve satisfatoriamente o problema da interação entre a alma e o corpo que havia sido deixado de lado por Descartes quando dividiu o mundo nos dois tipos de substância. Mas Leibniz vê sua máquina de forma muito diferente daquelas de seus contemporâneos (incluindo Descartes).

Por outro lado, Leibniz parece ter dividido as mônadas em "mentais" e "materiais", com apenas uma espécie de "mônada mental" controlando aquelas que compõem o corpo humano. Desse modo, sua teoria torna-se pouco mais do que uma reembalagem da de Descartes, especialmente por introduzir uma mônada dominante, que segundo ele ordena que as outras mônadas se movimentem. Ao fazer isso, parece sabotar a elegância de sua teoria.

Mas se Leibniz se deu conta das contradições e incoerências desse esquema, o maior de todos, pelo menos uma explicação já estava à mão. Como parte de sua busca original por uma "linguagem universal" pronta para a computação do pensamento, já ele havia percebido que as linguagens existentes são mal estruturadas, ilógicas e, portanto, bastante inadequadas para o pensamento profundo. Foi por essa razão que se dispôs a criar uma linguagem lógica baseada no latim, um empreendimento no espírito do próprio Aristóteles. (De fato, Leibniz é às vezes chamado de o Aristóteles da Era Moderna.)

Uma frase como "Leibniz inventou o cálculo", por exemplo, ele preferia ver expressa como "Leibniz é (o inventor do cálculo)". De fato, Leibniz decidira, todos os verbos deveriam ser abandonados, com exceção de "é". Mais importante (para Leibniz, em todo caso), a expressão "Todos os A são B" ou "Todos os Leibniz são grandes inventores" deveria ser reescrita como "Leibniz NÃO um grande inventor é NÃO POSSÍVEL" ($A \neq B$ é não possível).

Diz-se que isso tudo foi precursor do sistema finalmente produzido por George Boole (1815-64), o qual é central para a atual ciência da computação. Boole manipula afirmações às quais é dado "valor de verdade", mas Leibniz espera literalmente converter conceitos em números, o melhor para manipulá-los mecanicamente. De maneira intrigante, como lógicos posteriores, considera que todos os conceitos são formados por outros mais simples, que não podem ser decompostos ainda mais, de forma semelhante ao modo como todos os números são constituídos de fatores, exceto os números primos.

Sua esperança era dar a todos os conceitos mais simples um "número característico", que consiste em um par de números primos, um positivo e outro negativo. O número característico de um conceito complexo seria o produto dos números de seus componentes. Para usar seu exemplo: se "animal" tem o número positivo 13 e o número negativo -5, e "racional" é formado por 8 e -7, então o número característico para "homem" será (13 x 8) e (-5 x -7), ou 104, -35. A grande força desse sistema era que podia ser efetuado em sua máquina (particularmente porque não envolvia divisões complicadas ou raízes quadradas). A grande fraqueza, claro, é que é absurdo.

Leibniz poderia ter alcançado mais sucesso se tivesse continuado a estudar o sistema binário, e de fato foi um dos primeiros matemáticos a fazer isso. Era fascinado pelo modo como toda a aritmética poderia ser derivada de 1 e 0, e considerava que, do mesmo modo, todo o universo era gerado de puro ser e nada. "Deus é puro ser: a matéria é um composto de ser e nada" (*Escritos alemães de Leibniz (1838-40)*, ii, 411).

Ele prossegue:

> Não devo aqui me adentrar na imensa utilidade desse sistema; bastaria observar de que maneira maravilhosa todos os números são assim expressos por meio da unidade e do nada. Mas embora não haja esperança nesta vida de que as pessoas sejam capazes de chegar ao secreto ordenamento das coisas que tornaria evidente como tudo se origina do puro ser e do nada, ainda assim basta para a análise das ideias continuar pelo tempo que for necessário para a demonstração das verdades.

Leibniz se orgulhava tanto dessa ideia que planejava comemorá-la com uma medalha trazendo a inscrição: O MODELO DA CRIAÇÃO DESCOBERTO POR G.W.L. e UM É SUFICIENTE PARA DERIVAR TUDO DO

NADA. O desenho enfatizava seu débito para com Pitágoras e Platão ao representar o sol, ou 1, irradiando sua luz sobre a terra informe, ou 0.

A medalha nunca foi cunhada: Quando ele morreu, nem a corte hanoveriana, nem a Royal Society, em Londres, nem mesmo a Academia de Berlim (que Leibniz fundou e da qual foi o primeiro presidente!) fizeram qualquer tributo a ele ou a sua obra.

Mas hoje muitas casas comuns contêm um pequeno tributo a ele, girando silenciosamente no painel do medidor de energia, debaixo das escadas.

Pomposas notas finais

[1] Embora a estratégia que sugeriu fosse quase idêntica à que de fato foi levada a cabo por Napoleão um século e meio mais tarde.

[2] Um de seus modelos ainda sobrevive e pode ser visto na Biblioteca Estadual de Hanover.

[3] Mais precisamente, tem algo a ver com a razão ou conversão de uma quantidade em relação a outra quantidade...

[4] A abordagem de Leibniz era algébrica; sua linguagem era original, oferecendo termos como diferencial, integral, coordenada e função, enquanto sua notação, que é usada ainda hoje, era simples e elegante. Baseava-se na letra "d" para "diferença" (como no símbolo de diferencial) e o contemporâneo "S" longo para "soma", ou integral.

[5] Misteriosa ou não, a palavra em si vem do grego um tanto obscuro *monads*, que significa "unidades" e era usado por Pitágoras. A longa citação sobre as mônadas provém de *A monadologia*, §63 e 64.

• • •

Capítulo 18

O bispo Berkeley e o Colégio das Bermudas (1685-1753)

"Berkeley é um fenômeno dos mais espantosos e mesmo único na história da filosofia", declara o vice-reitor da Universidade de Oxford, Geoffrey Warnock, falando com firmeza detrás da solidez reconfortante de sua escrivaninha, num livro intitulado *Grandes filósofos*, sem dizer em momento algum o que exatamente havia nele de espantoso ou "mesmo único". Seria, talvez, porque Berkeley publicou uma grande teoria metafísica numa idade tão precoce? Ou porque (quando não estava compondo poemas) escreveu grande parte da sua filosofia incisiva e espirituosamente ao estilo dos diálogos de Platão? Ou seria porque o bispo Berkeley tinha consciência social e militava ativamente pelos pobres da Irlanda natal, que sofriam como sempre nas mãos daqueles seus dois perenes companheiros, a fome e os colonizadores ingleses? Porém, com toda certeza, não foi por ter sido o primeiro filósofo europeu importante a visitar a América, onde tentou e, no transcorrer do tempo, fracassou em estabelecer um colégio para converter escravos e indígenas ao cristianismo e, durante esse processo, descobriu uma cura milagrosa feita com a seiva dos pinheiros. Mas eis aqui aquela outra e muito mais interessante história.

O caso filosófico

A estranha teoria de George Berkeley de que pessoas, roupas, móveis, árvores — tudo — não têm existência senão como ideias nas cabeças das pessoas ocorreu-lhe enquanto ainda se encontrava apenas no início da casa dos 20 anos, o que mais tarde lhe deixou tempo de sobra para viajar pelo mundo, difundir o cristianismo e promover os benefícios da "água de alcatrão".

Sua concepção própria era que aquilo que os filósofos estavam começando a chamar de "percepções sensoriais" e não eram criadas a partir de alguma estranha interação com a "matéria", como todos à sua volta, como por exemplo John Locke e Isaac Newton em Londres, ou Paul Gassendi e Pierre Boyle na França, admitiam, mas depositadas diretamente em nossas mentes por Deus, dispensando assim os "intermediários", por assim dizer.

Foi no Trinity College, Dublin, onde formou um grupo de estudos para discutir a "filosofia científica", que anunciou seu "novo princípio" para superar a ameaça do "materialismo", que já parecia estar rapidamente reduzindo o mundo a uma espécie de máquina complicada. O novo princípio foi aplicado pela primeira vez dois anos depois, em *Um ensaio para uma nova teoria da visão*, e depois expandido no *Tratado sobre os princípios do conhecimento humano*. Em lugar do mundo matematicamente ordenado e previsível de Newton e Locke, ofereceu uma espécie de "imaterialismo radical", no qual o mundo perde sua realidade objetiva e, em lugar dela, torna-se intricadamente conectado com seja lá o que estiver olhando para ele. *Esse est percipi* ou "ser é ser percebido".

Tinha algumas observações de sua autoria muito dignas de crédito para dar sustentação a isso, especialmente sobre o modo como a mente constrói objetos, em vez de simplesmente "percebê-los". Se as cores não existem realmente "lá fora", mas apenas em nossas mentes (como até o mais materialista de seus colegas filósofos concordava), por que não também as sensações táteis? Tudo isso é de grande interesse filosófico.

Mas os contemporâneos de Berkeley estavam mais excitados com as novas descobertas naturais pelos "cientistas" e seu extraordinário sucesso em prever e explicar os fenômenos. O "novo princípio" de Berkeley parecia uma regressão a outra época. O que de fato era, tratando-se essencialmente da velha linha de raciocínio de Platão, expressa de maneira um pouco mais vigorosa. O dr. Johnson repudiou a teoria batendo seu pé no chão e dizendo "refuto isso assim". Ou teria sido chutando uma pedra? De qualquer forma, a veracidade da ocasião não importa. Obviamente, a ideia de que o dr. Johnson pudesse fazer isso é que é importante.[1] Portanto, embora a teoria tenha causado algum divertimento, não foi levada terrivelmente a sério em sua época.

Felizmente, Berkeley nunca foi fácil de se dissuadir. Em 1713, obteve licença das responsabilidades acadêmicas e atravessou o Mar da Irlanda até a Inglaterra. Uma vez em Londres, procurou "estabelecer relações com homens de mérito", assim como arranjar a publicação de uma popularização da sua teoria, na forma dos *Três diálogos entre Hylas e Philonous*. "Pode algo ser mais fantástico, mais repugnante ao senso comum, ou uma amostra mais manifesta de ceticismo do que acreditar que não existe uma coisa tal como a matéria?", começa Hylas num deles, posicionando-se para ser amplamente fustigado por Philonous. Os intelectuais londrinos se encantaram imediatamente, louvando o charme e a inteligência arguta do irlandês. O célebre escritor Dean Swift registrou em seu diário: "Aquele sr. Berkeley é um homem muito genial, e mencionei-o a todos os ministros, e irei favorecê-lo o quanto puder." Alexander Pope presenteou-o com "um novo poema muito inventivo", e um novo jornal, o *Guardian*, pediu-lhe para ser seu correspondente.

Toda essa confraternização trouxe frutos precoces. Berkeley passou os próximos sete anos, impulsionado por ótimas nomeações (primeiro como capelão de lorde Peterborough, embaixador especial para a coroação do rei da Sicília, e depois como tutor do filho do bispo de Clogher), viajando pelo continente. Ficou deliciado com o rico depósito de antiguidades e tesouros artísticos que encontrou na Itália e lá desenvolveu o gosto pela observação de fenômenos naturais. Chegou até a escalar o Monte Vesúvio enquanto estava em erupção e escreveu suas descobertas para os *Transactions of the Philosophical Society* [*Procedimentos da Sociedade Filosófica*].

Infelizmente, quando Berkeley por fim retornou à Inglaterra, foi para encontrar o país em meio a uma crise resultante da Bolha dos Mares do Sul (*South Sea Bubble*), quando ações sobrevalorizadas entraram em colapso na nova Bolsa de Valores. Na verdade, a bolha de certo modo refletia muito bem sua teoria de que o real é o que se percebe — as ações tinham valor enquanto as pessoas acreditavam que eram valiosas, mas sem valor algum depois que a percepção mudou. No entanto, num *Ensaio para evitar a ruína da Grã-Bretanha*, ele com modéstia restringiu-se a simplesmente propor algumas novas leis, o incentivo às artes e um retorno aos estilos de vida mais simples. Não obstante, foi a crise da bolha que fez com que se decidisse pela necessidade de assentar as fundações para uma nova abordagem nos climas exóticos das Ilhas Summer.

Seu plano de criar uma "universidade para os índios" no Novo Mundo gerou muito mais interesse na época do que suas outras ideias. Foi discutido até mesmo no Parlamento inglês e recebeu aprovação real. E, posteriormente, seria lá, nos estados do sul da América do Norte, enquanto trabalhava no projeto do Colégio das Bermudas, que ele faria sua descoberta das misteriosas propriedades da água de alcatrão.

Porém, por que um filósofo distinto iria querer ir para a América, afinal? Era um lugar terrível. Certamente, no século XVIII, o Novo Mundo era considerado um ermo indômito e perigoso, altamente inapropriado para que um cavalheiro europeu sequer pensasse em pôr os pés lá, que dirá fundar um colégio. No entanto, o bispo Berkeley pensou que o lugar, ou antes as Bermudas, tinha algumas qualidades muito especiais. "O clima é de longe o mais saudável e sereno e, consequentemente, o mais adequado para o estudo", escreveu a alguém que estava disposto a ouvir, ou mais especificamente, nesse caso, a seu amigo lorde Percival. "Há a maior das farturas de todas as provisões necessárias para a vida, o que é muito a se considerar num lugar destinado à educação... É o local mais seguro do universo, cercado de rochas por toda a volta, à exceção de uma entrada estreita, guardada por sete fortes, o que a torna inacessível."

Hoje, as Ilhas Summer são mais bem conhecidas e seriam consideradas, a 600 quilômetros de distância do continente, muito afastadas da América para se adequar a um anexo educacional, mas o bispo Berkeley, afinal, considerava a distância, como a existência, determinada pela percepção, e não o contrário. Portanto, as Bermudas ainda eram, para ele, o local ideal para um colégio. Declarando-se preparado, se necessário, a "passar o resto de meus dias na Ilha de Bermuda", disse que seria sua tarefa e dever dali em diante salvar as almas tanto dos recém-importados escravos africanos quanto dos selvagens povos indígenas da América.

Desenvolvendo uma veia realmente lírica em seu entusiasmo pela *Conversão dos selvagens americanos ao cristianismo*, Berkeley escreveu vários novos *Versos sobre a perspectiva de semear as artes e as ciências na América*.

> *The muse disgusted at an age and clime*
> *Barren of every glorious theme,*
> *In distant lands now waits a better time*
> *Producing subjects worthy fame.*

In happier climes where from the genial sun
And virgin earth such scenes ensue
The force of art by nature seems outdone,
And fancied beauties by the true.

In happy climes, the scene of innocence,
Where nature guides and virtue rules,
Where men shall not impose for truth and sense
The pedantry of courts and schools;

There shall be sang another golden age,
The rise of Empire and the arts
The good and great inspiring epic sage,
The wisest heads and noblest hearts.

Not such as Europe breeds in her decay;
Such as she bred when fresh and young,
When heavenly flame did animate her clay,
By future poets shall be sung.

Westward the course of empire takes its way...

[A musa desgostosa em era e clima
Estéreis de qualquer glorioso tema,
Em região longínqua melhor tempo anseia
Que produza enredos dignos de fama.

Em climas mais felizes onde o sol genioso
E a terra virgem tais cenários geram,
A força da arte a natureza excede
E belezas imaginárias se tomam por verdade.

Nos climas amenos, o cenário da inocência,
Onde a natureza é guia e a virtude governa,
Onde os homens não impõem com verdade e senso
O pedantismo dos tribunais e escolas;

Lá se cantará a nova idade do ouro,
A ascensão do império e das artes
A boa e grande épica saga inspiradora,
Das mais sábias mentes e corações mais nobres.

Não como a Europa gera em decadência;
Como gerava quando fresca e jovem,
E a celeste chama animou sua argila,
Pelos poetas futuros deve ser cantada.

Rumo ao oeste o império segue seu caminho...]

E, em 1723, os meios para conseguir isso caíram nas suas mãos, depois que Berkeley conseguiu um bom dinheiro, em parte proveniente de uma herança e em parte por ter sido nomeado para a rica reitoria de Derry, que não arcava com qualquer outra obrigação que não a de encontrar maneiras de gastar sua receita. O método de Berkeley foi perseguir seu projeto para as Bermudas com ainda mais vigor. Retornou a Londres e obteve uma licença real para seu novo colégio, assim como numerosos compromissos particulares de apoio, incluindo um de 20 milhões do próprio Parlamento.

Depois, fazendo uma pausa apenas para casar-se com a filha do presidente do Supremo Tribunal da Irlanda, partiu diretamente, com três outros companheiros evangelistas, para a América. Uma vez lá, estabeleceram uma espécie de "acampamento base" em Newport, Rhode Island, e compraram terras e escravos para suprir o colégio planejado. Na verdade, metodologicamente, por assim dizer, Berkeley considerava que a escravidão já era um excelente modo de converter o negro, de modo que o novo colégio seria de pouca necessidade. Mas os povos nativos da América do Norte eram outro assunto. Esses eram convertidos com mais eficiência por missionários da própria raça. Infelizmente, como não era típico dos índios americanos almejarem tornar-se missionários cristãos, isso requeria um considerável esforço extra, incluindo o sequestro de suas crianças. Isso porque, como explica Berkeley, "tais selvagens apenas quando têm menos de dez anos, antes que os hábitos malignos se tenham enraizado", podem se tornar missionários, e mesmo então sua doutrinação tem de ocorrer numa localidade afastada, livre de influências pagãs. Foi por isso que a localização remota das Bermudas veio a calhar. "Jovens americanos, educados numa ilha a alguma distância do próprio território, serão mais facilmente mantidos sob disciplina até que tenham recebido uma educação completa", explica. Em outro lugar, "poderiam encontrar oportunidades de fugir para seus conterrâneos" e "retornar aos seus costumes brutais, antes de ser completamente imbuídos de bons hábitos e princípios".

Sem dúvida, Berkeley era particularmente atento à necessidade de evitar que os locais voltassem aos seus "costumes brutais" como resultado de sua condição de filho de um colono inglês nascido na Irlanda. Considerava os irlandeses gananciosos e naturalmente preguiçosos, enquanto os ingleses eram apenas gananciosos. De qualquer forma, hoje os esforços missionários do bispo estão imortalizados em dizeres gravados no piso de uma unidade da Yale University, que reconhecem agradecidamente a doação por Berkeley de uma fazenda para a universidade, mas não dizem, é claro, que o valor do presente derivava da exploração do trabalho escravo.

Quer comprar a água de alcatrão do bispo!?

Enquanto esperava que seus fundos chegassem, Berkeley empregou seu tempo de maneira útil, estudando e, é claro, pregando. Comple-

(Berkeley) Ele pôs imediatamente mãos à obra, preparando-lhes água de alcatrão...

tou um panfleto religioso, *Alcifron, ou o filósofo minucioso*, e dirigiu prédicas aos nativos. E em determinado momento descobriu a miraculosa água de alcatrão. Isso foi importante porque no retorno à Irlanda encontraria o país em meio a dois anos de carestia e pestes.

E o retorno não estava distante, pois infelizmente, enquanto o bispo se encontrava ausente, o Parlamento começou a perceber o projeto de maneira diferente e passou a relutar em enviar o dinheiro. Em 1731, havia ficado óbvio que eles jamais iriam remetê-lo. O projeto desmoronou.

De volta a Derry, o bom bispo encontrou seu rebanho perdido padecendo de um novo e particularmente terrível surto de peste. Pôs imediatamente mãos à obra, preparando-lhes água de alcatrão, misturando cuidadosamente alcatrão de pinho, isto é, seiva, com água, deixando a mistura decantar e depois drenando o fluido e engarrafando-o.[2] Também escreveu um manual filosófico, *Siris, reflexões filosóficas e investigações sobre as virtudes da água de alcatrão e outros temas diversos, interligados e motivados uns pelos outros*, que detalhava as virtudes da água de alcatrão para curar a maioria das doenças. A teoria do imaterialismo reapareceu então, agora tecida numa descrição de como a água de alcatrão agia, e assim, finalmente, encontrando uma plateia mais abrangente. Na verdade, *Siris* tornou-se um *best seller*, tanto na Europa quanto na América, alcançando rapidamente várias edições.

Berkeley sentiu-se por isso suficientemente encorajado a canetear mais um poema, intitulado *Do alcatrão*, contendo em forma abreviada a essência da obra mais extensa. É um poema em que tanto o terreno da medicina quanto o literário justificam ser extensamente citado aqui.

> *On tar*
> *Hail vulgar juice of never-fading pine!*
> *Cheap as thou art, thy virtues are divine.*
> *To shew them and explain (such is thy store)*
> *There needs much modern and much ancient lore.*
>
> [*Do alcatrão*
> *Salve vulgar seiva do perene pinho!*
> *Comum que sejas, tuas virtudes são divinas.*
> *Demonstrá-las e explicá-las (tal é tua riqueza)*
> *Exige muita moderna e muita antiga doutrina.*]

Bem, talvez não tão extensamente. Mas deveríamos permitir que Berkeley conclua fazendo a ligação entre sua cura terrena e a verdade celestial:

> *Go learn'd mechanic, stare with stupid eyes,*
> *Attribute to all figure, weight and size;*
> *Nor look behind the moving scene to see*
> *What gives each wondrous form its energy.*

Vain images possess the sensual minds,
To real agents and true causes blind.
But soon as intellect's bright sun displays
O'er the benighted orb his fulgent rays,
Delusive phantoms fly before the light,
Nature and truth lie open at the sight:

Causes connect with effects supply
A golden chain, whose radiant links on high
Fix'd to the sovereign throne from thence depend
And reach e'en down to tar the nether end.

[*Vai, mecânico erudito, contemplar com olhos estúpidos,*
Atribuir a tudo números, pesos e medidas;
Tampouco veja por trás de cada cena móvel
O que confere a cada forma extraordinária a energia.

Imagens vãs se apoderam da mente sensual,
Cega a reais agentes e a causas verdadeiras.
Mas tão logo o sol brilhante do intelecto exibe
À orbe inculta seus fulgentes raios,
Fantasmas delusórios fogem diante da luz,
Natureza e verdade se expõem à visão:

Causas ligadas a efeitos suprem
Uma corrente de ouro, cujos elos radiantes
Nas alturas fixos ao trono soberano, dali pendem
E alcançam ainda mais fundo a alcatroar sua ponta extrema.]

Infelizmente, a maioria dos compradores de *Siris* leu-o por seus conselhos médicos e deixou passar despercebida a importância das reflexões filosóficas e eclesiásticas. A defesa, por parte de

Berkeley, dos universais poderes de cura da água de alcatrão com referência à Teoria das Ideias de Platão, assim como "à Trindade" e outras antigas doutrinas, era uma bebida inebriante demais para os pobres e doentes. Não obstante, a água de alcatrão foi o fruto concreto do ano passado pelo bispo Berkeley na América, descobrindo pelo caminho difícil a diferença entre a ideia de um colégio e um que estivesse ali também na realidade.

Pomposas notas finais

[1] Curiosamente, Samuel Johnson foi realmente um dos poucos convertidos para o imaterialismo durante o tempo de vida de Berkeley. E quando Johnson chegou a escrever o primeiro livro-texto de filosofia americano, os *Elementa Philosophica*, publicado por Benjamin Franklin em 1752, dedicou-o a Berkeley.

[2] Mais precisamente, a resina amarela do *Pinus sylvestris*, também conhecida como pinheiro escocês, misturada com terebintina e empregada (alarmantemente) em uso interno e também externo em vários tipos de doença, incluindo varicela, escorbuto, úlceras, fístulas e até reumatismo. Como a maioria dos medicamentos, não tem efeito, mas pode ajudá-lo se você acreditar nele, pelo menos segundo a teoria do bispo.

• • •

Capítulo 19

A perigosa aula de história do diretor Hegel (1770-1831)

Uma das "coisas curiosas" sobre Hegel, escreve o polêmico filósofo camisa-negra[1] dos "direitos dos animais" Peter Singer, é que o objetivo de sua obra máxima, a *Fenomenologia*, é entender e explicar um processo que se completa pelo fato de que tenha sido entendido. "O objetivo de toda a história é que a mente deveria compreender a si própria como a única realidade última. Quando esse entendimento foi alcançado pela primeira vez? Pelo próprio Hegel na *Fenomenologia*!"

Especialistas gostam de dizer que o pensamento de Hegel representa o "ápice" do idealismo filosófico alemão do século XIX. Depois dele veio a decadência. Primeiro para o "materialismo histórico" do "jovem hegeliano" Karl Marx, e depois para o mundo sombrio do fascismo da Itália. Giovani Gentile, um professor de filosofia "neo-hegeliano", criou ali a ideologia fascista, que depois se espalhou para a Espanha, a Áustria e a Alemanha, mas é na verdade Hegel, e não Gentile, o titereiro da história moderna. Foi Hegel não apenas quem fez com que Marx caminhasse todos os dias até a Biblioteca Britânica, buscando seguir as pegadas do materialismo dialético, mas também quem inspirou Nietzsche, Gentile e muitos outros com sua conversa de que a nova era seria prenunciada pela guerra e a destruição. Isso é assunto para controvérsia.

O caso filosófico

Mas afinal, como outro Príncipe das Trevas, Maquiavel, Hegel aconselha que "ser independente da opinião pública é a primeira condição para se alcançar algo grandioso".

Ele fala, ao contrário, como uma personalidade histórica mundial capaz de interpretar o espírito da época e agir de acordo com isso. "Para a opinião pública, tudo é falso e verdadeiro, mas descobrir a verdade que reside nela é uma tarefa para o Grande Homem. O Grande Homem de seu tempo é aquele que expressa a vontade de sua época; que diz à sua época qual é essa vontade; e a executa." Ser um "Grande Homem" como esse é o sonho de Nietzsche e Heidegger, Hitler e Mussolini, e, claro, do próprio Hegel.

Mas personalidades históricas mundiais têm origens modestas. A de Georg Hegel está em Stuttgart, onde nasceu. Sua família era um tanto tradicional e conservadora, tendo Hegel pai como um funcionário público menor. A família era protestante, e Georg foi mandado para o seminário Tübingen, e lá estudou ao lado do futuro poeta Friedrich Hölderlin e seu colega filósofo ligeiramente mais jovem Friedrich Schelling. Os três, juntos, testemunharam o desenrolar da Revolução Francesa e posteriormente a ascensão de Napoleão.

Na verdade, Hegel viu em Napoleão a encarnação do Espírito do Mundo agindo sobre a história. O resultado foi que, com o manuscrito acabado de *Die Phänomenologie des Geistes* (*A fenomenologia do espírito*) pousado sobre sua mesa,

(Hegel) Ele explicou, com modos de um excelente diretor de escola, que os indivíduos devem entender que o Estado não existe para eles, mas antes que o indivíduo existe para o Estado.

> na noite de 13 de outubro de 1806, vi do lado de fora de meu estúdio as fogueiras das forças de ocupação de Napoleão... No dia seguinte, vi *die Weltseele* (o Espírito do Mundo) montado em seu cavalo e cavalgando pela cidade de Jena.

Pelo menos foi o que escreveu numa carta a um dos amigos. *A fenomenologia do espírito* é o livro em que Hegel oferece sua descrição "dialética" do desenvolvimento da consciência, que começa, como observaram os marxistas, com a sensação individual, prossegue por meio de preocupações sociais expressas na ética e na política, para um dia culminar na pura consciência do "Espírito do Mundo". Para Hegel, como mais tarde tanto para os marxistas quanto para os fascistas, a "liberdade" individual é transcendida pelas pessoas quando essas reconhecem que sua essência reside em servir ao Estado. Esse é o objetivo da história. Na *Filosofia do direito*, explica com modos de um excelente diretor de escola que os indivíduos devem entender que o Estado não existe para eles, mas antes que o indivíduo existe para o Estado.

De certo modo, a nova sociedade de Hegel almeja combinar os anseios individuais — por saúde, poder e justiça — com os valores sociais da comunidade: uma espécie precoce de política da "terceira via". Mas a solução de Hegel também envolve a reclassificação de todos os desejos que não são compatíveis com os requisitos da sociedade como um todo na categoria de "irracionais", e portanto não são o que o indivíduo realmente quer. Ao contrário, à vontade coletiva, ao *Geist*, é concedido total poder e autoridade. É isso o que faz de Hegel o pai das duas doutrinas totalitárias: o fascismo e o comunismo.

Mas antes de prenunciar a nova era, com exceção de um breve período como editor de jornal, Hegel devotou a vida inteiramente ao ensino, primeiro em Jena, depois em Nuremberg, um período em Heidelberg e finalmente em Berlim. Embora tenha passado a personificar a filosofia "acadêmica" — abstrusa, complicada e grandiloquente —, seus primeiros dois cargos foram em escolas; só depois de 1816 tornou-se um filósofo universitário. Todas as suas obras fundamentais datam de sua época como mestre-escola, e não de sua cadeira na academia.

Na verdade, Hegel, um caso raro entre os filósofos ocidentais, é claro sobre os fundamentos educacionais do seu sistema. Mas como a maioria dos comentadores é cria de universidades, passa ao largo disso. De qualquer forma, Hegel começou a "professar" aos pupilos de Nuremberg no ensino fundamental. Também escreveu copiosamente sobre métodos de ensino e aprendizagem (tanto em forma de manuscritos quanto em cartas) e refletiu sobre numerosos "temas pedagógicos". Esses incluíram o conflito entre a necessidade de obterem disciplina e as vantagens do ensino "centrado no aluno", a má prática de "oferecer mastigado", por um lado, e a desejabilidade de se obrigar as crianças a mergulhar no profundo poço dos clássicos.

Eis aqui, em sua mais primeva forma, o jogo hegeliano do raciocínio dialético. Tudo tem dois lados, criando uma tensão que deve ser resolvida. De fato, Hegel estava, de maneira geral, encerrado num conflito entre os dois polos das ideias tradicionais e progressistas da educação. É por esse motivo que o diretor escolar Hegel bane os duelos e as lutas, ao mesmo tempo que introduz o treinamento militar no dia a dia escolar. Explica isso dizendo que ajudaria os estudantes "a ter presença de espírito para liderar um comando imediatamente e sem reflexão prévia".

Como seu discurso escolar de 1810 revela, Hegel privilegiava o "comportamento calmo, o hábito da atenção contínua, o respeito e a obediência aos professores". Isso refletia sua admiração pela disciplina imposta na sala de aula por Pitágoras, que exigia que seus pupilos se mantivessem em total silêncio durante os primeiros quatro anos de estudo.

No entanto, também escreveu que os professores não deveriam "induzir nas crianças um sentimento de submissão e subserviência — fazer com que obedeçam à vontade alheia mesmo em assuntos sem importância —, exigir absoluta obediência pela obediência em si e por severidade obter o que na verdade pertence unicamente aos sentimentos de amor e reverência". Os estudantes não deveriam ser tratados como "um agrupamento de serviçais", nem ter a aparência ou o comportamento de tais pessoas. "Educação para a independência requer que os jovens sejam acostumados desde cedo a consultar o próprio senso de propriedade e a própria razão."

Resumindo essa (apropriadamente dialética) ambivalência, observa que "considerar o estudo mera receptividade e obra de memorização é apresentar uma visão das mais incompletas sobre o que a instrução significa. Por outro lado, concentrar a atenção sobre as reflexões e os raciocínios originais dos alunos é algo igualmente parcial e deveria ser evitado com ainda mais cuidado".

Alguns filósofos são mais interessantes quando falam do que quando escrevem e alguns são mais interessantes no papel do que na vida real. Hegel não condiz com qualquer dessas categorias. É enfadonho em ambos os aspectos. Um de seus alunos recorda suas palestras deste modo:

> Ali ele sentava-se, com um ar tranquilo e um tanto taciturno, e, enquanto falava, ficava virando de um lado a outro as folhas de seu extenso manuscrito infólio; um pigarro e uma tosse constantes perturbavam o fluxo invariável da fala; cada proposição se sobressaía isolada em si mesma e parecia forçar seu caminho de saída toda quebrada e distorcida; toda palavra, toda sílaba era, por assim dizer, liberada com relutância, recebendo do ressoar metálico do grosseiro dialeto suábio uma estranha ênfase, como se fosse a coisa mais importante a ser dita.

Teria sido difícil ir ouvi-lo. Por outro lado, seus escritos também são notórios como um trabalho pesado[2] e certamente ele é ambicioso no âmbito de assuntos que tenta abranger. Schopenhauer acusou-o de exercer "não apenas a filosofia, mas todas as formas de literatura germânica, uma devastadora ou, falando de maneira mais estrita, uma entorpecedora, poder-se-ia até mesmo dizer, uma pestilencial influência".

Sua primeira e mais admirada obra foi A *fenomenologia do espírito* (às vezes traduzido como "mente"), já mencionada. Outras, durante sua vida, incluíram a *Enciclopédia das ciências filosóficas*, a *Ciência da lógica* e a *Filosofia do direito*. De tudo isso, o aspecto mais notável é seu uso da antiga técnica chamada "dialética". Platão, por exemplo, usa-a na forma de argumentos entre duas pessoas com posições opostas, antes de sugerir uma posição conciliadora — que então é também desafiada. Hegel brande a dialética em resposta a uma gama de questões sociais, incluindo aquelas concernentes à família, em que a contradição entre homem e mulher é superada pela produção de uma criança. Entretanto, o mais famoso emprego de Hegel é um sistema para o entendimento da história da filosofia e do mundo em si. Sua alegação é que a história é uma série de momentos que evoluem sucessivamente dos conflitos inerentes aos anteriores.

Para Hegel, a origem da sociedade está no primeiro conflito entre dois seres humanos, uma "batalha sangrenta" em que cada um buscava fazer com que o outro o reconhecesse como senhor e aceitasse o papel de escravo. É o medo da morte que força uma parte da humanidade a submeter-se a outra, e a sociedade é a partir de então perpetuamente dividida em duas classes: senhores e escravos. Hegel não considera o possível conflito entre homens e mulheres na sua teoria. Acha que as mulheres não são parte do conflito sangrento, mas "naturalmente" servas dos homens, com a contradição resolvida como descrito acima. (O próprio Hegel tinha uma ligação ilícita com sua senhoria e teve um filho com ela. Mais tarde "legitimou" a criança como sua, embora não tenha se casado com a mãe.)

Para Hegel, e este é o ponto em que os marxistas mais tarde discordariam dele, não é a necessidade material que move uma classe a oprimir a outra — é um conflito nascido unicamente do desejo peculiarmente humano de exercer poder uns sobre os outros. Mas Hegel, ao contrário de Thomas Hobbes, aprova tal motivação e chama-a de "desejo de reconhecimento". A luta envolve o risco da destruição pessoal, mas esse é o verdadeiro caminho rumo à "liberdade". Por isso a Revolução Francesa foi movida pela aspiração à "liberdade" e à "igualdade", mas foi também acompanhada (e depois consumida) por um terror brutal. Dessa contradição, porém, concluiu Hegel, emerge um novo tipo de Estado: pela primeira vez, o Estado em que o poder do governo racional se combina com os ideais de liberdade e igualdade.

Na esteira da destruição da Segunda Guerra Mundial, enquanto Stalin e Hitler, ou o comunismo e o fascismo, ou mesmo os jovens hegelianos e os neo-hegelianos, entraram em choque, o filósofo da ciência Karl Popper escreveu um feroz ataque contra todos os indivíduos "totalitários", em seu livro *A sociedade aberta e seus inimigos*. Mas de todos os capítulos é aquele que trata de Hegel o mais vituperativo. Popper fustigou Hegel como uma fraude que oculta seu vazio por trás de um estilo pomposo e obscuro. Diz que a filosofia de Hegel é motivada por um desejo de agradar seu empregador, o reacionário monarca prussiano, com a finalidade de ganhar, em troca, posição, prestígio e influência. Popper entrelaça excertos de Hegel para compor o quadro de uma filosofia realmente odiosa.

Hegel, diz Popper, representa o "elo perdido" entre Platão e as formas modernas de totalitarismo, com sua adoração ao Estado, à história e à nação. A doutrina diz que o Estado é tudo e o indivíduo é nada. "O Estado é a Ideia Divina como ela existe sobre a terra... Devemos, portanto, adorar o Estado como manifestação do Divino sobre a terra e considerar que se é difícil compreender a Natureza, é infinitamente mais difícil apreender a essência do Estado... O Estado é a marcha de Deus através do mundo."

Muitos filósofos negligenciaram os alertas incessantemente repetidos de Schopenhauer, diz Popper; "Eles os negligenciaram nem tanto para próprio perigo (pois não se saíram mal), mas para pôr em risco aqueles a quem lecionavam e a humanidade." Mas, afinal, Popper não apreciava o papel desempenhado por um diretor escolar. Trata-se de se postar diante dos alunos reunidos todas as manhãs, cantar algumas canções entusiásticas e inspirar a todos. "Nossa escola é tudo! Deveríamos louvar nossa escola como a manifestação do Divino sobre a terra e entender que ela é a marcha de Deus sobre o mundo!"

Ao contrário, Popper se pergunta como uma pessoa tão desprezível quanto Hegel pode ter exercido tamanha influência. Ele acha que isso pode ter algo a ver com o desejo dos filósofos de reter em torno de si algo de uma atmosfera não apenas de mistério, mas também de mágica. Ele recorda que "a filosofia é considerada uma coisa tão estranha e obscura, tratando de mistérios dos quais se ocupa a religião", mas não de um modo que possa ser revelado ao não iniciado entre "as pessoas comuns"; ela é considerada "profunda demais para tal", sendo em vez disso uma propriedade, uma "religião e teologia dos intelectuais, dos eruditos e sábios".

E por isso o caso de Hegel mostra com quanta facilidade um "palhaço pode fazer a história", como afirma Popper. Os marxistas reinterpretaram a gloriosa "guerra das nações" de Hegel como uma luta de classes, os fascistas buscaram a guerra das raças. A única coisa que Hegel exigiu foi o patronato dos poderosos para providenciar-lhe um púlpito oficial, um posto numa universidade.

Como um exemplo desse modo de filosofar obediente e patrocinado pelo Estado, Popper oferece o argumento de Hegel pela "iniquidade diante da lei". Esse diz que sim, os cidadãos são iguais perante a lei, mas que essa igualdade se aplica apenas a questões nas quais "eles são iguais também fora do domínio da lei." Acrescenta: "Só aquela igualdade que eles têm quanto à propriedade, a idade *et cetera* pode merecer igual tratamento perante a lei". De fato, o Estado amadurecido cria e impinge a desigualdade entre as várias classes. Tudo isso tem também muito do modo de dirigir uma boa escola — os monitores não seguem as mesmas regras que os demais garotos; a classe dos caxias janta separadamente dos burros...

Na verdade, Hegel explica que fundamentalmente todas as relações podem ser expressas em termos de mestre e escravo. Para as nações, do mesmo modo, a escolha é se imporem no palco mundial — ou serem escravizadas.

De forma semelhante, Hegel rejeita a noção democrática de que as liberdades individuais deveriam ser limitadas unicamente quando o seu exercício afetasse adversamente os outros e acrescenta que a verdadeira liberdade é alcançada quando se permite que "o espírito do Estado" reine livremente. E o espírito do Estado se resume na forma de "uma totalidade orgânica, o poder soberano", uma "unidade que tudo mantém e tudo decide" — ou seja, o monarca. A constituição monárquica é, portanto, "a constituição da razão desenvolvida; e todas as outras constituições pertencem aos graus mais baixos do desenvolvimento e da autorrealização da razão", anuncia. Depois oferece um exemplo.

"No palco da história universal, sobre o qual podemos observá-lo e apreendê-lo, o Espírito se mostra em sua mais concreta realidade." E de fato a realidade concreta é o monarca prussiano. "O Espírito germânico é o espírito do novo mundo. Seu objetivo é a realização da verdade absoluta como a autodeterminação ilimitada da liberdade." Acrescenta que essa liberdade, esse espírito germânico, "tem sua própria forma absoluta e seu propósito".

Hegel se opõe a todos os obstáculos a esse espírito germânico em ascensão, tais como organizações internacionais com a incumbência de prevenir conflitos, explicando na *Filosofia do direito* que a guerra é crucial: "Assim como o soprar dos ventos preserva o mar da sujeira que seria o resultado de uma calmaria prolongada, assim também a corrupção das nações seria o resultado da paz prolongada, que dirá da 'perpétua.'"

Em 1831, a cólera tornou-se epidêmica em Berlim e Schopenhauer, colega e inimigo intelectual de Hegel, apesar de famoso por seu pessimismo, ou talvez por isso, trocou rapidamente a cidade pelos climas mais saudáveis da Itália. Por isso, sobreviveu. Hegel ficou — talvez em função de sua preferência pela própria nação — contraiu a doença e morreu.

Pomposas notas finais

[1] Na capa de sua *Introdução à ética prática*, que causou previsível polêmica na Alemanha por conta de sua defesa da eutanásia para bebês com deficiências físicas, o dr. Singer veste uma camisa negra.

[2] Em seu livro *As origens do totalitarismo*, Hannah Arendt recorda (com simpatia) uma anedota sobre os últimos momentos de Hegel. No leito de morte, suas misteriosas últimas palavras supostamente teriam sido: "Ninguém me entendeu — exceto um, mas esse também me entendeu erradamente."

Capítulo 20

Arthur Schopenhauer e a velhinha (1788-1860)

"O evangelho de resignação de Schopenhauer não é muito consistente nem muito sincero... Ele concordou com a tese de que o que geralmente passa por conhecimento pertence ao reino de *Maya*, mas quando perfuramos o véu não vemos Deus, mas Satã, a perversa vontade onipotente, perpetuamente ocupada em tecer uma rede de sofrimento para torturar suas criaturas. Aterrorizado pela visão diabólica, o sábio responde 'Vade-retro!' e busca refúgio na inexistência. *É um insulto aos místicos declará-los crentes dessa mitologia...*"

Assim diz Bertrand Russell na *História da filosofia ocidental*. Mas essa não é a única coisa que o professor Russell tem contra ele:

> Tampouco a doutrina é sincera, se a pudermos julgar pela vida de Schopenhauer. Ele habitualmente jantava bem, num bom restaurante: tinha muitos casos amorosos triviais, que eram sensuais mas não apaixonados: era excessivamente irascível e geralmente avarento. Certa ocasião ficou irritado com uma velha costureira que estava conversando com uma amiga do lado de fora da porta de seu apartamento. Atirou-a

escada abaixo, causando-lhe sequelas permanentes. Ela obteve uma ordem judicial obrigando-o a pagar-lhe certa soma trimestralmente enquanto ela vivesse. Quando por fim ela morreu, depois de 20 anos, ele anotou em seu livro contábil: *obit anus, abit onus* ("morre a velha, vai-se a carga").

O caso filosófico

Arthur Schopenhauer não é, geralmente, tido na conta de um dos filósofos verdadeiramente grandes — às vezes nem mesmo na dos grandes filósofos alemães. Apesar de sua indubitável influência sobre Sigmund Freud, Friedrich Nietzsche e mesmo Ludwig Wittgenstein, há mais interesse em perguntar por que empurrou a velha senhora escada abaixo do que em todas as suas teorias. Ele espreita nas sombras não apenas de seus celebrados contemporâneos, os professores Hegel e Kant, mas também nas de Marx e Nietzsche.[1] Na verdade, é às vezes lembrado apenas por seus extensos e cáusticos ataques contra a filosofia acadêmica, sintetizada pelo detestado Hegel. Esse homem, "instalado por cima, pelos poderosos, na condição de grande filósofo juramentado", era na realidade

> um charlatão cabeça-dura, insípido, nauseabundo e iletrado, que alcançou o pináculo da arrogância ao rabiscar e servir à mesa o mais louco absurdo mistificatório.

E, acrescenta Schopenhauer, como "governos fazem da filosofia um meio de servir a seus interesses de Estado, e eruditos fazem disso um comércio", por isso Hegel foi pago pelo monarca da Prússia para aplicar seu "conto do vigário" diante de uma "plateia de tolos". Desse modo, Schopenhauer consegue combinar seu rótulo favorito contra outros filósofos com uma crítica ao público em geral e também aos poderosos, demonstrando aquele considerável talento para o insulto que ajuda a explicar por que esse mais original dos pensadores tem sido em grande medida confinado a uma figuração na *performance* teatral que é a filosofia.

Schopenhauer nasceu numa cidade portuária no que hoje se chama Polônia, filho de um rico negociante, Heinrich Floris Schopenhauer. Heinrich era um anglófilo que pretendia que Arthur (assim chamado, esperava-se, para convencê-lo a seguir carreira nos negócios) nascesse em Londres, mas sua mulher, Johanna Troisner, ficou doente e eles tiveram de voltar para casa. Schopenhauer nasceu, em vez disso, em Gdansk. Para compensar, Heinrich mandou o filho para um internato em Wimbledon por alguns meses (o que ele odiou) e fez uma assinatura do *Times* londrino. Quando Schopenhauer tinha 17 anos, foi mandado para uma escola de administração em Hamburgo.

Pouco depois disso, o pai atirou-se no rio, aparentemente porque seus negócios haviam naufragado. Schopenhauer ficou arrasado e parece ter culpado a mãe, uma glamourosa *socialite* uns 20 anos mais jovem do que o marido. No entanto, apesar dos pensamentos sombrios de Schopenhauer, ela continuou indo de vento em popa, ganhando uma reputação considerável como escritora de romances populares. Por meio dela Schopenhauer foi apresentado a muitos dos grandes escritores da Alemanha da época, incluindo Goethe, Schlegel e os Irmãos Grimm — assim como à própria arte da escrita.

Mas o tema escolhido por Schopenhauer ocorreu-lhe apenas alguns anos depois, quando estava na universidade, em Berlim. Foi ali que pela primeira vez chegou à conclusão de que a maior parte do que se passava por filosofia na época era pura "balela". Depois de frequentar as célebres preleções de Johan Fichte (1762-1814) durante dois anos, viu subitamente que o homem era um charlatão. Em seu último livro, *Parerga e Paralipomena* (1851), explica sua descoberta: "Fichte, Schelling e Hegel, na minha opinião, não são filósofos, pois carecem do primeiro requisito de um filósofo, a saber, seriedade e honestidade investigativa. São meros sofistas que quiseram parecer, em vez de ser, algo. Buscaram não a verdade, mas os próprios interesses e proveitos."

Por comparação, parecia-lhe ter uma mensagem muito mais importante do que a de qualquer dos contemporâneos. Começou a ver-se a como uma espécie de criptógrafo metafísico que havia encontrado por acaso a chave para compreender o universo; e a chave era esta: cada indivíduo — não apenas alguma suposta elite filosófica — já está em contato com a realidade última subjacente. Não tocando-a apenas experimental ou contemplativamente, mas direta e ativamente. Somos todos marionetes remexendo-se e dançando conforme os caprichos da realidade.

O mundo como vontade e representação foi o produto final dessa percepção, escrito em estilo não acadêmico, com um tom irônico e aristocrático. De fato, com idade avançada, Schopenhauer tentou viver como aristocrata, adotando com constrangimento uma existência ociosa de "grande pensador". Como Kant, a quem admirava, vestia-se de maneira ultrapassada, comia em horários estritamente regulares e fazia uma caminhada diária, no seu caso, em companhia de sua adorada poodle Atma. Excetuando-se visitas ocasionais ao teatro e a leitura de jornais na biblioteca pública, era o modelo de um erudito recluso. Como expressou quando foi contestado sobre o motivo de abandonar a carreira de negócios que os pais haviam planejado para ele: "A vida é uma questão difícil; resolvi passar a minha pensando sobre ela."

E isso foi o que ele descobriu: "vontade", "instinto", "desejo", chame como você, ãhn, desejar, é a força básica. A vida é desprovida de sentido, pois o nascimento conduz à morte, e o único propósito da atividade que há entre ambos parece ser produzir rebentos que possam assim repetir o ciclo. Nada há por trás disso — nenhuma estratégia, nenhuma razão, nenhum propósito. Não apenas está fora do espaço e do tempo, mas é o que cria tais regularidades, tais "aparências". É primitiva, arrasta a percepção diante de si, determina nossos conceitos, dita todas as ações. Conduz até mesmo a evolução, e não o contrário, como Darwin teria afirmado. Animais refletem suas vontades em suas formas — o tímido coelho por suas orelhas longas, sempre prontas a detectar o mais leve sopro de perigo. O bico e as garras cruéis do falcão refletem seu permanente desejo de rasgar outras criaturas ao meio. Somos como tantas efemérides, criadas num dia, mortas no dia seguinte, deixando apenas os nossos ovos. A natureza vê mais utilidade nas espécies do que nos indivíduos, mas as espécies também devem vir e partir como parte do ciclo mais amplo.

A vontade é também irracional; pode criar razões, mas não é de modo algum atada a elas. A vontade de viver e a de procriar são irracionais, não obedecem a regras e não aceitam lógica. Para demonstrar isso, Schopenhauer descreve a horrível história da formiga australiana, repulsivo exemplo de seu gênero, que, quando decapitada, se transforma em duas grotescas máquinas de guerra — a cabeça tentará morder o tórax, que procurará ferroar a outra até a morte.

Schopenhauer escreve, como diz Russell, sobre a necessidade de penetrar o "véu de Maya" com a finalidade de enxergar a realidade comum da "vontade", que é parte do *Maharakya,* ou "Grande Mundo", sabedoria hindu. É um dos pouquíssimos filósofos europeus a vincular seu trabalho igualmente a obras orientais e ocidentais, motivo pelo qual, além de chamar sua poodle de Atma em homenagem à força vital ou alma hindu, seu estúdio continha, com o costumeiro busto de Kant, e menos costumeiros retratos de amigos caninos, um Buda dourado sobre um pedestal de mármore. Sua biblioteca incluía textos sagrados hindus, que denominava "os consolos de minha vida". Schopenhauer partilhava da visão dos budistas de que o sofrimento é a norma, e a felicidade, a exceção. E do budismo veio também sua solução: o nada. O nada é exatamente o melhor que se pode obter. É o significado literal de "nirvana".

Em *O vazio da existência*, explica:

> A vanidade da existência se revela em todas as formas que assume: na infinitude do tempo e do espaço em contraste com a finitude do indivíduo em ambos; no presente fugaz como a única forma que existe de fato; na contingência e relatividade de todas as coisas em contínuo tornar-se sem ser; no contínuo desejo sem satisfação; na perpétua frustração da batalha em que consiste a vida. O tempo e essa probabilidade de que todas as coisas sejam transitórias que o próprio tempo acarreta é simplesmente a forma pela qual a vontade de viver, que enquanto coisa em si é imperecível, revela a si própria a futilidade do seu empenho. *O tempo é aquilo por que todas as coisas se tornam nada em nossas mãos e perdem todo real valor.*

Foi apenas a segunda edição de *O mundo como vontade e representação* (em 1844) que acabou recebida com alguma apreciação. Até então, Schopenhauer fora conhecido em Frankfurt principalmente como o filho da celebrada Johanna; agora passara a ter um séquito que, se inicialmente de número reduzido, era suficientemente entusiástico para compensar isso. Artistas pintaram seu retrato; um busto dele foi esculpido por Elizabeth Ney. Na edição de abril de 1853 da *Westminster Review*, John Oxenford anunciou, num artigo intitulado *Iconoclastia na filosofia alemã*, a chegada de Schopenhauer como escritor e pensador. Um de seus mais entusiasmados admiradores alemães foi Richard Wagner, que, em 1854, mandou-lhe um exemplar de sua *Der Ring der Nibelungen* com a inscrição: "Com admiração e agradecimento".

Anos mais tarde, Friedrich Nietzsche encontraria um exemplar de *Die Welt als Wille und Vorstellung* num sebo e foi incapaz de largar o livro antes de tê-lo terminado. Em Londres, Sigmund Freud estudaria a descrição de Schopenhauer da primitiva "vontade de viver" e do "impulso sexual" com avidez, antes de esboçar sua própria teorização da "pulsão de vida" e do papel central da "libido" na vida humana.

Mas, inicialmente, ninguém se interessou por Schopenhauer, que dirá por sua filosofia da existência. Apesar da celebridade da mãe, teve dificuldades até para convencer alguém a imprimir umas poucas centenas de exemplares. Depois de uma série de adiamentos para obter a primeira publicação, Schopenhauer escreveu uma de suas características cartas insultuosas ao editor, que respondeu friamente "que tinha o dever de declinar de qualquer correspondência posterior com alguém cujas cartas, em sua divina grosseria e rusticidade, cheirava mais a um cocheiro do que a um filósofo" e encerrou comprometendo-se a publicá-la unicamente com a esperança de que "meus temores de que a obra não sirva para mais nada além de desperdiçar papel possam não se tornar realidade..."

De fato, o livro foi amplamente ignorado e, apesar de tão pequena tiragem ter sido impressa, 16 anos depois a maioria dos exemplares acabou como papel descartado. No entanto, diante de seu desejo generalizado de aprovação, Schopenhauer conseguiu algumas migalhas como consolo. A irmã escreveu-lhe dizendo que Goethe "recebeu-a com grande júbilo, separou imediatamente as páginas do grosso volume e começou instantaneamente a lê-lo. Uma hora mais tarde me mandou um bilhete dizendo que lhe agradecia muito e achava o livro inteiramente bom. Sublinhou as passagens mais importantes, leu-as para nós e ficou muito deliciado... Você foi o único autor a quem Goethe chegou a ler com seriedade, parece-me, e eu estou exultante".

Ainda assim, num prefácio caracteristicamente amargo, ainda que pretensioso, à segunda edição, Schopenhauer dedicaria o livro "não aos meus contemporâneos, não aos meus compatriotas — à humanidade empenho minha obra agora completa, com a confiança de que ela não lhe será destituída de valor, ainda que esse deva ser reconhecido tardiamente, como é comumente o que cabe ao que é bom".

(Schopenhauer) Agarrando o bastão com uma das mãos, e a costureira pela cintura, ele tentou forçá-la a se afastar dos seus aposentos.

Certo, certo, mas afinal Schopenhauer realmente atirou a velhinha escada abaixo?

Nós nos reportamos ao que se conhece, ao menos nos círculos legais, como o caso Marquet.

Parece que, ao voltar para casa certo dia, Schopenhauer encontrou três espécimes daquela (que ele considerava) repulsiva subespécie, as mulheres, fofocando do lado de fora de sua porta. Uma delas era uma costureira, Caroline Luise Marquet, que ocupava outro quarto da casa. Schopenhauer, que tinha opiniões enérgicas sobre o "barulho" (as quais havia demonstrado num esforço literário não muito reconhecido intitulado *Sobre o ruído*), "desejou" que elas fossem embora e de fato instruiu-as para que fizessem isso — mas elas se recusaram. Schopenhauer então foi até o quarto e voltou com um bastão. Agarrando a costureira pela cintura, tentou forçá-la a se afastar dos seus aposentos. Ela gritou, Schopenhauer a empurrou — e a mulher caiu.

Parece bem ruim para Schopenhauer. Mas, curiosamente, quando a sra. Marquet moveu uma ação contra ele por danos, alegando que a havia chutado e espancado, Schopenhauer conseguiu convencer a corte de que tudo o que havia acontecido (e admitiu ter usado a força) foi justificado. A corte rejeitou o caso. Só mais tarde, quando ela apelou contra a sentença e ele se recusou a testemunhar em sua defesa, Schopenhauer foi multado. Anos depois, em maio de 1825, uma sra. Marquet idosa retornou à corte uma terceira vez, então dizendo que os eventos haviam feito com que padecesse de febres e que havia perdido a força de um dos braços. Pediu, e foi atendida, uma pensão mensal como compensação.

Então, que espécie de ser humano era o grande filósofo? Schopenhauer teve vários relacionamentos e um filho ilegítimo, a quem ignorou e que morreu jovem por negligência. Enquanto estava na universidade, apaixonou-se por uma certa Karoline Jagermann, a amante do duque de Weimar, mas ela não gostou dele. O mais sério caso amoroso que teve foi com uma atriz mais jovem, Caroline Richter, que já tinha um filho. Mas, de qualquer forma, Schopenhauer nunca pretendeu casar-se com ela. Em seus escritos, zomba que o casamento é um débito, contraído na juventude e pago na velhice. Não fosse assim, todos os verdadeiros filósofos não teriam sido celibatários — Descartes, Leibniz, Malebranche, Spinoza e Kant —, opina.

Parece ter tido um temperamento difícil, como diz Russell, e passado grande parte da vida em frio e taciturno silêncio com a mãe e a irmã, particularmente depois que elas administraram mal (na opinião dele) os negócios da família. Ainda assim, a perda de controle no patamar da escada parece ter refletido, de maneira infeliz, a verdade central de sua filosofia, a "vontade" irracional que nos move.

É em grande parte graças a ele que nos dias de hoje o "gene egoísta" é constantemente demonstrado por eruditos e cientistas como Richard Dawkins, que a "vontade de poder" figura com destaque nos desvarios iconoclastas de Nietzsche e até a noção (encapsulada no título do livro de Schopenhauer) de um mundo criado pela "vontade" foi reenvasada e transplantada para os jardins ornamentais do existencialismo.

Mas isso não significa dizer que sua contribuição é apreciada. Longe disso. Ao contrário, sua originalidade se perdeu e foi esquecida. Merecidamente, de fato. Pois, como expressa em *O mundo como vontade e representação*:

> A terra gira do dia para a noite; o indivíduo morre; mas o sol arde sem intermissão, um meio-dia eterno. A vida é certa para a vontade-de-viver; as formas de vida são um presente eterno. De nada importa que os indivíduos, o fenômeno da Ideia, surjam e se apaguem no tempo, como sonhos fugidios.

Pomposa nota final

[1] O fato de ter nascido em 1788 lançou Schopenhauer no meio de uma era particularmente frutífera para a filosofia alemã. Seus inimigos eram mais velhos e melhores do que ele: Immanuel Kant (1724-1804), Georg Hegel (1770-1831) e Johann Fichte (1762-1814). Søren Kierkegaard (1813-55), na Dinamarca, Friedrich Nietzsche (1844-1900) e Karl Marx (1818-83) eram seus inferiores mais jovens.

• • •

VII

Os Românticos

Capítulo 21

A sedução de Søren Kierkegaard (1813-1855)

Søren Aabye Kierkegaard nasceu em Copenhague, Dinamarca, a 5 de maio de 1813. Na "carta do jovem esteta", que faz parte de *Temor e tremor*, uma de suas obras estranhas e multifacetadas, recorda a ocasião:

> Estiquei meu dedo para dentro da existência — ela não tinha cheiro de algo. Onde estou? O que é esta coisa chamada mundo? Quem me atraiu para dentro da coisa e agora me deixa aqui? Quem sou eu? Como vim ao mundo? *Por que não fui consultado?*

O caso filosófico

É uma boa pergunta e uma das que contribuíram para a sua reputação de "pai do existencialismo". Mas, consultado ou não, Kierkegaard nasceu e cresceu num abastado, porém severo, lar protestante. O pai, Michael, gostava de se delongar à mesa de jantar sobre os sofrimentos de Jesus e dos mártires, e a vida familiar foi pontuada por lições sobre "obediência" retiradas da Bíblia, como aquela contida na história de Abraão. Os cristãos irão saber que Abraão foi o pai devotado instruído por Deus a sacrificar não meramente alguns animais estúpidos, mas o único filho, e estava prestes a fazê-lo quando, no último minuto, recebeu a dispensa divina para não cometer tal coisa. Exatamente como isso se encaixava na rotina da família Kierkegaard não está claro, mas parece um tanto nefasto...

Mas afinal, os Kierkegaard eram todos membros da igreja morávia, um culto um tanto depressivo com base na Alemanha que acreditava, entre outras coisas, que o desfrutar do sexo era pecaminoso e que os homens deveriam receber em casamento parceiras designadas por loteria.

Apesar de ser tão devoto, dizia-se que o pai de Kierkegaard carregava o peso da culpa por ter praguejado contra Deus quando era um jovem pastor, num dia particularmente úmido nas colinas fustigadas pela chuva da Jutlândia. Sua devoção religiosa crescia a cada ano, enquanto tentava combater o que entendia como "a praga" por meio da fé. Acreditava que, por causa desse lapso, Deus o estava punindo. Particularmente, pensava que seus filhos morreriam antes dele e tinha certeza de que nenhum chegaria aos 34 anos, sendo essa a idade em que supostamente Jesus morreu. Kierkegaard escreve com admiração e temor sobre o pai, com sua austera preocupação com a morte, mas também às vezes sentindo que sua "insanidade" estava contaminando a família. Como, de acordo com Platão, é só com 35 anos que um filósofo pode começar a produzir suas melhores ideias, naturalmente esse vaticínio de uma morte precoce lançava uma grande sombra sobre os jovens Kierkegaard.

E durante anos a lúgubre previsão parecia estar sendo cumprida. O primeiro dos que seriam dois Søren morreu num acidente num parquinho de diversões aos 12 anos e uma irmã, Maren, morreu aos 25 de uma doença desconhecida. Foi logo seguida pelas outras duas filhas, Nicoline e Petrea, ambas com 33 anos e ambas durante o parto.

Outro filho, Niels, escapou para a América, mas morreu lá com 24 anos. O irmão mais velho, Peter, embora tenha sobrevivido, perdeu a mulher, Elise. De fato, além de Peter, apenas Kierkegaard conseguiu derrotar a profecia, vivendo para ver seu 35º aniversário.

Alguns críticos se perguntaram por que Michael tinha tanta certeza de que praguejar contra Deus ocasionaria uma punição tão extrema. Não seria certamente necessário um pecado muito pior do que uma "blasfêmia juvenil" para exigir o preço de tantas vidas jovens? Não a blasfêmia, mas talvez desposar uma mulher por dinheiro antes do que por qualquer outro motivo, apressar seu caminho para a sepultura apenas dois anos depois e em seguida ter um bebê ilegítimo com a criada? Tais especulações obviamente não poderiam ser mais irrelevantes para o caso do pai de Kierkegaard, que como luterano devoto valorizava a ordem e a autodisciplina acima de tudo. Ou pelo menos é o que os estudiosos nos dizem.

Ainda assim, a primeira mulher de Michael, Kristine, era rica, já tinha 36 anos quando eles se casaram e evidentemente falhou em produzir algum filho. Depois de apenas dois anos de casamento, morreu de pneumonia. O epitáfio registra apenas de maneira concisa que está enterrada ali, "sob esta lápide que seu marido dedicou à sua memória". A dedicatória à segunda mulher de Michael, Ane, que era de fato a criada da família quando ficou grávida, porém, é mais efusiva. Essa declara que ela "Retornou ao lar do Senhor", mas será "amada e pranteada por seus filhos e amigos, mas especialmente por seu velho marido". Parece que ou Michael preferia sua segunda, e mais jovem, mulher ou que ao longo dos anos ele por algum motivo se abrandou.

Mas Ane teria sido mais condizente com Michael. Tanto ele quanto os filhos consideravam que as mulheres eram essencialmente servas domésticas, com especial responsabilidade para a produção de bebês, e a propósito os deveres das irmãs de Kierkegaard incluíam cuidar dos irmãos. O tratamento dado às garotas era extremo até mesmo para os padrões da época e ocasionou protestos de um certo conselheiro Boeson, um amigo da família.

Mas tais arranjos domésticos enfadonhos não parecem ter preocupado Kierkegaard. Em seus livros, oferece longas discussões sobre o pai, mas não faz menção alguma sobre a mãe ou as irmãs. Em vez disso, como o pai, está preocupado diretamente com Deus.

Esse foi o período do que hoje é recordado carinhosamente como a Era de Ouro na Dinamarca. Copenhague foi devastada por incêndios duas vezes na década de 1790, em 1801 o país perdeu toda a sua frota, em 1807 foi bombardeada por mar pelos ingleses e em 1813 a Casa da Moeda nacional foi à falência.

Mas pelo menos houve um grande "florescimento" das artes ali, e foi indubitavelmente uma era de fertilidade científica, artística e literária. Isso apesar de, ou talvez em consequência de, o país estar também passando por um período de conflito social. As certezas da sociedade feudal baseada em senhores encerrados em suas mansões e camponeses trabalhando nos campos estavam dando lugar a outras mais complexas, em que ricos comerciantes e artesãos habilidosos desafiavam as hierarquias sociais. Michael era exatamente um desses casos. Sendo o mais jovem da família, sem perspectiva de herança, teve de deixar a empobrecida Jutlândia rural para se tornar aprendiz do tio em Copenhague. Mas, uma vez lá, rapidamente conseguiu uma pequena fortuna e, com ela, uma nova situação social.

Apesar disso, tanto Michael quanto o filho Kierkegaard foram extremamente críticos das mudanças na sociedade e consideravam que sérios valores, sérios compromissos, estavam sendo trivializados ou perdidos. A superficialidade da "nova Dinamarca" foi exemplificada por Kierkegaard por um novo parque de diversões estabelecido em Copenhague. Ali, *peep shows*, um museu de cera, truques visuais como dioramas, exibições de fogos de artifício e até agradáveis jardins apresentaram-se a ele como um modo de vida frívolo, superficial e irreligioso.

Pois até quando garoto Kierkegaard era muito sério. Na escola fundamental de elite de Copenhague, a Escola de Virtudes Cívicas, ou Borgerdyskolen, foi apelidado de "o Forcado", pois gostava de espetar os colegas de classe em discussões e expor inconsistências em seus argumentos.

Mais tarde, seus interesses foram além de meras vitórias em discussões e ele passou a desempenhar um papel no mundo literário, particularmente com a adesão ao círculo literário de uma das mais célebres figuras de toda Copenhague, um certo J.L. Heiberg. O sr. Heiberg era também um filósofo e havia sido responsável por introduzir a filosofia de Hegel na Dinamarca. Como se isso não bastasse, era o mais famoso dramaturgo dinamarquês daquele tempo, ocupando o posto de diretor do Teatro Real, era casado com uma famosa e bela atriz e patrocinava *o* mais refinado salão literário em Copenhague. Como Kierkegaard o invejava! Todos os seus esforços foram conduzidos pela necessidade de ser convidado para esse círculo encantador.

Ou quase todos. Foi por volta dessa época que Kierkegaard ficou comprometido com uma certa Regine Olsen, a quem conheceu quando ela tinha apenas 14 anos. "O casamento é e continua sendo a mais importante viagem de descobertas por que um ser humano pode passar", explica, em *Estágios no caminho da vida*. Regine tornou-se um tema chave de grande parte de seus escritos subsequentes, mas de maneira muito positiva. Como Kierkegaard expressa, nas palavras de Johannes, o Sedutor, um de seus muitos pseudônimos, "poetizar-se ao encontro de uma jovem garota é uma arte; poetizar-se ao afastar-se dela é uma obra-prima". Mais tarde, no *Diário de um sedutor*, em *Ou isso ou aquilo*, escreveu:

> O despertar do desejo sexual na adolescência faz com que nossa felicidade resida fora de nós mesmos e torna sua gratificação subordinada ao exercício da liberdade de outrem. A atração sexual nos enche de intenso deleite, mas também

do temor da responsabilidade. A ansiedade é essa oscilação ambivalente entre fascínio e medo.

Portanto, Regine tinha de partir, mas, em vez de declarar o fim do noivado, Kierkegaard passou a humilhá-la em público na esperança de que *ela* então terminasse o relacionamento. (Regine por fim se casou com um dos rivais de Kierkegaard, um professor que seguiu uma bem-sucedida, embora um tanto enfadonha, carreira de diplomata.) *Ou isso ou aquilo* tornou-se um sucesso imediato, principalmente devido aos aspectos mais picantes. A experiência com Regine disparou um jorro criativo de 20 livros no decorrer de um período de oito anos.

Mas Kierkegaard jamais conseguiu entrar para a cena literária. A frustração por ter fracassado em ganhar plena aceitação na corte de J.L. Heiberg por vezes conduziu-o, ao contrário, a círculos menos refinados: visitando bordéis e misturando-se a um grupo de bebedores, que incluía o em outras ocasiões muito tímido Hans Christian Andersen, que já se tornava um escritor célebre por seus contos de fadas. Kierkegaard apreciava ridicularizá-lo nesses encontros, mas os dois levaram igualmente a cabo um estranho tipo de correspondência. Também começou a contrair dívidas, e o pai teve de libertá-lo sob fiança repetidas vezes.

Seu ponto mais baixo chegou quando desafiou um periódico satírico chamado *O Corsário* a parodiá-lo, o que a publicação fez, de maneira muito habilidosa, retratando-o como uma figura excêntrica que caminhava a esmo por Copenhague, conversando com pessoas — e o que é pior, cujas calças eram muito curtas! Chocado e ofendido pela zombaria, Søren escreveu em seu diário: "Gênios são como trovões — seguem contra o vento, assustam as pessoas e purificam o ar."

Mas quando tinha 25 anos experimentou o que descreveu como uma súbita "alegria indescritível" e decidiu regenerar-se. Abandonou

(Kierkegaard) "Gênios são como trovões — eles seguem contra o vento, assustam as pessoas e purificam o ar."

as bebedeiras, reconciliou-se com o pai e publicou seu primeiro artigo, uma análise crítica de um romance de Hans Christian Andersen, chamado *Dentre os papéis de alguém que ainda vive*.

Mas é em *Ou isso ou aquilo* que Kierkegaard expõe sua nova compreensão, de que a nossa escolha essencial é entre a autogratificação sensual e a imersão altruística nas exigências da pureza e da virtude — a segunda das quais ele vê basicamente como o compromisso cristão. E a escolha não pode ser feita racionalmente; ela é "existencial" por natureza. O que isso significa? Bem, os existencialistas dizem que tais decisões definem e criam individualidades, as pessoas que as tomam não existem até que tenham feito a escolha. Desse modo, estão além do julgamento racional dos outros. Søren aplicou essa abordagem a Regine, criando o que todos os demais percebiam como uma elaborada série de humilhações públicas contra a jovem mulher, com a finalidade de "provocá-la" a terminar seu noivado. Mas, para Søren, ele estava criando o próximo Kierkegaard.

Sempre que decidimos suspender a ética, escreve egoisticamente, tais atos estarão necessariamente além da justificativa social e serão estritamente "inefáveis". Serão feitos em "temor e tremor" (título de outro de seus livros), uma vez que desafiam a virtude cívica e pairam à beira da loucura.

Comunicação indireta

Um dos traços distintivos da escrita de Kierkegaard é seu humor. *Pós-escrito final não científico às migalhas filosóficas* é um adendo de mais de 600 páginas ao pequeno livro *Migalhas filosóficas*, que tem menos de 50 páginas. Ambos foram escritos sob o pseudônimo Johannes Climacus, sendo isso característico do que Kierkegaard considera seu método de "comunicação indireta".

De acordo com Kierkegaard, a comunicação direta é uma "fraude" contra Deus, o autor e os leitores, porque está relacionada apenas ao pensamento objetivo, que não expressa adequadamente a importância da subjetividade. A comunicação indireta possibilita que os leitores introduzam os próprios pensamentos e formem uma relação pessoal com as ideias. De modo oposto, ser objetivo priva as pessoas do uso de suas paixões na área de seu interesse. O cristianismo, em particular, só pode ser apreciado quando abordado com paixão e introspecção, que são essencialmente subjetivas. A verdade de Hegel, em comparação, seu "processo contínuo do mundo histórico" é frio e implacável.

Por isso ele quebra seu texto em prefácios, prelúdios, explorações preliminares, interlúdios, pós-escritos, cartas ao leitor, intercalações por editores pseudonímicos de seções, divisões e subdivisões pseudonímicas, para se certificar de que não haja óbvios pontos de vista "autoritários", mas sim que o leitor seja forçado a fazer o próprio julgamento individual sobre o significado. (O leitor atento irá notar que este capítulo, numa piscadela para Kierkegaard, é também fragmentário e incompleto. Isso torna o estilo pobre e cansa o leitor que tem de deslindar as inter-relações — mas é um ótimo atalho para o escritor.)

E uma vez que os livros de Kierkegaard foram publicados por sua conta, recorrendo à sua herança, ele era de qualquer forma capaz de escrevê-los da maneira que desejasse — e ainda ter dinheiro suficiente para viver num confortável e espaçoso apartamento de seis aposentos com seu fiel criado Anders.

No *Pós-escrito final não científico*, Kierkegaard descreve a existência real como sendo semelhante a "cavalgar um garanhão selvagem", enquanto a "assim chamada existência" é como adormecer numa carroça de feno. Evidentemente inspirado por isso, um dia de trabalho típico para Kierkegaard consistia num período de "meditação" de manhã, seguido de redação até o meio-dia. À tarde, gostava de dar longas caminhadas, parando para conversar com qualquer um que lhe parecesse interessante no caminho, antes de voltar para casa com a noite já avançada. Então ficava acordado até tarde, escrevendo durante grande parte da noite. (Essa, provavelmente, era a parte do "garanhão"...)

As caminhadas através de Copenhague e seu fluxo contínuo de livros acabaram por torná-lo uma figura bastante pública, notado como crítico tanto da então popular filosofia hegeliana quanto da Igreja estatal.

Mas então esses dois inimigos se fundiram quando Hans Martensen, um velho rival dos tempos em que Kierkegaard frequentava a universidade e proeminente defensor da filosofia hegeliana, assumiu a liderança da Igreja da Dinamarca. Kierkegaard ficou furioso. Imediatamente lançou um ataque em grande escala contra o ramo cristão do novo bispo e ofereceu em lugar dele o seu próprio ponto de vista, dessa vez, apesar de suas teorias filosóficas sobre os benefícios semânticos, sem se ocultar por trás de pseudônimos. Esse e outros trabalhos tardios, como uma série de panfletos satíricos chamados *O instante*, foram populares e venderam bem — mas isso significa que custaram ainda mais dinheiro, pois as despesas de impressão se expandiam mais rapidamente do que qualquer faturamento. De fato, no dia em que Kierkegaard entrou em colapso na rua com o que seria sua doença fatal, estava no seu caminho de volta para casa após ter ido ao banco para sacar o que restava da herança.

Fiel aos princípios anticlericais, recusou-se a receber a extrema-unção no leito de morte e, além disso, o funeral foi interrompido por uma turba de manifestantes que se opunham à presença de um sacerdote — ainda que este fosse seu irmão. A cidade ignorou calculadamente o passamento e durante anos após sua morte as crianças de Copenhague não podiam ser batizadas como Søren, por causa da reputação terrível associada ao nome.

A obra de Kierkegaard foi amplamente ignorada ou esquecida. Isso até o século XX, quando suas ideias começaram a influenciar os existencialistas franceses, que acolheram e admiraram seu individualismo e antirracionalismo — e ignoraram completamente suas prioridades religiosas. Kierkegaard teria apreciado a ironia.

• • •

Capítulo 22

A virada poética de Mill (1806-1873)

John Stuart Mill é geralmente considerado "o mais eminente" dos filósofos britânicos do século XIX que propuseram e desenvolveram a teoria do *utilitarismo,* e comumente há consenso de que suas obras mais importantes são o *Sistema de lógica* (em dois volumes, 1843), os *Princípios de economia política* (1848), *A liberdade* (1859) e, é claro, *Utilitarismo* (1861). Mas nos seus primeiros anos algo terrível quase aconteceu. Karl Britton, escrevendo para o *Oxford Companion*, discretamente explica.

> [Tosse discretamente]: Com 20 anos, Mill sofreu uma "crise mental" seguida de um longo período de depressão, durante o qual encontrou consolo na poesia de Wordsworth. Durante a recuperação, reagiu por algum tempo contra as opiniões intelectuais e morais do pai e do círculo de amigos desse e entrou sob a influência de Coleridge, Carlyle e John Sterling. Em 1831, conheceu Harriet Taylor e os dois desenvolveram uma ligação apaixonada, que gradualmente passou a ser tolerada pelo marido dela, mas não pela maioria dos amigos.

> Parece que, no fim das contas, a influência da sra. Taylor ajudou a libertar Mill de suas inclinações coleridgianas.

Ótimo. Mas como Mill foi entrar em tamanha enrascada, em primeiro lugar? O caminho até ela, ao que parece, foi curto.

O caso filosófico

Mill nasceu em Londres e foi educado em casa pelo pai, James, que foi um filósofo ativo na promoção da teoria utilitarista (pode-se dizer, em parte um pregador utilitarista...). Sua infância consistiu em grego aos três anos, latim aos oito, lógica aos 12 — treinamento filosófico da melhor qualidade para criar, a partir da frágil mente humana, uma poderosa "máquina de raciocinar".

O plano havia sido incubado pelo pai e pelo padrinho secular, o grande racionalista científico e utilitarista sr. Bentham, famoso por projetar uma prisão — o Panóptico — em que todos são vigiados o tempo todo, e destinava-se a eliminar toda incerteza, nebulosidade, imprecisão e assim por diante.

Aos 18 anos, Mill estava preparado para começar a trabalhar na Companhia das Índias Ocidentais, com seu pai ascendendo em suas fileiras para se tornar o inspetor da empresa. A "crise mental" ocorreu apenas quatro anos depois. Infelizmente, Mill, então com 22 anos, havia se deparado com um livro de poemas de Wordsworth e decidiu tornar-se um tipo inteiramente diferente de pensador — mais um espírito filosófico do que uma máquina lógica.[1]

> O objeto da poesia é confessadamente agir sobre as emoções, e nesse sentido ela é suficientemente distinta do que Wordsworth afirma ser o seu oposto lógico, a saber... a praticidade ou a ciência. Uma se dirige à crença, a outra, aos sentimentos.

> Uma funciona por convencimento ou persuasão, a outra por comoção. Uma age apresentando uma proposta ao entendimento, a outra oferecendo objetos interessantes para a contemplação das sensibilidades. (O que é poesia?, in *Reflexões sobre a poesia e suas variedades* [1833].)

Mill chegou até a encontrar-se com o poeta no distrito de Lake, na linda casa de sua irmã, com vista para as mais belas montanhas da Inglaterra. Wordsworth teria conseguido explicar por cima de uma xícara de chá, no tranquilo jardim que havia lá, que:

> A poesia é o mais filosófico de todos os escritos... seu objeto é a verdade, não individual e local, mas geral e operante; não a que se sustenta sobre o testemunho exterior, mas aquela que se mantém viva no coração por meio da paixão; a verdade que é seu próprio testemunho, que confere competência e confiança ao tribunal ao qual recorre.

Ou pelo menos era o que Mill escreveria mais tarde. O humanismo de Wordsworth chegou, disse Mill, como um "remédio" para sua alma, enquanto a poesia de Coleridge o conduziu de uma filosofia atomística rumo ao reconhecimento da natureza orgânica da sociedade.

Quanto ao seu mestre, Bentham, o Grande Utilitarista: "As palavras, pensou, foram pervertidas de sua função apropriada quando empregadas para proferir qualquer outra coisa que não a precisa verdade lógica." Mill recordou com particular estremecimento sua afirmação de que "uma vez que a quantidade de prazer proporcionado é igual, uma brincadeira infantil é tão boa quanto um poema". E Mill anota também outro aforismo de Bentham, que acredita ser ainda mais típico: "Toda poesia é uma representação equivocada." Essa afirmação, Mill escreveu em seu frequentemente negligenciado

(Mill) O humanismo de Wordsworth chegou como um remédio para sua alma.

ensaio sobre poesia, parece ter sido um exemplo "do que o sr. Carlyle extraordinariamente chama 'a completude dos homens limitados'".

> Eis um filósofo que está feliz no interior de suas estreitas fronteiras como nenhum homem de âmbito indefinido jamais foi: que se vangloria de ser tão completamente emancipado da lei essencial do pobre intelecto humano, pela qual pode ver distintamente apenas uma coisa de cada vez; que pode até contornar a imperfeição e conjurar uma solene interdição sobre ela. Bentham realmente supunha que é apenas na poesia que as proposições não podem ser exatamente verdadeiras, não podem conter em si próprias todas as limitações e qualificações que exigem que se observe quando aplicadas à prática? Já vimos quão longe suas proposições em prosa estão de realizar essa utopia: e até tentar uma abordagem seria incompatível não meramente com a poesia, mas com a oratória e a escrita popular de qualquer gênero.

Embora, para ser justo, os primeiros escritos de Bentham fossem leves e ocasionalmente até divertidos (ou pelo menos assim pareciam a Mill, acostumado apenas à sua dieta de álgebra e línguas declinativas). Infelizmente, porém:

> em seus anos posteriores e estudos mais avançados, adotou uma estrutura de sentença latina ou germânica, estranha ao gênio da língua inglesa. Não podia suportar, para o bem da clareza e o alívio do leitor, dizer, como o comum dos homens se contenta em fazer, pouco mais do que a verdade numa sentença, e corrigi-la na seguinte. A totalidade dos comentários qualificativos que pretendia fazer insistia em inseri-los como parênteses bem no meio da própria sentença.

Mill prossegue, usando algo da instrução clássica conseguida a duras penas, para acusar o tutor de praticar uma *reductio ad absurdum* em sua objeção à poesia:

> Ao tentar escrever de um modo contra o qual a mesma objeção não deveria pesar, poderia se deter em algum momento antes de pronunciar ilegibilidades, e no fim das contas não obteria mais exatidão do que é compatível com opiniões tão imperfeitas e unilaterais quanto as de qualquer poeta ou aspiração sentimentalista. Julgue-se, então, em que estado a literatura e a filosofia estariam e que chance teriam de influenciar a multidão, caso a objeção dele fosse aprovada e se banissem todos os estilos de escrita que não comportassem seu texto.

Os amigos de Bentham ficaram naturalmente preocupados. Parecia que o jovem Mill havia "lido Wordsworth e isso o embriagara", escreveu um deles, John Bowring, "e está num estranho tipo de confusão desde então".

A cura

O debate sobre a poesia não é apenas uma obscura questão secundária. Chega ao coração da filosofia ocidental, com suas maneiras de pensar "lineares, masculinas", sua lógica fria, desapaixonada, suas preocupações estreitas e exclusivas... Mill abandonou suas pretensões às deduções filosóficas, com sua certeza espúria *a la* Euclides, optando em vez disso pelas complexidades do mundo real, com seus múltiplos fatores e padrões complexos de causa e efeito — alguns deles de fato inerentemente imprevisíveis. Mill até declinou de se descrever como filósofo, preferindo ser um "cientista social". A incumbência mais importante, decidiu, era investigar o caráter psicológico da mente humana, ou, como expressou em seu *Sistema de lógica* (Livro VI, *Sobre a lógica das ciências morais*), "a teoria das causas que determinam o tipo de caráter pertencente a um povo ou a uma era". O *Sistema de lógica* retoma o trabalho de Kant sobre conhecimento *a priori* e *a posteriori*, e sobre proposições analíticas e sintéticas (os termos favoritos de Kant), para traçar uma distinção muito mais sutil (e útil) entre proposições "reais" e "verbais" e conclusões (inferências) que meramente parecem verdadeiras, em oposição àquelas que realmente devem ser verdadeiras. Como ele explica, se a lógica não contiver quaisquer inferências reais, então equivaleria a nada dizer. Mas, como a matemática, ela produz conhecimento novo (argumenta Mill), e isso pela mesma razão: fundamenta-se sobre uma base que poderia de fato ser diferente. É apenas uma disposição psicológica dentro de nós que faz com que as verdades lógicas e matemáticas pareçam tão certas e imutáveis.

Mas frequentemente as abordagens de Mill e Bentham são articuladas num conjunto, com o primeiro ungido como o sucessor natural do segundo, ainda que o utilitarismo de Mill seja de uma estirpe fundamentalmente diversa. Longe de ser mais um pregador desse credo, como o pai, ele hereticamente denunciou Bentham num ensaio em especial, em 1838, dizendo que a obsessão desse com a clareza havia-o levado a concluir erroneamente que o que não está claro não existe e rejeitar como generalizações vagas "toda a experiência não analisável da raça humana". Tampouco estavam certos os benthamistas ao dizer que Mill na verdade estava totalmente sob a influência da Escola de Coleridge, um ramo do novo movimento de poetas românticos, que no fim das contas eram politicamente conservadores e opuseram-se ao seu socialismo radical tanto quanto à desumanidade implícita das novas teorias econômicas.

Pois, filosoficamente, Mill também se opunha às preferências deles pelas "intuições" sobre as evidências, assim como ao espúrio raciocínio *a priori*. Não estar aberto ao exame das evidências, escreveu, é dar apoio ao *establishment* e suas "falsas doutrinas e péssimas intuições". Nisso aceitou parte da abordagem de Bentham: aquela que propõe desmembrar as complexidades e analisar suas partes. Assim, a sociedade poderia realmente ser compreendida como um conjunto de indivíduos, mas indivíduos também precisam ser entendidos — tratando-se cada um deles como consistindo em um conjunto de *sentimentos*.

Como resultado de sua "virada poética", Mill mudou sua visão sobre a natureza humana e as ciências sociais. Isso não foi um período anômalo em sua vida, que felizmente se acabou rapidamente. Foi o período de formação.

Pomposa nota final

[1] Heidegger também se voltou para a poesia, mas achava que não havia contradição nisso, escrevendo num ensaio sobre Hölderlin que esse é "o estabelecimento do Ser por meio do mundo". O poeta exerce o mesmo papel que os filósofos e a mesma autoridade.

• • •

Capítulo 23

Henry Thoreau e a vida num casebre (1817-1862)

Muitos dos filósofos a quem recorremos para representar pequenos oásis de bom-senso e racionalidade num mundo desorganizado revelam-se desapontadoramente, a um exame mais minucioso, não apenas um tanto excêntricos, mas francamente irracionais. David Henry Thoreau, um anarquista que ganhava a vida a duras penas fazendo lápis enquanto vivia num casebre ao lado de uma lagoa, por outro lado, até parece à primeira vista um tanto excêntrico. O grau até que ponto se revela um filósofo ainda é tema de debates.

Num registro em seu *Diário*, datado de 7 de janeiro de 1857, Thoreau afirma sobre si mesmo:

> Nas ruas e em sociedade sou quase invariavelmente desprezível e dissipado, minha vida é inefavelmente cruel. Nenhuma quantidade de ouro ou respeitabilidade poderia de modo algum redimi-la — jantar com o governador ou com um membro do Congresso! Mas sozinho nos campos ou nas florestas distantes, em singelas plantações ou em pastos percorridos por coelhos, até mesmo num dia frio e, para muitos,

> melancólico, como este, em que um aldeão estaria pensando em seu abrigo, eu me volto para mim mesmo, e novamente sinto grande afinidade em mim, e que o frio e a solidão são meus amigos.
>
> Suponho que tal princípio, no meu caso, equivale ao que os outros encontram na igreja e nas orações. Eu me recolho às minhas caminhadas solitárias pelos bosques como o saudoso de casa que retorna ao lar. Desse modo me desfaço do que é supérfluo e vejo as coisas como são, grandiosas e belas... Desejo ser... uma parte sensata de cada dia.

O caso filosófico

Essa explicação não impressionou Robert Louis Stevenson, o autor de narrativas empolgantes como *A ilha do tesouro* e *Raptado*, que também abandonou profissões mais convencionais para se tornar escritor. Stevenson superou uma saúde precária na infância para se casar com uma bela nativa numa remota mina de prata e viver numa montanha na exótica Samoa. Ali escreveu sobre Thoreau escondido em sua cabana, tomado por "certas autoindulgências virtuosas", acrescentando:

> É conveniente ser algo fraco, algo quase pusilânime, numa vida que não se comove com arroubos e liberdade e que teme o contato estimulante com o mundo. Numa só palavra, Thoreau era um covarde. Não desejou que a virtude se propagasse dele para seus semelhantes, mas retirou-se furtivamente para um canto afastado, a fim de amealhá-la apenas para si.

Tampouco, na verdade, foram muitos os que se impressionaram com o estilo de vida alternativo de Thoreau. Assim aconteceu que em seu tempo de vida, e durante os anos que se seguiram, Thoreau foi considerado pouco mais do que um caipira arredio, hostil à sociedade e ao progresso. Suas contribuições a diversas campanhas — a abolição da escravidão, o bem-estar dos nativos americanos e a preservação da natureza da América — apenas o tornaram menos aceito. Mas, afinal, filósofos não deveriam ser medidos pelos pontos de vista de seus contemporâneos. O tempo e a história é que devem ser os juízes. Portanto, eis aqui o que a história registra sob o título de "Henry Thoreau".

Nasceu em Concord, Massachusetts, o que para propósitos ecológicos significa a zona de floresta de clima temperado da costa leste da América do Norte. Em sua época, Concord era considerada um verdadeiro centro para escritores e literatura. Na realidade se chamava David Henry Thoreau, mas sempre foi conhecido como Henry. Nos dias de hoje, sua casa se tornou uma espécie de museu, mas, por estar afastada várias centenas de metros do local original, apresenta um pequeno problema filosófico (como o Navio de Teseu): foi realmente esse o lugar onde Thoreau nasceu? Se não foi, poderia agora haver DOIS de tais lugares?

Algumas pessoas chamam-no de "o poeta laureado da literatura da natureza", outros louvam-no como o "profeta da nossa consciência ecológica". Um de seus companheiros escritores, Nathaniel Hawthorne, considerava-o "feio como o pecado", prosseguindo: "De nariz comprido, boca repulsiva e de modos esquisitos e rústicos, embora corteses, correspondendo muito bem a um tal exterior. Mas sua feiura é de um feitio honesto e aprazível e torna-se nele muito melhor do que a beleza."

Hawthorne, que escreveu um romance muito popular, *The House of Seven Gables* [*A casa das sete torres*] (não confundir com *Anne of Green Gables*)*, acrescenta que o "mundo deve todos os seus

* Romance infantil da escritora canadense Lucy Maud Montgomery, publicado em 1908. Narra as aventuras de uma garotinha órfã que, devido a um mal-entendido, é adotada por um casal de irmãos fazendeiros e passa a viver no campo. (*N. do T.*)

avanços a homens inquietos. Os homens felizes inevitavelmente se confinam em antigos limites". De fato, Hawthorne admirava bastante Thoreau, e chegou a extremos de atribuir inspiração ao fato de ter ele próprio vivido como ermitão durante vários meses, num sótão.

Sendo um radical em política, Thoreau naturalmente estudou em Harvard e então, após ter adquirido os fundamentos necessários a um filósofo muito convencional (retórica, filologia clássica, matemática e assim por diante), retornou à cidade natal, onde se tornou parte de um grupo de escritores que incluía Ralph Waldo Emerson, a luz guia de uma corrente chamada Transcendentalismo da Nova Inglaterra. Esse movimento, semelhante a um culto, sustentava a tese de que é por intermédio da natureza que entramos em contato com nossa alma essencial. Thoreau também obteve um cargo como professor no Concord College, mas foi demitido por recusar-se a bater nas crianças com uma vara, ou "administrar punição corporal", como era o termo eufemisticamente empregado na época. Com seu irmão John, dirigiu brevemente uma escola alternativa, que oferecia coisas como "caminhadas pela natureza", mas ela foi fechada quando John contraiu tétano e mais tarde morreu da doença. Nesse ponto baixo de sua vida, Thoreau aceitou unir-se a Emerson como assistente editorial, tutor dos seus filhos e até fazendo serviços gerais. Sem deixar de mencionar a jardinagem, é claro. Mas seu principal emprego era na fábrica de lápis dos pais, que combinava de maneira útil dois de seus interesses: as florestas nativas e a rocha nativa (pelo menos de New Hampshire), o grafite.

Então, em 1845, mudou-se para uma choupana na floresta a meia hora de caminhada de sua casa, que carinhosa mas incorretamente chamava de "cabana de troncos", às margens do lago Walden, conhecido em inglês como Walden Pond, lagoa Walden, mas que não é uma lagoa, e sim lago encravado na floresta. Lagoas, afinal, são definidas por serem pequenas e essa os locais diziam que não tinha fundo. A Thoreau pode ser atribuída ao menos esta pequena contribuição ao conhecimento humano — descobriu que o lago, em seu ponto mais profundo, media 30 metros. De qualquer forma, mais ao que nos interessa, a terra pertencia a Emerson. Quaisquer que tenham sido os motivos que o levaram a mudar-se para lá, ela não era particularmente isolada, ficando muito próxima da cidade, e de fato Thoreau não exaltava apenas a natureza selvagem em um estado supostamente puro, mas também os "campos parcialmente cultivados".

> Tome o atalho mais curto e fique em casa. Um homem se deixa ficar em seu vale natal como uma corola em seu cálice, uma bolota de carvalho em seu pedúnculo. *Aqui*, é claro, está tudo o que você ama, tudo o que você espera, tudo o que você é. Aqui está a sua noiva escolhida, o mais próximo de você que lhe é possível. Aqui está o melhor e o pior que você pode imaginar. Que mais você quer? Leve-a embora, então! As pessoas tolas creem que o que elas imaginam está em algum outro lugar. (*Diário*, 1º de novembro de 1858.)

Como a cabana ficava perto da cidade, ele mal havia se acomodado nela quando esbarrou com um coletor de impostos local que o intimou a respeito da omissão de pagar impostos. Thoreau disse que sua consciência o impedia de fazê-lo, pois não poderia custear a Guerra México-Americana ou a escravidão — uma explicação que como resultado fez com que fosse detido e posto na cadeia. Diz-se que esse exemplo inspirou outros sonegadores de impostos, notavelmente Gandhi (contra a presença britânica na Índia) e Martin Luther King (contra a segregação e a discriminação racial nos EUA). Infelizmente, para seu poder de protesto, depois de apenas uma noite na cadeia ele foi solto, pois uma tia intrometida pagou todos os impostos atrasados para ele.[1] (O que teria acontecido com a Índia se Gandhi tivesse uma tia como essa!) Assim, Thoreau contentou-se em escrever um ensaio, *A resistência ao governo civil*, sobre o dever da desobediência civil.

Esse livro estende-se sobre o pensamento que lhe ocorreu durante a noite na prisão — o absurdo de confinar o corpo quando a mente e o espírito eram livres. Ele se compadeceu do Estado por tentar punir seu corpo, pois não poderia atingi-lo dessa forma. Eles tinham força física superior para usar contra seu corpo, mas pouca para mudar suas crenças, pois a força moral vem de uma lei mais alta. Quando um governo diz "sua bolsa ou sua vida", está bancando o salteador de estradas, diz, acrescentando:

> Deposite seu voto integralmente, não meramente uma tira de papel, mas toda a sua influência. Uma minoria é impotente quando se conforma com a maioria; não é, então, nem mesmo uma minoria. Mas é irresistível quando obstrui o caminho com todo o seu peso. Se a alternativa é manter aprisionados todos os homens justos ou desistir da guerra e da escravidão, o Estado não hesitará entre qual delas escolher.

De volta à pequena choupana, escreveu seu primeiro livro, *Uma semana nos rios Concord e Merrimack*, que foi na verdade um tributo a seu irmão, John. Como não era de surpreender, os editores não se entusiasmaram, mas, por sugestão de Emerson, ele próprio o publicou. Durante anos depois disso ficou endividado e culpou Emerson por encorajá-lo.

Após dois anos assistindo a mudanças de estação da perspectiva da choupana, deixou a lagoa para liquidar seus débitos na fábrica de lápis. Mas a experiência inspirou seu próximo livro, *Walden, ou a vida nos bosques*, que combina descrições das matas com observações depreciativas sobre a natureza humana e a sociedade, como a de que "massas de homens levam vidas de calado desespero". *A vida nos bosques* começa afirmando que a maioria das pessoas desperdiça seu tempo tentando adquirir bens materiais em vez de uma vida simples (que é o antigo lamento de Platão também) e que

(Thoreau) Thoreau registrava cuidadosamente o clima do dia, que flores estavam em botão e qual era a profundidade da água do lago Walden.

até os que superam isso perdem tempo lendo ficção moderna em vez de Homero e Ésquilo. Isso é influência de Harvard. Felizmente, com o desenrolar da história, Thoreau começou a achar a natureza em todo seu mistério e esplendor ainda mais interessante do que os clássicos gregos. Por esse motivo, mais importante do que seus livros são as observações cotidianas em seu *Diário*. Ao longo do tempo, registraram uma riqueza de detalhes sobre a floresta e o lago e sobre como a natureza muda, adapta-se e regenera-se. Alguns creditam a ele ter lançado os fundamentos dos estudos ecológicos ao descrever como espécies, lugares e climas interagem, e certamente Thoreau foi seguidor de Darwin, inspirado por suas narrativas das viagens no *Beagle*, e tornou-se um dos primeiros a advogar a teoria evolucionista nos Estados Unidos predominantemente "criacionistas". No entanto, os registros são mais do que isso.

Cada um deles era um processo em dois passos. Primeiro, Thoreau registrava cuidadosamente suas observações, tais como o clima do dia, que flores estavam em botão, qual a profundidade da água do lago Walden e o comportamento de quaisquer animais que visse. Mas então, depois disso, tentava identificar e descrever o significado espiritual e estético do que havia visto. Thoreau recorda com aprovação a história sobre Wordsworth, de que quando um viajante chegou e pediu para que sua criada mostrasse o estúdio de trabalho de seu patrão, ela mostrou-lhe um aposento dizendo: "Aqui é a biblioteca dele, mas seu estúdio fica para fora de nossas portas". Assim era com Thoreau.

Alguém posteriormente contou todos os registros e disse que somavam dois milhões de palavras, o que é um punhado de observações. É também, infelizmente, um punhado de papel, sem mencionar o grafite, que um ecologista teria realmente hesitado em gastar de maneira tão liberal, mas em meio a eles há lampejos de compreensão filosófica. Seu *Diário* é a fundação de sua filosofia. Como Thoreau afirma na conclusão de *Vida às margens do lago*:

> Se construiu castelos no ar,
> seu trabalho não precisa estar perdido;
> é lá que eles deveriam estar.
> Basta agora pôr sob eles as fundações.

Era Thoreau então um covarde autoindulgente ou um filósofo pioneiro? O próprio Stevenson passou grande parte da juventude confinado à cama por uma saúde precária e teve de lutar para ganhar independência. A solução que encontrou foi abandonar o trabalho normal, viajar para terras exóticas e escrever romances extravagantes. Em contraste, Thoreau era vivaz, ainda que tivesse um chiado no peito e trabalhasse numa fábrica de lápis. Viajou um pouco, mas preferiu, como afirma, ver o mundo em seu quintal.

No entanto, Stevenson e Thoreau também tiveram muito em comum. Porque Thoreau deixava a choupana para caminhadas diárias. Ironicamente, foi depois de uma delas, uma expedição noturna particularmente tardia para contar anéis de crescimento de árvores na floresta, a qual teve de ser abandonada devido a uma forte chuva, que apanhou o resfriado que o levaria à morte — com apenas 44 anos. Mas, afinal, para Thoreau, como expressou, até mesmo uma caminhada é uma espécie de cruzada. Mesmo que "não passemos de cruzados medrosos".

> Nossas expedições são apenas excursões turísticas e novamente retornamos à noite para o lado da velha lareira de onde havíamos partido. Metade da caminhada é apenas refazer os nossos passos. Deveríamos seguir adiante na mais curta caminhada, ao acaso, no espírito da aventura eterna, para nunca retornar — preparados para enviar de volta aos nossos reinos desolados não mais do que nossos corações embalsamados, como relíquias. Se você está pronto para deixar pai e mãe, irmão e irmã, mulher e filhos e amigos, para jamais voltar a vê-los — se pagou seus débitos, fez seu testamento e liquidou todos os seus afazeres, e é um homem livre — então está pronto para caminhar.

Pomposa nota final

[1] Thoreau registra em seu *Diário*: "Minha tia Maria pediu-me para ler a vida do dr. Chalmers,* o que, porém, não prometi fazer. Ontem, um domingo, ela foi ouvida através do tabique gritando para minha tia Jane, que é surda: 'Imagine só! Hoje ele passou meia hora ouvindo os sapos coaxarem e não é capaz de ler a vida de Chalmers.'"

• • •

* O matemático Thomas Chalmers (1780-1847), um dos líderes da Igreja da Escócia. (*N. do T.*)

Capítulo 24

O materialismo revolucionário de Marx (1818-1883)

O povo, escreveu Marx em *A miséria da filosofia*, é autor e ator do próprio drama. Do mesmo modo, os filósofos "não brotam do solo como cogumelos", acrescentou, num editorial para o *Kölnische Zeitung*, mas são "produtos de seu tempo, de sua nação, cujas seivas mais sutis, valiosas e invisíveis fluem para o interior das ideias filosóficas".

Portanto, para entender Marx (e consequentemente sua teoria da sociedade), é possível, em vez de atravessar a custo por volumes de pesquisa histórica quase empírica, trotar lepidamente através do consideravelmente menor corpo de informações sobre sua vida pessoal e sua "existência" social. Afinal, como Marx e Engels também escreveram, "a produção de ideias, de conceitos, de consciência é a princípio diretamente entrelaçada com a atividade e o intercurso materiais dos homens, a linguagem da vida real". A "filosofia pura" é meramente um tipo de "onanismo" — masturbação intelectual —, dizem ambos, ainda que, é claro, estivessem eles próprios cometendo o pecado... E, pensando bem, Marx descreve-se como um indivíduo "mundial-histórico" — uma espécie de cristalização de todas as tendências precedentes da história.

E esse é um estudo muito mais interessante, ainda que infelizmente negligenciado.

O caso filosófico

Marx nasceu em Trier, que era, e para dizer a verdade ainda é, uma cidade comercial muito burguesa na Alemanha. Seus pais eram burgueses impecáveis. O pai era um advogado e, embora pudesse ter sido membro de uma minoria perseguida, em virtude de ser judeu, optou em vez disso por aprimorar sua posição social convertendo-se. A casa era burguesa, repleta de todas as coisas mais eruditas e cultas, incluindo livros sobre gente como Racine, Dante, Shakespeare e de filósofos como Rousseau e Voltaire. Um dos vizinhos dos Marx, o barão de Westphalen, o célebre pensador socialista, também cedeu-lhe livros, assim como, no devido tempo, "a mais bela garota de Trier". Essa era a filha do barão, Jenny, que havia se apaixonado pelo atarracado, sombrio, belo e de cenho sempre fechado Karl. Fosse por seu estilo vistoso, seu gosto por bebedeiras excessivas, seus duelos ou suas poesias de amor romântico, a história não diz. Durante os 40 anos seguintes ela seria tanto a fiel mulher de Marx quanto a sua secretária, redigindo as anotações do marido de forma legível e coerente. Isso parece tê-la satisfeito, uma vez que certa vez registrou sua opinião de que a qualidade mais importante para uma mulher é a "devoção". Para um homem, diz ela, é a "coragem moral". Ao contrário, para Marx, a mais importante qualidade de um homem é ser "forte", e a de uma mulher, ser "frágil". E sua ideia de felicidade, diz ele, é "lutar". Engels, incidental e irrelevantemente, considerava o homem ideal aquele que "se preocupava com os próprios assuntos", sendo a mulher perfeita aquela que "não se esquece onde guarda as coisas" e a felicidade algo a ser encontrado em algum lugar dentro de uma garrafa de vinho da safra da revolução (1848).

Mas essa conversa de revolução está adiantada. Primeiro os Marx tiveram de sair de sua enfadonha cidade alemã para a glamourosa Paris. Ali, se misturaram a poetas como Herweig e Heine e filósofos políticos como Bakunin. Engels, que Marx já conhecia, também estava lá e os dois estabeleceram laços sólidos. Engels, ao contrário de Marx, era magro e pálido, de olhos azuis e míope, e escrevia bem. Seu relacionamento seria duradouro. No entanto, Marx se desaveio com o anarquista russo sobre a questão de se a vanguarda comunista prenunciaria a sociedade sem classes ou simplesmente degeneraria numa burocracia corrupta, cruel e incompetente.

Mas o rompimento com Bakunin teve de esperar sua vez. Primeiro Marx se desentendeu com as autoridades francesas e, ao ser expulso de Paris, declarou-se, ao contrário, "cidadão do mundo". Depois entrou em desavenças com os belgas, após ter-se estabelecido brevemente em Bruxelas e herdado uma pequena fortuna (o primeiro de vários desses felizes eventos financeiros). As autoridades belgas reclamaram que ele tentou usar parte do dinheiro para comprar armas para os trabalhadores de Bruxelas.

Após retornar à Alemanha natal, ele e Engels irromperam com o *Manifesto comunista* para tentar pegar a onda de revoluções que varreu a Europa em 1848. O *Manifesto*, escrito (apesar de suas afirmações públicas) principalmente por Engels, abre com a famosa asserção: "A história de todas as sociedades até os dias de hoje é a história da luta de classes". Se o *Manifesto* não parece ter ajudado as revoluções, ajudou a fazer com que Marx não fosse bem-vindo na Alemanha, tanto que em 1849 ele e Jenny (e também seus filhos e sua "leal camareira") estabeleceram residência em Londres. Essa era a Londres dos romances de Charles Dickens, um mundo de fábricas sombrias e satânicas onde pequenas menininhas de tranças trabalhavam à exaustão e rígidos reformatórios onde segundas porções de mingau eram negadas aos Oliver Twists. Marx se instalaria mais ou menos permanentemente ali pelo resto da vida. As circunstâncias dos Marx nessa época eram "restritas", usando um eufemismo para "cheios de dívidas", mas seu estilo de vida permaneceu inegavelmente ainda burguês. Ao chegarem tinham até o timbre do duque de Argyll esmaltado na prataria, com a finalidade de facilitar a chegada ao novo ambiente.

Nessa época, Marx complementava uma renda modesta conseguida com artigos publicados no *New York Daily Tribune* (embora na verdade a maioria das colunas fosse escrita em seu nome por Engels) com dinheiro que lhe era mandado, em notas gastas de uma libra, por Engels. Essas chegavam meia nota por vez, não tanto porque Engels estivesse sendo mesquinho, mas porque os dois homens acreditavam, provavelmente com razão, que suas cartas fossem interceptadas.

Embora esse fosse um dinheiro resultante da exploração de trabalhadores na fábrica de Engels, em Manchester — ou, como Marx mais tarde expressou, embora:

> o capital... sugue uma certa quantidade de trabalho excedente dos produtores diretos ou trabalhadores, trabalho excedente que ele recebe sem pagar o valor equivalente e que, pela própria natureza, permanece sempre como trabalho forçado, por mais que pareça resultante de livre acordo contratual... (*O capital*, vol. III)

— ao menos permitia que Marx prosseguisse com sua "pesquisa" na sala de leitura da Biblioteca Britânica, assim como em várias tavernas ao redor de Londres e (isso se tornaria público) no quarto de uma certa Hélène Demuth, com quem teria um filho bastardo. A criança, Freddy, acabou indo para um orfanato e absolutamente não figura na história. Mas o destino dos sete filhos de Karl e Jenny não foi de se invejar, tampouco — a desnutrição ceifou a vida de quatro deles na infância.

(Marx) Marx bufou com irritação: "*O capital* não me pagará nem mesmo os charutos que fumei enquanto o escrevia!"

Em 1856, os Marx receberam mais dinheiro de outra herança, que gastaram em parte numa casa confortável perto do Colégio South Hampstead para Moças. Infelizmente, a herança logo acabou e ainda que Marx escrevesse, furiosamente, "não permitirei que a sociedade burguesa me transforme numa máquina de fazer dinheiro", teve de redobrar seus esforços para fazer dinheiro, que consistiam em escrever cartas para Engels.

Uma delas dizia:

> Caro Engels,
> Sua carta de hoje me encontrou num estado de grande agitação. Minha mulher está doente. A pequena Jenny está enfer-

> ma. Lenchen [a camareira] teve algum tipo de febre nervosa. Não poderia e não posso chamar o médico porque não tenho dinheiro para comprar remédios. Durante os últimos oito a dez dias estive alimentando a família unicamente com pão e batatas, mas se conseguirei arranjar algum desses hoje é duvidoso...
>
> A melhor e mais desejável coisa que poderia me acontecer seria que a senhoria me expulsasse. Assim ao menos me livraria da despesa de 22 libras. Mas tal complacência dificilmente se poderia esperar dela. [Um membro da maligna classe dos proprietários de imóveis...] Acima de tudo isso, as dívidas continuam exorbitantes com o padeiro, o leiteiro, o homem do chá [*sic*], o verdureiro, o açougueiro. Como sairei dessa enrascada infernal...?

No dia seguinte, Marx recebeu quatro libras de Engels. Quatro miseráveis libras! Os tempos estavam evidentemente difíceis no ramo da indústria têxtil. Ser um escritor, mesmo um escritor revolucionário, não era um mar de rosas. Como Marx bufou com irritação: "*O capital* não me pagará nem mesmo os charutos que fumei enquanto o escrevia"!

Na verdade, o tabaco cobrou um dízimo sobre sua saúde e o um dia enérgico Marx tornou-se quase um pária social, coberto de bolhas e furúnculos. A um dia bela Jenny sucumbiu à varíola em 1860 e, embora tenha se recuperado, ficou, nas palavras de Marx, parecendo "um rinoceronte, um hipopótamo".

A década de 1860 viu Marx perder sua receita como "correspondente europeu" para o *New York Daily Tribune*, mas outras duas heranças proporcionaram um salva-vidas financeiro para a família, que eles usaram... para se mudar para uma casa maior e dar grandes festas.

Em 1870, Engels se aposentou como industrial, desarmando pela última vez a rede que usava para dormir (uma coisa um tanto bizarra) no escritório da fábrica, e mudou-se para Londres. Assim, para que seu amigo pudesse "se aposentar" também, proporcionou a

Marx uma espécie de pensão — a soma nada desprezível de 350 libras por ano. E foi por essa época que a longa carreira de Marx como agitador político começou a render-lhe reconhecimento público. Uma obra surpreendentemente razoável escrita em louvor à igualdade, à democracia e à simplicidade da Comuna de Paris rendeu-lhe a excelente alcunha de Doutor do Terror Vermelho, em lugar de seu outro apelido, Doutor Mau Humor. Sobre a Comuna, escreveu:

> Seu verdadeiro segredo foi esse. Foi essencialmente um governo da classe trabalhadora, resultado da luta da classe produtiva contra a expropriadora, uma forma política por fim descoberta, pela qual realizar a emancipação do labor... Sim, cavalheiros, a Comuna pretendia abandonar aquela classe proprietária que faz do trabalho de muitos a riqueza de poucos.

Mais tarde, porém, Marx corrigiu a impressão de que favorecia a Comuna, dizendo que ela não era "de forma alguma socialista".

A entrada no livro de registros da história

Se a vida pessoal de Marx parece ter sido de autoindulgência e mais do que um pouco hipócrita, isso não significa que o marxismo é "irredimivelmente" falho: ele é, afinal, em sua maior parte, realmente "engelismo". Foi Engels, apelidado o General na residência de Marx, quem escreveu o primeiro esboço do *Manifesto comunista* e a maior parte de *A ideologia alemã*, assim como muitos dos artigos de jornais. Foi Engels quem exaltou e plantou resenhas sobre as ideias "de Marx" e que muitos consideram o criador do conceito de "marxismo" em seu livro *Do socialismo utópico ao socialismo científico*. E, por último, foi Engels quem "montou" os vários volumes do *Capital* a partir das anotações de Marx.

Mas o que resta das realizações do próprio Marx? Numa carta a Weydemeyer, Marx escreve sobre elas:

> Ora, quanto a mim, não alego ter descoberto nem a existência de classes na sociedade moderna nem a luta entre elas. Muito antes de mim, historiadores burgueses haviam descrito o desenvolvimento histórico dessa luta entre as classes, assim como economistas burgueses haviam descrito sua anatomia econômica. Minha contribuição foi:
>
> 1. mostrar que a existência de classes está simplesmente em ligação com certas fases históricas do desenvolvimento da produção;
> 2. que a luta de classes necessariamente conduz à ditadura do proletariado;
> 3. que essa ditadura em si constitui nada mais do que a transição até a abolição de todas as classes e até uma sociedade sem classes.

No entanto, desses elementos do seu legado, pode-se dizer que o primeiro é um truísmo e o segundo e terceiro são "demonstrados" unicamente pela mera retórica.

Em 1863, quando a "mulher pela lei comum" de Engels, Mary Burns, morreu inesperada e subitamente, Marx e Engels tiveram sua única desavença, quando o primeiro, numa carta escrita para seu amigo logo depois, gracejou: "Em vez de Mary, não teria sido melhor que fosse minha mãe?" O restante da carta é preenchido com as últimas necessidades econômicas de Marx.

• • •

VIII

Filosofia Recente

Capítulo 25

Russell denota algo (1872-1970)

Bertrand Arthur William Russell, terceiro conde de algum lugar qualquer, filho de um primeiro-ministro vitoriano e professor de filosofia no Trinity College, Cambridge, lá ainda é considerado, mesmo que não muito em outros lugares,[1] "profundamente influente no desenvolvimento da filosofia do século XX". Dizem que sua perícia especial foi na área de lógica filosófica. De fato, tem o crédito de haver cunhado o termo, embora como as palavras tivessem longa circulação individualmente e a atividade o precedesse em dois mil anos, é difícil ver como seu arranjo constituísse uma novidade. Ainda assim, afirma Nicholas Griffin, escrevendo na *Routledge Encyclopaedia of Philosophy*, foi inquestionavelmente responsável por um bom número de "importantes inovações lógicas", a principal das quais foi um modo de "reestruturar gramaticalmente sentenças, continuando a frase 'tal' de uma forma em que a frase não apareça". Tais conquistas merecem exame mais detalhado.

O caso filosófico

Tudo começou em 1890, quando ele conheceu o famoso lógico Peano numa conferência de filosofia em Paris. Giuseppe Peano inspirou o jovem Russell a assumir a tarefa de colocar a matemática sobre uma base lógica. De início, as coisas correram muito bem. De 1907 a 1910, Russell trabalhou em seu gabinete em Cambridge de dez a 12 horas diárias, escrevendo teoremas lógicos sob a supervisão benevolente de Alfred North Whitehead, sobre quem a história registra que oferecia "lendários chás da tarde". Esses teoremas acabariam por se tornar o magistral *Principia Mathematica.*

Mas quando a grande obra se completou, como narra aquele outro "Grande Filósofo Britânico do Século XX", A.J. Ayer, os diretores da Cambridge University Press não conseguiram apreciar a importância das demonstrações e viram apenas como ela era longa e que poucas pessoas teriam vontade de lê-la. Em vez de perceber os benefícios de pôr a matemática em uma base lógica *et cetera, et cetera*, viram apenas que sua impressão lhes custaria 600 libras, o que era duas vezes mais do que estavam preparados para pagar. Felizmente, a Royal Society, da qual tanto Russell quanto Whitehead eram membros, pôde ser persuadida a contribuir com mais 200 libras, mas os autores ainda tinham de levantar as restantes 100 libras. Assim, conclui sir Freddy, com tristeza, "a recompensa financeira por essa obra-prima, que lhes havia custado dez anos de trabalho, foi menos de 50 libras para cada um".

Os *Principia* são muito longos e não muito lidos hoje em dia. Mas seu argumento pode ser resumido em apenas uma sentença: a lógica é mais importante do que a matemática, que na verdade pode ser reduzida a apenas uns poucos princípios lógicos.

Números, por exemplo, tão caros aos matemáticos, revelam-se por Russell como sendo meros adjetivos. Dois cães, por exemplo, é apenas outro modo de dizer que alguns cachorros são dotados da característica da "duidade". Está vendo aquele grupo de cães ali? Ele pertence à classe da "duidade", assim como meus ouvidos, suas mãos, as primeiras duas mulheres de Russell, de fato, como todos os outros grupos de coisas dotadas dessa efêmera qualidade. Mas e quanto àquele grupo de quatro cães? Também pertence ao grupo das duas coisas? Afinal, contém dois conjuntos de dois cães.

Mas isso já está ficando complicado. Precisamos de um especialista, como o professor contemporâneo Mark Sainsbury, da Universidade de Londres, para gentilmente nos esclarecer. Tome 1 + 2 como exemplo (deixe 2 + 2 para os alunos mais avançados). Isso, explica ele, pode ser mais bem expresso como: "A classe das classes que são, cada uma das quais, a união de um membro de um com um membro de dois (casos em que o membro de um tem um membro em comum com o membro de dois a ser ignorado)." Em outras palavras, conclui o professor Sainsbury com um floreio, "a classe das classes de três membros"!

Como isso pode ser um avanço? No entanto, para muitos filósofos modernos, é. Eles acreditam que a linguagem comum é muito mais bem expressa "formalmente" pelo uso da lógica. Sentenças sobre o mundo deveriam ser despidas de suas "superstições canibais" para revelar sua essência lógica, como Russell, um tanto etnocentricamente, afirma em *Mente e matéria*. Até sentenças simples como "neve é água congelada" necessitam de esclarecimento, pois que tipo de verbo é "é"? (Aqui estão dois usos sucessivos da pequenina palavra.) É esse "é" um "é" como quando algo existe? Ou o "é" é "é" (aqui há três deles) como em "é igual"? Ou é esse "é" um daqueles que descrevem uma propriedade da neve? Que é é esse?

Seja como for, esse é o tipo de perguntas que Russell apresenta. Mas se a sua reputação como grande lógico é duvidosa, sua contribuição para a popularização e, mais do que isso, o esclarecimento da filosofia, por meio de obras como *Os problemas da filosofia* (1911) e *História da filosofia ocidental* (1946), venceu a prova do tempo.

Mas voltemos a 1905 e à primeira publicação importante de Russell, *Sobre a denotação*. Foi nessa obra que delineou sua teoria de que as palavras que precedem substantivos, como "algum", "nenhum", "um" e "todos" — ou "quantificadores", como os denomina — devem ser abolidas. Isso porque, como os unicórnios e o rei da França, eles realmente a nada se referem. Sócrates se refere a Sócrates e a palavra "filósofo" se refere a certos atributos eruditos numa pessoa, mas na frase "Sócrates é um filósofo", a que a palavra "um" se refere? Uma quantidade, sim, mas que complica as coisas. Pois dizer que um unicórnio tem um chifre não significa de fato que realmente há um unicórnio, o qual tem um e apenas um chifre.

Russell decidiu que tudo o que dizemos deve consistir apenas em afirmações (talvez combinadas) sobre coisas de que temos conhecimento direto e imediato — conhecimento, quintessencialmente, adquirido pela percepção sensorial.

Assim, poderíamos dizer "outro dia, conheci um homem em Paris que me disse que era o rei da França e pude ver que ele havia ficado careca" — mas não, obviamente, que "o atual rei da França é careca". Isso condiz com sua ideia, proposta em 1914, de que o velho problema da filosofia de como realmente sabemos qualquer coisa sobre o mundo "exterior" poderia ser resolvido pelo ato de sempre nos referirmos às *sensibilia*. Efetivamente, referindo-nos apenas a ideias em nossas cabeças. Mais tarde, refinou sua concepção dizendo que todas as *sensibilia* tinham de ser entendidas como pacotes de simples percepções sensoriais.

Russell também restringiu essas a coisas como cores, cheiros, dureza, aspereza e assim por diante, embora tal tática tenha ocorrido a outros antes dele, sem grande resultado. Ele diz que as "informações dos sentidos" fornecem-nos "conhecimento direto", caso contrário, temos de nos arranjar com o "conhecimento por descrição". Muito pouco nos é dado a conhecer diretamente, até nossa existência é limitada pela consciência de "querer", "acreditar", "dese-

(Russell) Mas e quanto aos cabelos dele? Se ele normalmente não corta os cabelos, pode cortá-los dessa vez...

jar" e assim por diante. Curioso exemplo a oferecer, Russell insiste que montanhas não podem ser conhecidas diretamente, por isso temos de nos restringir a falar sobre as percepções sensoriais que possamos ter tido, as quais nos conduziram a criar a "hipótese" de uma montanha (a casa de Russell é rodeada de objetos altos e duros que têm neve em seu topo). (A única concessão admitida por ele, alinhada com a melhor prática científica, é que podemos continuar a fazer certas conjeturas, tais como a de que as coisas continuam a existir quando não olhamos para elas, e que o que é verdade hoje continua sendo verdade amanhã, ao menos "de maneira geral".)

A ciência é, porém, uma área mais imprecisa e despreocupada. A matemática, nem tanto. E foi aqui que Russell se viu confrontando um problema, e esse se demonstrou um tanto amargo, também. Na verdade, com o tempo isso se tornaria o seu monumento filosófico — conhecido para sempre a partir de então como o "paradoxo de Russell". É expresso em jargão matemático como "o problema do conjunto de todos os conjuntos que não são membros de si próprios" e tal problema é simplesmente se esse é um membro de si próprio ou não. Mas podemos nos sair melhor se nos lembrarmos do caso do barbeiro da cordilheira Hindu Kush, que deveria cortar os cabelos de todos os moradores da cidade que normalmente não cortassem os próprios cabelos. Para o barbeiro, o âmbito dos possíveis clientes era bem simples: ou as pessoas normalmente cortavam os próprios cabelos ou não. Mas e quanto aos cabelos dele (vamos presumir que seja um barbeiro homem)? Se ele normalmente não corta os cabelos, pode cortá-los dessa vez. Mas, se fizer isso, parecerá estar cortando os cabelos de alguém que normalmente corta os próprios cabelos — o que ele não deveria fazer. Portanto, o barbeiro não deveria cortar os próprios cabelos. Mas, se não o fizer, então claramente condiz com a categoria de pessoas cujos cabelos pode cortar.

Isso continua ciclicamente, num malogro autorreferencial que no fim das contas é bastante fútil. Por isso Russell decidiu poupar sua excelente teoria banindo todas as afirmações que fossem "autorreferentes" (não apenas as que tratam de barbeiros, ou mesmo conjuntos de conjuntos que não são membros de si próprios). Essa é a sua "teoria dos tipos".

O problema seguinte era o dos negativos. Dizer que "Sócrates é um homem" é complicado, mas dizer que "Sócrates não é uma mulher" é muito, *muito* pior. Russell queria "proscrever" tais asserções negativas também. Afinal, pretendia fazer com que todas as nossas afirmações fossem simples, relacionando-as diretamente ou a verdades lógicas ou empíricas. E como podemos nos referir diretamente a algo que não existe? É claro que negações não o farão. Ou talvez, eu diria, é claro que só os positivos farão.

De agora em diante, em vez de ser negativos e vagos, deveríamos ser positivos e precisos. Em vez de dizer "um cão pode ter entrado correndo em meu escritório e agora não consigo achar minhas anotações", deveríamos dizer "há x, tal que x é canino, e há y, tal que y é uma sala no interior da qual se escreve, e há z, tal que esse é uma reunião dos meus papéis e x entrou em y e comeu z"!

As vantagens disso não são imediatamente claras a não filósofos. Mas o que tal coisa fez foi possibilitar que filósofos lógicos evitassem implicações existenciais não intencionais e desnecessárias em suas observações, como:

O rei da França é careca
Sócrates é humano
A neve é branca
Unicórnios têm apenas um chifre
Héspero é Fósforo
et cetera, et cetera

Tome-se a primeira sentença, "o rei da França é careca".[2] Ela é verdadeira ou falsa? A piada, um tanto fraca, mas suficiente para Russell e os filósofos que se seguiram, é que não há rei na França. Ele teve a cabeça cortada séculos atrás. Sendo assim, não está claro se a sentença é verdadeira ou falsa, ou nenhuma das duas coisas. Mas agora a solução está à mão. A sentença pode ser desmontada em suas três partes constituintes, diz Russell. Essas são que HÁ no presente um rei da França, que há apenas um exemplar de tal coisa e que essa coisa única e existente é, de fato, careca. Ora, podemos ver que a primeira parte simplesmente não é correta. Portanto, a sentença "o rei da França é careca" é falsa. Assim também a de que "unicórnios têm um chifre". Mas não a de que "a neve é branca".

Por essa grande obra Russell naturalmente esperava um Prêmio Nobel. Mas iria se desapontar. No entanto, pelo menos não foi posto na prisão. Como mais tarde aconteceu por duas vezes. Mas, afinal, o "conde Russell" era uma espécie de desajustado social e um político radical. Talvez essa fosse a consequência inevitável de aplicar a lógica à vida diária.

A decadência começou durante a Primeira Guerra Mundial, um declínio que podemos situar a partir de 1916, quando foi expulso do Trinity por opor-se à conscrição (assinando uma moção de protesto contra "essa guerra maligna e injusta" com o poeta Siegfried Sassoon, que morreria dois anos mais tarde). Logo depois disso, foi mandado à prisão de Brixton por seis meses por difamar o Exército americano, ou emitir declarações "potencialmente prejudiciais às relações de Sua Majestade com os Estados Unidos da América", como expressa o indiciamento.

Enquanto estava na prisão, Russell escreveu *Ideais políticos: caminhos para a liberdade*. No livro, tentou explicar por que estava disposto a sofrer por suas crenças políticas: "Os pioneiros do socialismo, do anarquismo e do sindicalismo, em sua maior parte, experimentaram a prisão, o exílio e a pobreza, nas quais incorreram deliberadamente por não aceitarem abandonar sua propaganda; e com esse modo de agir demonstraram que a esperança que os inspirou não foi para eles próprios, mas para a humanidade".

Depois da guerra, viajou para a Rússia a fim de ver "a revolução", com Dora Black (que mais tarde se tornou sua primeira mulher), e conheceu Lênin e Trotski, mas não gostou muito deles nem de seu sistema. Em vez disso, pelos próximos 50 anos, o "conde Russel" tornou-se uma espécie de moleque, alternando-se entre comunidades e escolas alternativas radicais, passeatas e conferências internacionais, casando-se quatro vezes e produzindo uma avalanche de escritos filosóficos, abarcando descuidadamente todo o espectro da vida humana de um modo que não se via (felizmente) desde Aristóteles. Poder, pornografia, sexo — tudo isso foi alvo dos seus grandes olhos. Em resumo, abandonou a lógica para escrever sobre moralidade pública. Mais tarde contou a colegas que fez isso unicamente "por dinheiro".

Em 1940, pessoas que protestavam em objeção às suas opiniões a respeito (da inexistência[3]) de Deus impediram-no de assumir um cargo como filósofo em Nova York. Por isso, voltou para a Grã-Bretanha e fez campanha contra as armas nucleares, organizando uma série de conferências para eminentes acadêmicos, especialmente cientistas, aos quais convidou no mundo inteiro para unirem-se contra a guerra. Por isso obteve, no decorrer do tempo, outro período na prisão. Naturalmente, usou esse tempo para escrever outro livro.

Como filósofo, Russell às vezes fala com absoluta insensatez. Parece ter tido consciência disso, daí seu "sorriso maroto" enquanto oferecia exemplos cada vez mais burlescos. Seus herdeiros, nem tanto. Dotaram seus sistemas enfadonhos de uma seriedade nascida de serena falta de autoconhecimento. Felizmente, além de sua lógica, Russell fez outras coisas. O mesmo não é verdade para seus seguidores.

Pomposas notas finais

[1] Possivelmente também no País de Gales. Além de ter nascido em Gwent, ao sul da "terra das luvas brancas",* Bertrand Russell viveu ao norte do País de Gales a partir de 1955, o que faz dele defensavelmente o maior filósofo galês.

[2] O professor Sainsbury discute as implicações muito piores de o rei da França NÃO ser careca como segue:

> pode ser que nem (a) "o rei da França é careca" nem (b) "o rei da França não é careca" sejam verdade. Russell argumentou que (b) é ambíguo entre ser a negação de (a), e assim impli-

* Os galeses passaram a adotar esse epíteto para sua terra na metade do século XIX. É uma referência à suposta ausência de criminalidade no país, pois os juízes da alta corte apresentavam-se usando luvas brancas para indicar que nenhum crime havia sido cometido em sua jurisdição. (*N. do T.*)

car verdadeiramente que não há exatamente um atual rei da França, e ser não a negação de (a), mas antes o equivalente a "há exatamente um atual rei da França e quem quer que seja o rei da França, não é careca", o que, como (a), é falso.

Na verdade, Russell chegou até a inventar um jargão matemático-filosófico especial (com montes de garatujas inacessíveis até mesmo para os computadores da maioria das pessoas) para expressar tais verdades, que ninguém que não os filósofos profissionais poderia entender. Isso, ao menos, forneceu aos filósofos profissionais uma razão para sua existência, ainda que não uma razão "necessária".

[3] Quando perguntado num debate radiofônico de que maneira, se Deus não existisse, poderia explicar a existência do universo, a resposta foi: "Diria que o universo simplesmente está aí, e isso é tudo." (Existe [o universo] necessariamente...)

• • •

Capítulo 26

A história fantástica de Ludwig Wittgenstein (1889-1951)

Quem, exatamente, foi Wittgenstein? Para a maioria das autoridades filosóficas, Ludwig Josef Johann Wittgenstein, nascido em 1889, morto em 1951, foi simplesmente "o principal filósofo analítico do século XX". O dr. Peter Hacker, do St. Johns College, Oxford, diz que suas "duas obras maiores" alteraram o curso do tema. Sua "concepção revolucionária de filosofia" significou que depois dela não havia mais nenhuma proposição ou conhecimento especificamente filosóficos. A tarefa da filosofia tornou-se simplesmente a "clarificação conceitual e a dissolução dos problemas filosóficos". O objetivo da filosofia não era mais o conhecimento, mas apenas o entendimento. Porém, antes de mais nada, os filósofos precisam entender Wittgenstein.

O caso filosófico

Wittgenstein, "a vida", não é tanto um caso filosófico quanto uma história fantástica em toda sua plenitude. Em meio à classe insípida e lúgubre dos filósofos, destaca-se pelo brilho — um diamante bruto lançado entre tantos pedregulhos foscos e cinzentos. Só seu CV* já parece situá-lo à parte: um multimilionário austríaco que renunciou a toda a sua riqueza, um colega de classe de Hitler, um herói de guerra, um arquiteto modernista, um professor de aldeia, o projetista do primeiro motor a jato[1] do mundo e (por último, mas não menos importante) o brilhante pupilo de Bertrand Russell que, depois de apenas dois anos de estudo, resolveu (como modestamente escreve mais tarde) os maiores problemas da filosofia.

> A verdade dos problemas que aqui se apresentam me parece incontestável e definitiva. Portanto, acredito ter encontrado, em todos os seus pontos essenciais, a solução final para tais problemas. (*Tractatus*, Introdução.)

Típico de um herói filosófico é que enquanto o *Tractatus*, primeiro e na verdade único livro que publicou em vida, estava sendo impresso,[2] o autor seria encontrado não espreguiçando-se inutilmente nas poltronas de *tweed* de uma empoeirada universidade europeia, mas entre as galinhas e os aldeões do campo austríaco. Felizmente para a filosofia (esse caso continua), retornou a Cambridge, fazendo uma pausa apenas em Viena para projetar uma assombrosa casa para a irmã, incluindo um interessante novo desenho para a calefação central e os aquecedores.

Enquanto estava em Cambridge, Wittgenstein tornou-se uma instituição dentro da instituição, celebrado tanto pelo estilo pessoal nada ortodoxo quanto pela abordagem revolucionária do ensino. Recusando-se a fazer aulas expositivas, mas oferecendo-se apenas a apresentar seminários, seu escritório ascético tinha poucos livros,

* *Curriculum vitae.*

equipado em vez disso com a famosa espreguiçadeira. Aqueles que frequentavam seus seminários tornaram-se seus "discípulos" e demonstravam seu envolvimento vestindo-se da mesma forma que ele — paletó de *tweed*, calças de flanela, sem gravata. (As roupas, como a filosofia, não eram para garotas...) Depois de cada sessão, convidava amigos íntimos para unirem-se a ele "nos filmes". Sentava-se no meio da primeira fila (mais próxima da tela), mastigando um empadão de carne de porco. Quanto aos encontros sociais oficiais de Cambridge, Wittgenstein declinava dos convites para comparecer aos "jantares" da universidade, embora concordasse em participar do Clube de Ciência Moral, de tempos em tempos, incluindo uma noite infame em que, produzindo murmúrios de aprovação em seus discípulos, exigiu que Karl Popper apresentasse um exemplo de "regra moral", gesticulando com um atiçador para dar ênfase. Popper supostamente disse: "Não ameaçar palestrantes convidados com atiçadores" e Wittgenstein atirou o atiçador de lado e saiu tempestuosamente (seguido pelos discípulos).

Em outra ocasião, pressionado a fazer uma palestra no famoso Círculo de Viena sobre os méritos da abordagem científica do conhecimento, concordou em fazê-la, mas limitou-se a ler um poema épico oriental para os ouvintes, com as costas voltadas o tempo todo para o grupo. Só no fim se virou para anunciar (talvez como Mill) que a filosofia é mais bem compreendida por meio da poesia.

Isso não é tudo, mas certamente já basta. Afinal de contas, esta narrativa, embora baseada em elementos bastante reais, é enganosa. Ele não é um mito, mas é certamente uma lenda.

Gênio vultoso... ou apenas vaidade arrogante?

Em vida, o intenso, por vezes ligeiramente louco, Wittgenstein intimidava com o silêncio os que estavam à sua volta. O diálogo socrático não era para ele. Fazia seus pronunciamentos e os outros tomavam nota. E, de maneira semelhante, hoje a hagiografia oficial negligencia alguns fatos. Wittgenstein renunciou ao "controle" dos milhões que herdou, mas apenas para suas irmãs, e aconteceu que durante a Segunda Guerra Mundial, mesmo quando o projeto nazista estava em seu momento mais evidente e apavorante, ainda foi capaz de fazer arranjos para que um grande naco da fortuna da família Wittgenstein — não, digamos, três lingotes de ouro (como todos poderíamos mandar), mas três toneladas de ouro — fosse destinado ao esforço de guerra alemão. Em retribuição, a família recebeu o status oficial de "não judia". Personalidades caridosas dirão que Wittgenstein fez isso para "salvar suas irmãs", mas a verdade é que os Wittgenstein tinham o mundo inteiro para viver e escolheram em vez disso alinhar-se com os perseguidores dos vizinhos.

Mas por que ele fez isso? Como também não se discute com frequência, Wittgenstein — o inovador que geralmente não reconhecia fontes ou inspirações filosóficas — revelava abertamente um mentor filosófico: seu conterrâneo austríaco Otto Weininger. A filosofia de Weininger, popular na virada do século, dizia que a mais alta forma do gênero humano era um super-herói masculino friamente lógico e que ser homossexual, emotivo ou judeu (sendo tais traços "femininos" em certo sentido) eram imperfeições. Cada ser humano tem duas partes, macho e fêmea, reconhece Weininger, mas é melhor ser o mais macho possível. Ser totalmente feminino seria reduzir alguém ao nível de um animal. "O homem é pela primeira vez inteiramente senhor de si quando é inteiramente lógico. De fato, não o será até que seja inteiramente e por toda parte apenas lógico", explica Weininger com concisão. O livro na verdade era tão popular que em apenas poucos anos teve 29 edições e múltiplas traduções, incluindo a versão em língua inglesa. Foi também ajudado pelo endosso de celebridades, incluindo o comentário de um certo Adolf Hitler de que Weininger foi o "único bom judeu" de que jamais ouviu falar.

Wittgenstein deixava seus colegas em Cambridge estupefatos ao distribuir exemplares do livro entre eles.

Entretanto, outro elemento suprimido na história habitual é que, embora, tecnicamente, Wittgenstein tenha "se demitido" do cargo de professor na escola interiorana, na realidade partiu após cair em desgraça. Uma investigação sobre incidentes violentos contra os que estavam sob seu encargo descobriu num dos casos que havia batido numa criança com tanta severidade que ela perdeu a consciência. A família pode muito bem ter-se sentido injustiçada no inquérito que se seguiu, mas é provável que os funcionários locais tivessem consciência dos perigos de ofender uma das famílias mais poderosas do país.

Wittgenstein teve uma carreira meteórica em Cambridge, mas isso parece ter ocorrido menos por mérito do que por influência. Seu doutorado foi concedido em consideração a Russell e um amigo e colega desse, G.E. Moore, aceitou o *Tractatus* "em lugar" de uma tese convencional.

Mas, apesar dessa ligação acadêmica, na verdade, Russell e Wittgenstein não se davam bem. Num nível pessoal tanto quanto intelectual, eram adversários. Wittgenstein, por razões que já vimos, rejeitava o voto feminino, e isso num tempo em que as sufragistas estavam lutando e morrendo por esse direito. Russell, ao contrário, era um ativista do sufrágio feminino. Em segundo lugar, Wittgenstein acreditava na severa punição física (essa era a razão por que batia nas crianças do vilarejo austríaco), enquanto Russell fundou uma escola radical regida por princípios alternativos. Wittgenstein apresentou-se como voluntário para lutar pelas Forças do Eixo na Primeira Guerra Mundial e foi condecorado com medalhas por sua bravura, enquanto Russell foi um contestador por motivo de consciência — ou um *conchie* — e foi preso por isso. Mais tarde, Russell militaria em favor da Campanha pelo Desarmamento Nuclear, que Wittgenstein denominava a "escória dos intelectuais". E, por fim, Russell era um heterossexual que defendia os homossexuais, enquanto Wittgenstein era um homossexual ativo porém coberto de culpa, que considerava seu comportamento uma espécie de "fraqueza" e passou grande parte da vida tentando suprimir a natureza sexual ou escapar dela. Seus biógrafos trabalharam com afinco, mas derradeiramente em vão, para ocultar esse fato em favor dele.

Mas devemos voltar ao caso filosófico principal e à condição de lenda de Wittgenstein. Ele realmente "inventou" a filosofia analítica e inspirou o Círculo de Viena a defender a completa reavaliação das maneiras de se abordar o assunto?

A resposta a isso não está nos bilhetes e nas cartas reunidos por tantos anos e com tanto zelo pelos seus testamenteiros literários (tal como G.E.M. Anscombe, um de seus "pupilos"), mas no único livro que conseguiu publicar — o *Tractatus*. E esse, além do mais, é muito curto. Portanto, seria possível pinçar algumas respostas simplesmente folheando-o.

Wittgenstein começa com a alegação alarmante de que o mundo é uma reunião de "fatos". Ou seja, uma cadeia de "simples" ou "objetos", *Gegenstände*, os blocos construtores básicos da realidade.

> *Objetos* constituem a substância do mundo. É por isso que eles não podem ser compostos. A substância do mundo só pode determinar uma forma, e não alguma propriedade material... falando de certa maneira, objetos são destituídos de cor... objetos são o que há de inalterável e existente; sua configuração é que é cambiante e instável.

O *Tractatus*, mesmo em seu papel posterior como tese de doutorado, não oferece quaisquer referências ou fontes. No entanto, não precisamos procurar longe para encontrar um ponto de vista não muito diferente, senão surpreendentemente entrelaçado com os aforismos numerados do *Tractatus*. A obra do orientador de sua dissertação, em 1911, Bertrand Russell, por exemplo. E Russell em pessoa segue uma longa tradição da qual Leibniz é apenas uma figura de destaque. Para ambos, o mundo consiste apenas em átomos lógicos (nos termos de Russell) ou "simples fatos" (como Leibniz os descreve) e ambos admitem que quando a lógica é levada ao extremo, encontrará os blocos elementares que constroem a realidade (as mônadas de Leibniz). Tanto Russell quanto Leibniz argumentam que o conhecimento é essencialmente uma questão de analisar os "blocos construtores" da realidade e por meio disso garantir a "determinação do sentido" em linguagem. Esse é o projeto do *Tractatus*, também.

Ora, Russell e Leibniz igualmente acreditavam ser possível e desejável construir uma linguagem artificial para melhor expor a forma lógica dos argumentos. Ao descrever suas famosas mônadas, Leibniz explicou que elas não aparecem, mas que devemos postulálas logicamente para podermos explicar a realidade e entender a significância da linguagem.

Russell usava metáforas extraídas da química, falando sobre a incumbência de criar "proposições moleculares" a partir dos "átomos lógicos", enquanto Leibniz elegantemente descreveu possíveis arranjos complexos de suas mônadas lógicas. O *Tractatus* de Wittgenstein explica que a linguagem pinta quadros a partir dos fatos e que "as proposições mostram a *forma lógica* da realidade". O próprio Russell alerta contra a grande "construção sistêmica" do estilo leibniziano, enfatizando em lugar dela a necessidade de identificar a "estrutura lógica" da linguagem e as maneiras confusas pelas quais ela pode diferir da estrutura "gramatical". Esse é essencialmente o projeto do "segundo Wittgenstein". Mas o Wittgenstein Jovem Impetuoso declara no *Tractatus* que deveria, pelo menos a princípio, ser possível construir uma linguagem nova e logicamente rigorosa. É claro, essa nova linguagem não dará conta de muitos temas, pois (na frase mais citada do *Tractatus*) "sobre aquilo que não se pode falar, deve-se calar". Ou como expressa Weininger de maneira mais poética: "O homem solitário de Kant não ri, não dança, não grita, não se rejubila. Para ele, é inútil produzir ruídos, tão profunda é a extensão com que o mundo guarda seu silêncio."

No entanto, embora Wittgenstein prezasse o pequeno tratado de Weininger e costumasse distribuir exemplares dele em Cambridge, esse não foi levado muito a sério, possivelmente devido à sua defesa da misoginia extrema com tendências racistas. Possivelmente... Em vez disso, foi a versão do próprio Wittgenstein que ganhou circulação mais ampla:

> A maioria das proposições e questionamentos que se têm escrito sobre questões filosóficas não é falsa, mas destituída de sentido. Não podemos, portanto, absolutamente responder questões desse gênero, mas apenas reconhecer sua ausência de sentido. A maioria das questões e proposições dos filósofos resulta do fato de que não entendemos a lógica de nossa linguagem. (*Tractatus.*)

Se tal era essencialmente o projeto de Russell, ainda é esse tipo de linguagem que tem levado os estudiosos a interpretarem Wittgenstein como a "inspiração" e "uma das luzes que guiam" o Círculo de Viena, aquele grupo informal de filósofos do entreguerras devotados a fazer do raciocínio filosófico o mais lógico e científico que pudessem.

No entanto, Wittgenstein (como Weininger, e ao contrário de Russell) também argumentava que verdades importantes eram inabordáveis por meio da lógica. Daí ser profundamente contrário aos lógicos positivistas e daí ter-lhes lido trechos de um livro místico — e com as costas voltadas para eles. O Círculo, longe de ter-se inspirado por isso, como os dicionários nos asseguram, não se impressionou. Posteriormente, um dos membros, o lógico Rudolf Carnap, escreveu:

> A impressão que nos causou foi como se a compreensão lhe viesse como que por inspiração divina, de forma que não

(Wittgenstein) "o homem solitário... não ri, não dança... não se rejubila".

> podíamos evitar o sentimento de que qualquer comentário ou análise sobriamente racional a respeito seria uma profanação... [Ele] não tolerava o exame crítico por parte de outrem, uma vez que a compreensão fora adquirida por um ato de inspiração.

E, obviamente, a maior parte do *Tractatus*, aos olhos dos lógicos positivistas, era um absurdo metafísico. Tome-se a sentença "a linguagem pinta fatos", por exemplo. Mas, afinal, Wittgenstein explica que suas palavras estão ali como uma escada que se deve subir e depois derrubar. E não apenas as suas palavras. Todo o estudo da filosofia, sugere, tem unicamente o propósito limitado de permitir-nos ver as coisas com uma nova clareza, antes que ela própria deva ser derrubada.

Quanto a Wittgenstein em si, ao menos seguia as próprias palavras e tentou, depois de publicar sua teoria, deixar a filosofia. Mas alguns anos depois estava de volta, assumindo uma bolsa de pesquisa e mais tarde uma cátedra em Cambridge. Embora nunca tenha se comprometido a publicar novamente, muitas de suas anotações, seus comentários e suas conferências foram mais tarde reunidos e publicados como as *Investigações filosóficas*. Esse Wittgenstein descreve a linguagem como uma série de "jogos de linguagem" interligados, em que palavras e sentenças funcionam de tantas maneiras diferentes e sutis: como "ações", como "símbolos", como "comandos". Palavras, diz (tomando empréstimo, como sempre, dessa vez do linguista suíço Ferdinand de Saussure [1857-1913]), são como peças num jogo de xadrez, assumindo seu significado unicamente no contexto do jogo. Num aparte, até reconhece com pesar:

> É interessante comparar a multiplicidade de ferramentas da linguagem e das maneiras como são usadas, a multiplicidade de tipos de palavras e sentenças com que os lógicos têm falado sobre a estrutura da linguagem. (Incluindo o autor do *Tractatus Logico-Philosophicus.*)

Pomposas notas finais

[1] Infelizmente, o "projeto" permaneceu como tal, pois Wittgenstein abandonou os estudos de engenharia para seguir a metafísica. Coube a Frank Whittle realmente fazer tal coisa.

[2] A tradução inglesa apareceu em 1922, mas foi também publicada um ano antes, num obscuro periódico alemão. O mundo literário não se entusiasmou com o *Tractatus*, para grande indignação de Wittgenstein, até que Russell, arriscando a própria reputação, persuadiu um editor ao oferecer-se para escrever uma introdução para o livro. Mas Wittgenstein estava longe de se sentir grato, acusando Russell de entender seu livro de maneira completamente equivocada e de deturpá-lo.

• • •

Capítulo 27

O caso de Heidegger (e os nazistas) (1889-1976)

Martin Heidegger tem críticos e admiradores. Da variedade publicada, teve cerca de três críticos e mais de mil admiradores. Um desses, David Krell, proclama-o "sem dúvida o mais poderosamente original e influente filósofo do século", pelo menos na "tradição continental", seja lá o que isso for (longos almoços, prosa floreada). Certamente, até o momento, deve haver talvez mil volumes de comentários sobre Heidegger publicados só em língua inglesa. Isso é muito mais atenção do que qualquer outro recebeu nos últimos séculos.

Silêncio, então, enquanto M.J. Inwood, do Trinity College, Oxford, apresenta a obra do que é "provavelmente" o maior filósofo do século XX.

> De 1916 a 1927 ele nada publicou, mas estudou ampla e intensamente, especialmente a fenomenologia de Husserl, a antropologia filosófica de Scheler, a hermenêutica de Dilthey e os textos de São Paulo, Agostinho e Lutero. Textos cristãos

> supriram-no não apenas com exemplos de decisões momentosas, históricas... mas também com uma ontologia distinta da nossa, de derivação grega. Ao mesmo tempo fez conferências, com brilho cativante, sobre esses e muitos outros temas.

Em todo caso, há um certo mistério a respeito de por que seus escritos, que são todos baseados nas conferências, são tão monótonos e enfadonhos. Mas esse mistério nada é diante daquele outro sobre Heidegger, um mistério fácil de resumir: por que, durante 12 anos, e ao longo de toda a Segunda Guerra Mundial, foi membro do Partido Nazista?

Mas isso é dar um pequeno salto adiante. O caso de Martin Heidegger começa em Baden, Alemanha, em 1889.

O caso filosófico

Heidegger foi criado numa área rural, com uma orgulhosa tradição de ultranacionalismo. Sua família era fervorosamente católica e o próprio Heidegger pretendia tornar-se padre. Estudou e ensinou teologia no Arcebispado de Freiburg. Vestígios disso podem ser distinguidos em seus escritos nos quais uma "profunda queda" (como na história do Jardim do Éden) é seguida por uma vida de inautenticidade (pecado), criando angústia (culpa). Essa angústia provoca uma busca por salvação, que Heidegger diz que se cumpre quando se pergunta "o que é o Ser?"

Uma vez que essa foi a sua solução, seus interesses migraram da religião para a filosofia e Heidegger mudou-se com eles para Marburg, onde, em 1923, estudou com Edmund Husserl, o criador da fenomenologia, a quem havia conhecido anteriormente. *Ser e tempo* (*Sein und Zeit*) foi o resultado disso, que aflorou cinco anos mais tarde e foi dedicado ao seu supervisor. Husserl, deve-se notar, era judeu por etnia, embora cristão tanto por batismo quanto por prática religiosa, do contrário, não teria, nessa época, sido autorizado a ocupar uma cátedra na Alemanha. Ainda assim, avolumava-se a pressão sobre os acadêmicos "judeus", nos anos 1920 e 1930, para que esses deixassem a vida pública alemã. Quando Husserl por fim demitiu-se do cargo de professor em Freiburg, Heidegger estava pronto para assumir o seu lugar.

Particularmente em anos posteriores, Heidegger gostava de dizer que sua teoria foi construída sobre as ruínas deixadas pela "destruição" dos escritos "neokantistas" de Husserl, com sua característica elevação das entidades abstratas, tão amadas pelos antigos, acima da imprecisão mundana do cotidiano. Ao contrário, Heidegger se concentra na consciência humana e sua noção de existir, sua transitoriedade e sua impotência. Ele diz, cripticamente, que o problema da humanidade (ou *Dasein*, como a denomina) "reside em ser ela dotada permanentemente de seu vir a ser".

Heidegger continuou com satisfação a fazer conferências sobre os vários problemas do Ser em Freiburg, até o início de 1933, quando, na esteira da triunfal chegada de Hitler como chanceler eleito de toda a Alemanha, o reitor da universidade (um crítico declarado dos nazistas) demitiu-se. E então a coisa esquentou. Heidegger é indicado para ocupar seu lugar e, em 1º de maio de 1933, junta-se aos nacional-socialistas. Chegou a fazer com que *Ser e tempo* fosse republicado, dessa vez suprimindo a dedicatória a Husserl. Apenas uma nota de pé de página permaneceu mencionando a ligação pessoal, que seus adeptos mais tarde ofereceram como evidência de uma "conciliação do tipo que acontecia em quantidade considerável na Alemanha".

Mas Heidegger não parecia estar em busca de uma solução conciliatória. Ao se tornar reitor da universidade, apresentou uma entusiástica visão nacional-socialista do futuro dessa, inspirado por sua filosofia. Enquanto Heidegger era reitor, a saudação nazista era exigida no início e no fim de todas as aulas, o edifício da associação judaica de estudantes foi ocupado por uma turba enfurecida e alguns — mas não todos — dos professores e alunos judeus foram expulsos. Em junho de 1933, em Heidelberg, Heidegger declarou que o curso que as universidades alemãs deveriam seguir seria "até o fim uma dura luta no espírito do nacional-socialismo, que não se deixará calar por noções cristãs ou humanistas". Escreveu cartas secretas a oficiais nazistas denunciando um colega, Hermann Staudinger (que mais tarde ganharia o Prêmio Nobel de Química). Declinou de orientar qualquer estudante judeu e passou a usar um alfinete de lapela com a suástica.

Mas recuemos um pouco para compreender esse complicado pensador, o maior do século passado.

Tornar-se reitor de Freiburg foi o primeiro passo do esforço de Heidegger para levar a visão nacional-socialista para as universidades. Seu discurso de posse proclama a "histórica missão espiritual do povo alemão", enfatizando os ideais nazistas de devoção ao trabalho e dever militar e anuncia que "o mundo espiritual de um povo é a força da preservação mais profunda de seu controle sobre a terra e o sangue". Alunos e funcionários são instruídos com firmeza que "o próprio Führer, e só ele, é a realidade, presente e futura, da Alemanha e a sua lei". Conclui com palavras da *República* de Platão: "Tudo o que é grande enfrenta a tempestade."

Heidegger acreditava que a Alemanha era a herdeira da tradição grega de linguagem e pensamento. As línguas grega e alemã eram idiomas originais e inteligentes. Todas as outras línguas da Europa haviam sido latinizadas, o que para ele significava corrompidas. Os gregos haviam tentado chegar ao sentido de Ser e agora os alemães eram os únicos capazes de se erguer dos destroços da civilização ocidental para ressuscitar a tradição. Dizia-se que Hitler compartilhava de uma visão semelhante.

Heidegger alertou que a Alemanha estaria no centro da luta pelo Ser, apanhada entre o niilismo bolchevique e o materialismo capitalista. "Fomos apanhados por uma tenaz. Situado no meio dela, nosso *Volk* experimenta a mais severa das pressões. É o *Volk* com o maior número de vizinhos e portanto o mais... ameaçado... e, com tudo isso, o *Volk* metafísico. Temos certeza dessa missão. Mas o *Volk* só será capaz de perceber esse destino se no interior de si criar uma ressonância... e assumir uma visão criativa de seu legado. Tudo isso implica que esse *Volk*, como *Volk* histórico, deve impulsionar a si mesmo, e com ele a história do Ocidente, para além do centro de seu futuro 'acontecer' e para o interior do reino primordial dos poderes do Ser", escreveu, com gravidade.

Heidegger nesse momento evidentemente via a si próprio resgatando a civilização de onde ela havia caído, seduzida pela racionalidade técnica da lógica e da ciência, aviltada pela tecnologia. O nazismo tinha o mesmo objetivo — retornar a uma benfazeja "era de ouro" para reencontrar a verdadeira consciência alemã. Tampouco havia conciliação evidente em seu discurso de novembro de 1933, *Bekenntnis zu Adolf Hitler und dem national-sozialistischen Staat*, que pode ser traduzido por *Declaração de fidelidade a Adolf Hitler e o Estado nacional-socialista*. (Isto é, a não ser que você seja François Fedier, escrevendo na época do "caso Heidegger" de 1988, na França, condição em que o discurso seria traduzido como *Appel pour un plébiscite*, ou *Convocação de um plebiscito*, que é uma votação pública para decidir um assunto de Estado.)

Um dos temas favoritos da extrema-direita na Alemanha, e particularmente dos nazistas, é a firme crença num destino nacional e numa comunidade popular: *Volksgemeinschaft*. Isso requer atirar fora os grilhões do parlamentarismo e do modernismo que outros países impuseram ao povo alemão. Só então a comunidade ideal poderia ser criada com os laços da raça e do sangue. A tarefa de fazer isso exige autênticos heróis, tais como Albert Leo Schlageter, um soldado alemão que praticou atos de violência aleatória depois da Primeira Guerra Mundial ter acabado para todos os demais. Ele foi executado, apesar dos protestos de Berlim, pelas autoridades francesas em 1923,

(Heidegger) Os alemães eram os únicos capazes de se erguer dos destroços da Civilização Ocidental...

por conduzir atos de sabotagem no Vale do Reno. É louvado na primeira página de *Mein Kampf* e, depois de chegar ao poder, os nazistas estabeleceram um feriado nacional em sua honra. Para Heidegger, Schlageter era o modelo do autêntico *Dasein*. Em outro discurso, logo depois de tornar-se reitor, homenageia Schlageter, afirmando que esse havia morrido numa época de "trevas, humilhação e traição", mas prometendo que seu sacrifício conduziria inevitavelmente a um "futuro despertar de honra e grandeza". Schlageter, contou ele à receptiva plateia da universidade, "caminhou por este chão quando estudante. Mas Freiburg não podia retê-lo por muito tempo. Foi compelido a ir para o Báltico; foi compelido a ir para a Alta Silésia; foi compelido a ir ao Ruhr... Não lhe foi permitido escapar ao seu destino, para que pudesse morrer a mais difícil e grandiosa de todas as mortes, com uma férrea vontade e um coração límpido".

Essa é também a linguagem de *Ser e tempo*, em que Heidegger entra em detalhes sobre a vida "autêntica".

> Uma vez que se apreende a finitude da própria existência, essa nos arrebata da interminável multiplicidade de possibilidades

> que se oferecem como as mais próximas — aquelas ligadas ao conforto, à negligência e à indiferença em relação às coisas — e leva o *Dasein* [que é, nesse caso, aproximadamente, "humanidade"] para a simplicidade de seu destino. É assim que elegemos a historicização primordial do *Dasein*, que reside na resolução autêntica com que o *Dasein* toma as próprias rédeas, liberto para a morte, numa possibilidade que é ao mesmo tempo herdada e escolhida.

Quanto ao nada, o elemento ao qual os existencialistas se apegaram no pós-guerra, em *O que é a metafísica?* Heidegger diz que "nós conhecemos o nada", nós o conhecemos por meio do medo: "o medo revela o nada".

Isso parece um tanto sinistro...

Mas o período de Heidegger como reitor de Freiburg teria vida curta. Ele iria se demitir no verão de 1934, em meio a um expurgo da SA (*Sturmabteilungen*, ou Divisões de Assalto) e do aparato nazista, generalizadamente contra os que eram contaminados por ideias judias ou capitalistas. Ainda assim, continuou sendo um membro contribuinte do Partido Nacional Socialista até 1945.

Numa entrevista (para o *Der Spiegel*) em 1966, ponderando sobre seus discursos (embargados por determinação dele até depois de sua morte), explicou que viu no nazismo a possibilidade de que "ali estivesse algo novo, ali estivesse um novo alvorecer". Disse que se arrependia, porém, de ter exortado os estudantes, em 1933, a permitir que "o próprio *Führer* e só ele" fosse o "governo do seu Ser".

A versão geralmente aceita para a história de Heidegger é que o namoro com o nazismo nos anos 1930 foi um erro de juventude, um breve flerte de um intelectual ingênuo sobre política e sobre os caminhos do mundo. Quando percebeu o erro, renunciou à posição como reitor e recusou-se dali em diante a tomar parte nas atividades nazistas. Além do mais, mesmo durante esse período, tentou proteger a integridade da universidade contra os piores excessos do nazismo e interveio pessoalmente junto às autoridades nazistas em defesa de alunos e colegas judeus. E essa história da indiscrição juvenil de Heidegger é defendida por uma expressiva tropa de intelectuais, incluindo Hannah Arendt (que confere mais valor por ser ela própria judia) e Richard Rorty.

Para emitir o julgamento recorreram a uma fonte excelente: o ensaio que Heidegger apresentou ao comitê de desnazificação, em 1945. Nesse, o erudito que normalmente não conseguia encadear duas sentenças sem introduzir pelo menos uma dúzia de obscuridades é ao menos uma vez admiravelmente breve e sucinto. Ele escreve: "Em abril de 1933, fui unanimemente eleito reitor (com duas abstenções) numa sessão plenária da universidade, e não, como afirmam os rumores, designado pelo ministro nacional-socialista." Tão sucinto, de fato, que no entanto se esquece de mencionar o título adicional de "*Führer*" da universidade, um título honorífico concedido pelo ministro... E prossegue: "Anteriormente não desejava nem ocupava qualquer posto acadêmico. Nunca pertenci a um partido político", sem mencionar suas atividades no grupo jovem "Gralbund", fundado por Richard von Kralik, um nacionalista conservador que chamava os ingleses e americanos de "refugos germânicos".

De qualquer forma, explica, apenas aderiu ao Partido Nazista para facilitar as relações administrativas para a universidade.

> Pouco depois que assumi o controle da reitoria, o chefe do distrito apresentou-se, acompanhado de dois funcionários encarregados dos assuntos da universidade, para me obrigar a, de acordo com a vontade do ministro, filiar-me ao partido. O ministro insistiu que, desse modo, minhas relações oficiais

> com o partido e os órgãos do governo seriam mais simples, especialmente porque, até então, não tivera qualquer contato com esses órgãos. Depois de extensas considerações, declarei-me pronto a entrar para o partido no interesse da universidade, mas sob a condição expressa de recusar-me a aceitar alguma posição dentro dele ou trabalhar para os seus interesses, enquanto ocupasse a reitoria ou posteriormente.

E novamente Heidegger deixa de aproveitar a oportunidade para explicar aqui o porquê, se sua filiação era motivada pelo desejo de facilitar seu trabalho como reitor, de tê-la renovado anualmente até 1945, muito tempo depois de seus deveres para com a reitoria terem acabado.

Em vez disso oferece evidências de sua discreta resistência depois de 1934. "Depois de minha demissão da reitoria tornou-se claro que se continuasse a lecionar, minha oposição aos princípios da visão de mundo nacional-socialista iria apenas crescer... Uma vez que a ideologia nacional-socialista tornou-se cada vez mais inflexível e menos disposta a uma interpretação puramente [tosse] filosófica, o fato de ser ativo como filósofo era, por si só, uma expressão suficiente de oposição."

Anos mais tarde, uma de suas alunas, Hannah Arendt, lembrada por sua descrição de Auschwitz como uma demonstração da "banalidade do mal", foi solicitada a escrever um ensaio para uma antologia em homenagem a Heidegger por ocasião de seu octogésimo aniversário. Começou recordando como ouvira falar pela primeira vez em Heidegger, na Alemanha da década de 1920.

> Havia pouco mais do que um nome, mas esse percorreu toda a Alemanha como o rumor do rei escondido. O rumor sobre Heidegger expressava isso de uma maneira bastante simples: o ato de pensar havia voltado à vida... Existe um professor; pode-se, talvez, aprender a pensar.

O que exatamente ele pensava, então, era evidentemente de menor importância. Mas ela oferece a seguinte explicação sobre as atividades políticas de Heidegger, evocando com erudição como Platão também viajara para Siracusa a fim de aconselhar seu governante tirânico. "Ora, todos sabemos que Heidegger, também, uma vez sucumbiu à tentação de mudar sua 'residência' e envolver-se no mundo das atividades humanas", ela inicia com indulgência. Depois da relativamente breve incursão pela política, Platão tivera de retornar a Atenas, concluindo que outras tentativas de colocar suas teorias em prática eram inúteis. Heidegger, no entanto, "foi de certa forma mais malservido do que Platão, porque o tirano e suas vítimas não estavam situados além do mar, mas no próprio país". E prossegue:

> Nós que desejamos honrar os pensadores, ainda que nossa residência se encontre no meio do mundo, dificilmente conseguimos evitar de nos estarrecer e talvez nos exasperar com o fato de que Platão e Heidegger, quando investiram nos assuntos humanos, voltaram-se para os tiranos e os *Führers*. Isso deve ser atribuído não tanto às circunstâncias de cada época e ainda menos ao personagem representado, mas antes ao que os franceses chamam uma *déformation professionelle*. Pois a atração pelo tirânico pode ser demonstrada teoricamente em muitos dos grandes pensadores (Kant é a grande exceção). E se essa tendência não pode ser demonstrada no que fizeram, é apenas porque muito poucos deles estavam preparados para ir além "da faculdade de se maravilhar com o simples" e "aceitar esse maravilhamento como sua morada".

Dessa forma, Hannah até conseguiu transformar Heidegger na vítima que caiu presa da grandeza de seu pensamento. De fato, ele emerge da polêmica com algum crédito.

Heidegger corrigiu o próprio "erro" mais rápida e radicalmente do que muitos dos que mais tarde sentaram-se para julgá-lo.

A coisa esquenta

Os seguidores de Heidegger fazem um bom estardalhaço disso tudo. Afinal, salientam, Hannah era judia e até chegou a ser encarcerada por pouco tempo num campo na França de Vichy. Certamente, sua avaliação deve ser considerada desapaixonada. Mais do que isso, Hannah é uma filósofa respeitada, também. No entanto, "desapaixonada" não é um termo inteiramente correto. O caso Heidegger tem outra dimensão. Curiosamente, quando Hannah não passava de uma jovem estudante de 18 anos da classe do professor Heidegger, em Marburg, caiu irremediavelmente de amores pelo homem casado de 35 anos e teve um romance secreto. Heidegger queria que ele se mantivesse em segredo, dizendo com firmeza à sua "atrevida ninfa da floresta" que ela deveria destruir todas as suas cartas. É claro que ela não o fez (mulher sem princípios!), de forma que anos mais tarde o outro caso de Heidegger veio à luz. Então o mundo pôde ler em cartas como esta de Heidegger para Hannah, datada de 22 de junho de 1925, que:

> O que ninguém jamais percebe é como experimentar consigo mesmo e como, no que diz respeito a isso, todos os compromissos, técnicas, moralismos, escapismos e obstáculos ao próprio crescimento podem apenas inibir e distorcer a providência do Ser.

Por certo ninguém deveria se intrometer de maneira leviana em tais sentimentos pessoais. Mas temos de fazer isso! A verdade o exige. Portanto, eis aqui, também, um fragmento de uma das cartas de Hannah, datada de quatro anos mais tarde, depois que seus caminhos haviam necessariamente se separado:

> Ouço com frequência coisas sobre você, mas sempre com a peculiar reserva e obliquidade que simplesmente faz parte do ato de se pronunciar um nome famoso — ou seja, algo que mal posso reconhecer. E de fato gostaria tanto de saber — quase com aflição — como você tem passado, em que está trabalhando e como Freiburg o está tratando.

Significativamente, despede-se com "beijo sua fronte e seus olhos", enquanto Heidegger assina laconicamente "seu".

Mas ainda que se comece a suspeitar do retrato que Hannah Arendt pinta de Heidegger, seus defensores sustentam a tese de que qualquer falha de caráter no homem é uma questão inteiramente distinta de sua filosofia, que deve ser julgada "por seus méritos". Qualquer tentativa de vincular sua filosofia do *Dasein* ao nazismo é, insistem, ilegítima. Nada há nela, particularmente em *Ser e tempo*, que traga qualquer afinidade com o nazismo.

Não era essa a opinião de Heidegger, no entanto. Por exemplo, seu discurso de 11 de novembro de 1933 diz que "a revolução nacional-socialista não é simplesmente a tomada do poder existente do Estado por mais um partido que emergiu unicamente para esse propósito; ao contrário, essa revolução promove a completa subversão de nosso *Dasein* alemão". Heidegger esperava que a revolução política dos nazistas prosseguisse até uma segunda e mais profunda, que envolvesse uma "transformação do próprio homem". Seus estudos filosóficos, que envolviam a recuperação dos ideais gregos, destinavam-se a auxiliar no avanço desse processo político.

Até o fim da guerra, Heidegger via a evidência de uma doença metafísica no colapso das democracias ocidentais decadentes em face da "grandeza interna" do Movimento Nacional-Socialista (um argumento apresentado não apenas no seu ensaio de 1935, *Introdução à metafísica*, mas também em 1952, por ocasião de sua reedição — apesar de outras retificações). Após 1945, Heidegger simplesmente mudou de lado para mostrar a enfermidade que contaminava não a democracia, mas o nazismo. Na *Carta sobre o humanismo*, de 1945, seu novo projeto, construído sobre as ruínas do Terceiro Reich, passou a virar do avesso o "humanismo ocidental" como o responsável pelo nazismo!

E desde o fim da Segunda Guerra Mundial muitos filósofos passaram a registrar sua admiração pela importante obra política de Heidegger. Derrida, empregando sua característica técnica da "desconstrução", chega a dizer que uma vez que Heidegger conseguiu libertar-se da "metafísica", seguindo sua *Kehre*, ou "virada", sua filosofia tornou-se a melhor forma de *antinazismo*.

Apesar disso, muitos dos defensores mais convictos de Heidegger consideram desconcertante que ele não tivesse (finalmente) se pronunciado depois da guerra para condenar o nazismo, especulando, por exemplo, que isso poderia se dever a um desprezo pela cobertura da mídia, ou pelos pedidos de desculpas em geral, em vez da razão mais simples de que era um nazista. Optaram por não recordar que, quando desafiado após seu infame discurso de posse na reitoria por seu amigo Karl Jaspers (que tinha uma mulher judia) a declarar se realmente apoiava o programa nazista, disse que *havia* uma conspiração judaica internacional e que, de qualquer forma, Hitler tinha "mãos maravilhosas". Esses filósofos preferem imaginar que as raízes do nazismo podem ser encontradas nas casas dos guardas dos campos de concentração e não nas abstrações de seus ícones. No entanto, o fascismo segue uma longa tradição filosófica germânica, estendendo-se pelo menos desde Hegel e Nietzsche, com a contribuição adicional do filósofo italiano Giovanni Gentile.

Gentile, um respeitado "neo-hegeliano", foi (como Heidegger parece ter sonhado tornar-se para Hitler) o homem das "ideias" de

Mussolini, adotado como o pensador oficial dos fascistas italianos — e foi executado pelos comunistas depois da guerra pelo transtorno que causou. O tribunal de Nuremberg, notando que Heidegger compartilhava algo do estilo messiânico de discurso de Hitler, simplesmente proibiu-o de conferenciar por cinco anos.

Depois da guerra, Heidegger fez apenas uma declaração referente ao Holocausto. Ele o igualou à mecanização da indústria de alimentos, dizendo que "em essência" essa não era "diferente da produção de cadáveres nas câmaras de gás e nos campos de extermínio". Ambos, sugere, são exemplos de "niilismo".

A influência política de Hitler de certa forma esmaeceu; a filosofia, porém, permanece profundamente servil a Heidegger.

• • •

Capítulo 28

Benjamin Lee Whorf e as cores de Pinker (c. 1900-1950)

A hipótese Sapir-Whorf é chamada assim em reconhecimento ao seu autor, Benjamin Lee Whorf, e seu confidente intelectual, Edward Sapir, o que soa democrático, mas na verdade é em si um pouco estranho. Afinal, Whorf escreveu-a e batizou-a o "princípio da relatividade linguística". De qualquer forma, uma vez que os acadêmicos preferem dar seu nome a ela, para Robert Kirk, da Universidade de Notingham, é possível considerá-la uma "doutrina relativista" (o que, de outra forma, pareceria um pouco tolo), para então prosseguir:

> De acordo com Sapir [*sic*], nós vemos e ouvimos... como fazemos em grande parte porque os hábitos linguísticos de nossa comunidade predispõem certas escolhas de interpretação. Whorf desenvolve a ideia, tentando ilustrá-la com os idiomas indígenas americanos. A doutrina corre o risco de desmoronar no truísmo de que algumas coisas podem ser ditas com mais facilidade em algumas línguas do que em outras.

O caso filosófico

Benjamin Lee Whorf não é levado muito a sério nos dias de hoje. Nem como antropólogo, nem como linguista, nem mesmo como filósofo. Na verdade, não é levado muito em conta de forma alguma. Seu trabalho pioneiro sobre os padrões linguísticos dos índios hopi da América do Norte é hoje desprezado por populistas como Stephen Pinker como "involuntariamente cômico".

Pinker, um filósofo contemporâneo que normalmente descreve a si próprio de maneira mais imponente como "cientista cognitivo" (bem consciente do poder da linguagem!), explica em *O instinto da linguagem* que "a ideia de que o pensamento é a mesma coisa que a linguagem [não, é claro, que seja isso o que Whorf diz] é um exemplo do que pode ser chamado um absurdo convencional". Pinker prestativamente se estende em vez disso na resposta fornecida pela ciência atual (negligenciando o papel da consciência, na qual os cientistas cognitivos não acreditam):

> as células oculares conectam-se aos neurônios de uma forma que faz com que eles respondam [a certas cores]. Não importa a influência que a linguagem possa ter, pareceria absurdo a um fisiologista que ela pudesse chegar até a retina e reconectar as células ganglionares.

Mesmo no interior da própria disciplina de Whorf, a linguística, Noam Chomsky descreve seu trabalho como "inteiramente prematuro" e "carecendo de precisão". Como expressa um aspirante a seguidor de Whorf (Dan Moonhawk Allford), se você quer descobrir mais sobre o seu trabalho, precisa conseguir conviver com o fato de que nem um só sociolinguista parece "ser capaz de dizer o nome de Whorf sem acompanhá-lo de um esgar de desdém em seus lábios".

Por que deveria ser assim? O que causa tal reação? É sua obra, como diz Robert Kirk, pouco mais do que um apanhado de truísmos? Ou talvez ela não esteja baseada em evidências suficientes, como Chomsky (de maneira completamente diferente) alega? Mesmo que Whorf se demonstrasse absolutamente certo quanto à natureza da linguagem, "seu palpite correto não teria se baseado em alguma evidência substancial e em alguma análise formal da estrutura da língua inglesa", reclama Chomsky. Ou talvez fosse porque Whorf preferiu trabalhar fora da academia durante toda a sua curta vida como (*tosse polida*) um investigador de *seguros*?

Por outro lado, talvez a explicação tenha algo a ver com o fato de que seus argumentos não eram bem-vindos por muitos. Por um motivo, parecem elevar o modo de pensar do indígena americano acima do pensamento do acadêmico americano, uma suposição escandalosa que se torna muito pior pelo fato de ser expressa em linguagem científica. Como afirma John Lucy: "Para alguns [a relatividade linguística] representa uma ameaça à própria possibilidade de investigação racional". Whorf, explica ele, ameaça a legitimidade das atividades dos pesquisadores convencionais, que buscam "fatos objetivos" e "realidade".

Mas o que é essa teoria perigosa e mal fundamentada? Em essência, diz que:

> Dissecamos a natureza de acordo com as linhas determinadas por nossas línguas nativas. As categorias e os tipos que isolamos do mundo dos fenômenos não são descobertos por nós por mirarem cada observador nos olhos; pelo contrário, o mundo se apresenta num fluxo caleidoscópico de impressões que têm de ser organizadas em nossas mentes — e isso significa em grande parte pelos sistemas linguísticos em nossas mentes. Seccionamos a natureza, organizamo-la em conceitos e atribuímos-lhe significados enquanto o fazemos, em grande

(Whorf) "Nós dissecamos a natureza de acordo com as linhas determinadas por nossas línguas nativas..."

> parte por sermos participantes de um acordo que vigora em toda a nossa comunidade de falantes e se codifica segundo os padrões de nossa linguagem.

O acordo é, por certo, "implícito e não declarado", prossegue Whorf, mas "seus termos são absolutamente obrigatórios; não podemos falar de forma alguma a não ser aderindo à organização e classificação dos dados segundo as determinações do acordo".

Portanto, vamos agora classificar e organizar alguns dos dados e isolar algumas categorias.

Benjamin Lee Whorf nasceu em Winthrop, Massachusetts, a 24 de abril de 1897, o mais velho de três irmãos. O pai, Harry, era evidentemente uma espécie de polímata cultural, ganhando a vida como artista comercial, escritor, fotógrafo, cenógrafo e dramaturgo. Encorajado pela mãe, Sarah, o jovem Whorf explorou os mistérios dos criptogramas e enigmas e leu vastamente sobre botânica, astrologia, história mexicana, arqueologia maia e fotografia. Chegou, no devido tempo, à antropologia por uma rota incomum, passando pela física, sincronicidade junguiana, teoria dos sistemas e psicologia da

Gestalt (com seus conceitos de *foregrounding* e *backgrounding*) — mas, acima de tudo, por meio da linguística. Todos interesses que só foi capaz de seguir durante seu tempo livre.

Pois seu trabalho diurno era um tanto mundano — investigador e engenheiro da Companhia de Seguros Contra Incêndios Hartford. No entanto, esses anos não foram desperdiçados. No trabalho deparou-se com muitos exemplos do que mais tarde veria como linguagem influenciando padrões de pensamento e quando sua teoria linguística apareceu em vários artigos influentes, girava em torno do tema da prevenção de incêndios. As pessoas, observou no primeiro desses artigos, tendiam a ser descuidadas em relação a "tambores vazios" de gasolina, tambores, melhor dizendo, "vazios" de combustível, mas igualmente "cheios" — de vapores mais explosivos do que os líquidos. Ele notou como as pessoas eram complacentes em relação à "água" dos efluentes industriais e às "pedras" de carbureto, ambas, novamente, inflamáveis e perigosas apesar das impressões de estabilidade tranquilizadora que as palavras "água" e "pedra" transmitem.

Na década de 1920, enquanto ainda trabalhava em tempo integral, passou a se corresponder com os principais intelectuais dos EUA. De 1931 em diante estudou linguística (em meio expediente) com Edward Sapir, uma das figuras-chave da nova disciplina da sociolinguística. Foi nessa época que fez seu aprofundado e altamente original estudo das estruturas da língua dos índios hopi. Um fluxo de ensaios detalhados, ainda que quase poéticos, firmou seu nome e ele se tornou um pesquisador bolsista de Yale.

A relatividade linguística em si não é novidade. De fato é uma ideia antiga, mais velha do que a variedade da física, remontando pelo menos ao século XIX e ao fundador da linguística, o barão Wilhelm von Humboldt. O próprio barão considerava o pensamento inteiramente impossível sem a linguagem e que essa determinava completamente o pensamento, algo que não é de modo algum a posição de Whorf. Depois da demonstração de Einstein sobre a "relatividade" do espaço e do tempo, a teoria de Humboldt ganhou vida nova e o próprio Einstein citou-a num programa de rádio. Whorf, com formação em química, não alegava ter inventado algo; em vez disso, queria unir a nova forma de pensar da "ciência dura" com a velha teoria filosófica.

Num de seus ensaios, mais tarde reunidos no livro *Linguagem, pensamento e realidade* (1956), diz:

> Assim como é possível haver qualquer quantidade de geometrias além da euclidiana que deem conta de maneira igualmente perfeita das configurações espaciais, também é possível haver descrições do universo, todas igualmente válidas, que não contenham nosso contraste familiar de tempo e espaço. O ponto de vista amparado na relatividade da física moderna é uma de tais descrições, concebida em termos matemáticos, e o *Weltanschauung* hopi é outra, e bastante diferente, não matemática e linguística.

Chega a contestar a compreensão newtoniana do mundo, permanente e imutável como as formas platônicas. Foi isso o que alarmou tanto os filósofos, mais do que qualquer coisa meramente linguística.

> Na visão de mundo hopi, o tempo desaparece e o espaço se altera, de forma que não se trata mais do espaço atemporal homogêneo e instantâneo de nossa suposta intuição ou da mecânica newtoniana clássica. Ao mesmo tempo, novos conceitos e abstrações fluem para dentro do quadro, assumindo a tarefa de descrever o universo sem fazer referência a tal tempo ou espaço — abstrações para as quais nossa língua carece de termos adequados. Essas abstrações... sem dúvida nos parecerão psicológicas ou mesmo místicas em seu caráter.

Por dois mil anos os pensadores europeus haviam afirmado que a linguagem simplesmente segue o ato de pensar. E o pensamento era considerado dependente de leis da lógica ou da razão que supostamente seriam as mesmas para todos, não importava que língua se usasse. (Não é por nada que Bertrand Russell [do outro lado "da lagoa"] passou a maior parte da juventude de Whorf lutando com a incumbência de produzir exatamente esse "fundamento lógico".) Mas agora, diz Whorf, nem a língua nem mesmo os conceitos são de modo algum universais!

É claro, aprisionados em nossa "casa da linguagem" isso parece muito estranho. Mas as línguas ocidentais podem ser pensadas como estáticas, orientadas segundo padrões, enquanto línguas como o hopi são ativas, preocupadas com processos. A diferença mais significativa entre essas duas orientações é sobre a questão da identidade. Substantivos (e portanto nomes) fornecem uma identidade. Essa noção é fundamental para a filosofia ocidental. As "leis do pensamento" de Aristóteles, que lhe pareciam então, e ainda hoje parecem para muitos, absolutamente certas, consistem em:

Lei da identidade: A = A;
Lei da não contradição: A não é igual a "não A";
Lei do terceiro excluído: ou A ou "não A", mas não A e "não A".

Na verdade, as leis remontam a muito antes de Aristóteles, certamente aos filósofos pré-socráticos, mais notavelmente Parmênides. Foi ele, no século V a.C., que formulou a segunda das leis como: "Jamais poderá vigorar que o que é não seja." Isso pode parecer indiscutível, mas aparentemente, na época, a lei de Parmênides realmente representou uma ruptura radical em relação à convenção. Até então, filósofos como Heráclito argumentavam que, uma vez que as coisas mudavam, tinham de conter o que não eram. Só tais contradições poderiam contribuir para a mudança. As palavras de Heráclito ecoam na língua dos índios hopi: "Coisas frias se tornam quentes; o quente esfria; o úmido se torna seco; o ressecado se umedece."

Mas por dois mil anos a filosofia ocidental aceitou que fosse Aristóteles a conduzi-la. E então Whorf chegou e bagunçou as convenções. Em vez de a linguagem seguir as regras, sugeriu que a lógica busca apenas institucionalizar os acidentes da gramática ocidental e, ao fazer isso, cria uma visão equivocada do mundo.

Tome-se o recipiente de gasolina como exemplo. Whorf diz que o uso da palavra "vazio" num cartaz ao lado dos tambores metálicos de gasolina leva os trabalhadores a pensarem os tambores como "vazios", não preenchidos, "cheios de nada", quando na realidade estão cheios — de resíduos inflamáveis. Com a finalidade de reafirmar a ordem no mundo linguístico, Pinker, ao contrário, insiste que o erro dos trabalhadores se deve aos tambores de gasolina parecerem vazios — assim a confusão é empírica, não linguística, afinal. Uma vez que os tambores de combustível tendem a não ser transparentes, esse argumento é um tanto enfraquecido, mas de qualquer forma o argumento de Whorf é bem diverso: aponta para o fato de que quando os trabalhadores categorizam mentalmente os tambores como "vazios", adotam um modelo linguístico de recipientes "vazios" que os leva a não perceber qualquer perigo.

Deixemos que Pinker tenha sua vez novamente: "Ninguém tem realmente certeza de onde Whorf tirou suas alegações exóticas, mas sua amostra limitada e mal-analisada de fala hopi e suas inclinações de longa data pelo misticismo devem ter contribuído." O professor Pinker, por seu lado, não tem tais tendências: "A ideia de que a linguagem molda o pensamento era plausível quando os cientistas encontravam-se na obscuridade sobre como o pensamento funciona ou mesmo sobre como estudá-lo. Agora que os cientistas cognitivos sabem como pensar sobre o pensamento..."

Bem, sim, agora que os cientistas resolveram os mistérios da mente, a teoria de Whorf parece inconsistente. Até cômica. A hipótese terrivelmente moderna (não menciona Hobbes, por exemplo) de Pinker, em comparação, é a de que o cérebro humano é uma espécie de computador, uma "máquina de processar símbolos" que converte dados, caso sejam linguísticos ou sensoriais, de acordo com "regras" predeterminadas, estruturadas biologicamente.

> No cérebro, pode haver três grupos de neurônios, um usado para representar o indivíduo de que trata a proposição (Sócrates, Rod Stewart e assim por diante [*a espirituosidade de Pinker*]), um para representar a relação lógica dentro da proposição (é, não é, parece e assim por diante) e um para representar a classe ou tipo em que o indivíduo está sendo caracterizado (homens, cães, galinhas e assim por diante).
>
> Cada conceito corresponderia ao disparo de um neurônio particular; por exemplo, no primeiro grupo de neurônios, o quinto deles pode disparar para representar Sócrates e o 17º pode disparar para representar Aristóteles; no terceiro grupo, o oitavo neurônio pode disparar para representar homens, o 12º pode disparar para representar cães. O processador pode ser uma rede de outros neurônios inseridos nesses grupos, conectados de tal forma que isso reproduz o padrão de disparo de um grupo de neurônios em algum outro grupo... Com muitos milhares de representações e um conjunto de processadores de algum modo mais sofisticados... você pode ter um cérebro ou um computador genuinamente inteligentes.

Essa, diz Pinker, é a teoria "computacional" da mente. Realmente há uma cor vermelha codificada no cérebro (em "mentalês"), ainda que o idioma usado por um povo não a tenha. E então Pinker joga seu trunfo contra o cada vez mais patético espantalho de Whorf: "o experimento decisivo realizado nas Highlands da Nova Guiné por Eleanor Rorsch", em 1972.

O povo dani, descobriu Eleanor Rorsch, tem apenas dois "termos para cores", *mola* para as vivas e quentes e *mili* para as escuras e frias. Essas podem ser tomadas, *grosso modo*, como "preto e branco", como Pinker de fato as denomina. No entanto, a professora Eleanor descobriu que os dani eram *tão bons* em discriminar cores em testes quanto qualquer outra pessoa! Evidentemente, sua falta de palavras para cores não estava afetando sua percepção. Fim da história, e fim das teorias de investigador de seguros do pobre sr. Whorf, no que dizia respeito a Pinker.

Porém a pesquisa de Eleanor Rorsch não foi exatamente o fim da história. Metodologicamente, seus testes, envolvendo pareamento de cores em cartões, parecem ter sido inadvertidamente direcionados precisamente para as cores típicas das categorias de um falante de língua inglesa — azul, vermelho, verde e assim por diante — sobrepondo-se às "tonalidades" distribuídas em torno delas. E, além disso, havia o problema de que os testes eram tão complicados que meros 20 por cento dos dani foram capazes de completá-los. Talvez simplesmente porque a ausência de termos para cores tornou os testes mais difíceis de completar...

Todas as tentativas subsequentes para reproduzir a pesquisa desde então fracassaram e, pior ainda, um estudo[1] com 22 falantes de berinmo (que têm um número de categorias de cores ligeiramente maior do que os dani, mas que nem chega perto da quantidade que têm os falantes da língua inglesa) chegou a uma conclusão muito diferente:

> O reconhecimento de cores não saturadas pareceu refletir o vocabulário para cores. ... Ainda que os falantes do berinmo, como os de todas as outras línguas até agora investigadas, pareçam agrupar áreas contíguas do intervalo de cores, não se encontrou evidência de que essas seções correspondam a um conjunto limitado de categorias referentes a cores básicas universais.

Toda essa discussão teve lugar muito depois de Whorf ter saído de cena, é claro. Mas talvez ele não tivesse se incomodado muito, de qualquer forma. Pois, em outra passagem, Whorf manifesta uma diferença de perspectiva:

> Uma compreensão desinteressada do incrível grau de diversidade dos sistemas linguísticos que se estendem pelo globo deixa-nos com o inevitável sentimento de que o espírito humano é inconcebivelmente antigo; que os poucos milhares de anos de história cobertos por nossos registros escritos não são mais do que a espessura de uma marca de lápis sobre a escala que mede nossa experiência passada neste planeta; que os ventos destes milênios recentes nada proferem em qualquer sentido evolucionário; que a raça não passou por qualquer salto súbito, não atingiu alguma síntese determinante durante os milênios recentes, mas apenas jogou com algumas das formulações linguísticas e visões da natureza transmitidas de um passado tão longo que é impossível expressar.

Pomposa nota final

[1] Ver *Color Categories Are Not Universal: Replications and New Evidence from a Stone-Age Culture* [*Categorias de cores não são universais: repercussões e novas evidências de uma cultura da idade da pedra*], de Debi Robertson, Ian Davies e Jules Davidoff, em que tudo isso é claramente demonstrado — preto no branco...

• • •

Capítulo 29

Ser Sartre e não necessariamente não ser Beauvoir (1905-1980, e não 1908-1986)

> A obra de Sartre é um fenômeno único. Nenhum outro filósofo importante foi também um importante dramaturgo [*sic*], romancista, teórico político e crítico literário. Ainda é cedo demais para julgar qual das facetas do gênio extraordinário de Sartre a posteridade considerará a mais importante, mas, uma vez que sua filosofia permeia os outros trabalhos, a permanência de seu interesse está garantida.

De qualquer forma, essa é a conclusão a que chegou o dr. Thomas Baldwin do Clare College, Cambridge, no *The Oxford Companion to Philosophy*. Mas onde, nessa avaliação, está a "sra. Sartre", Simone de Beauvoir? Sumida. Nem um vestígio de perfume feminino, embora em outro lugar da enciclopédia o professor Grunebaum, do Buffalo State College, trate da pequena sombra de Sartre desta maneira:

> Beauvoir... em seus ensaios *Pirro e Cinéas* (1944) e *A ética da ambiguidade* (1947)... tentou reconciliar sua visão menos

radical com a de Sartre, distinguindo dois tipos de liberdade [e reconhecendo] que a liberdade pessoal está inelutavelmente ligada à dos outros. No entanto, como ele, foi sempre incapaz de dar conteúdo convincente à ideia de liberdade como ideia moral ou, logicamente, de se furtar à admissão de que o existencialismo sartriano não tem fundamento para preferir um projeto a outro.

O caso filosófico

Sartre escarnece daqueles que atuam fora de seus papéis: o burguês com seu confortável senso de "dever", os homossexuais que fingem ser heterossexuais, *voyeurs* surpreendidos no ato de espiar e, o caso mais famoso de todos, garçons que correm de um lado a outro. Todos esses, diz, são escravos das percepções das demais pessoas — "os outros". Estão demonstrando *mauvaise foi* — "má-fé". Essa é uma falta comum e, como dizem os psicólogos, ao escolher esse defeito para condenar nos outros, Sartre nos conta um pouco sobre ele próprio, também.

Não que fosse gostar disso, pois Sartre considerava-se um homem de princípios e um radical político. No início dos anos 1950, quando outros murmuravam tenuemente sobre os *gulags*, Sartre celebrou a nova Rússia sob seu heroico líder, Joseph Stalin, e chegou a viajar numa turnê em busca de fatos. Depois disso, retornou a Paris para denunciar rumores de que os russos não eram verdadeiramente livres. Na verdade, disse ele ao entrevistador que lhe perguntou sobre o assunto, "a liberdade de crítica é total na URSS".

Esse era o existencialismo em prática. Pois o existencialismo é uma filosofia de ação, uma "ética da ação e do comprometimento pessoal". Sartre disse isso em 1946, pouco depois de ter passado a Segunda Guerra Mundial escrevendo filosofia. "Disse", declarou em *Crítica da razão dialética* (1960), "e repito que a única interpretação válida da história humana é o materialismo histórico". Mas eis aqui uma tentativa de compreender Sartre como um indivíduo solitário.

Jean-Paul Sartre, como o próprio Marx, sempre foi mais um homem de letras do que de ação. Criado na tranquila França rural, descreve ter passado a maior parte da infância na biblioteca do avô. A adolescência foi igualmente livresca e passou-a sendo preparado para ocupar um lugar na elite francesa em um de seus melhores colégios, emergindo dos estudos apenas para retornar à escola como professor. Finalmente, sendo ali a França, foi capaz de se tornar professor de filosofia, mas a experiência ainda lhe desagradava e em particular o meio onde se encontrava, o porto de Le Havre, que mais tarde ridicularizaria, em seu primeiro romance, *A náusea*, como Bouville.

Quando a Segunda Guerra Mundial chegou e interrompeu sua intelectualização, tornou-se meteorologista do Exército e quando a França se rendeu aos nazistas vitoriosos, viu-se como prisioneiro de guerra, embora sob uma rédea longa que permitiu que saísse sob condicional para retornar às aulas de filosofia (dessa vez na sofisticada Paris) e até elaborar sua primeira peça, em plena guerra. Explicou mais tarde que considerou a possibilidade de tornar-se ativo na resistência, mas isso implicaria subordinar-se ou aos comunistas ou aos gaullistas. A solução a que chegou foi se concentrar na escrita e terminar o que seria sua obra magna, *L'Être et le Néant*, ou *O ser e o nada*. "Estou condenado a ser livre", foi a famosa observação que fez ali.

Quando a guerra acabou, decidiu-se contrariamente à vida de professor, escolhendo em vez disso a de escritor e intelectual, fazendo campanha por movimentos de libertação, como a causa dos vietnamitas contra os americanos ou a dos argelinos contra a própria *La France*. Enquanto isso, sua escrita ficcional era recebida com triunfo por toda parte e naquele ano auspicioso de 1964 foi-lhe oferecido o Prêmio Nobel de Literatura, mas — veja só! — decidiu não aceitá-lo.

A filosofia de Sartre enfatiza o uso da imaginação, que é a mais pura forma de liberdade que se oferece a nós. A "angústia" da existência reside em que o resto do mundo é de tal modo que "essas coisas não são de outra forma que não assim", como coloca Heidegger (a quem os existencialistas franceses aclamam como seu líder filosófico, apesar de isso ter sido logo depois da Segunda Guerra Mundial e a despeito de ele ter sido, como vimos, um nazista). Em sua *Crítica da razão dialética*, Sartre oferece à guisa de exemplo trabalhadores engajados em tarefas monótonas que ainda têm fantasias sexuais, demonstrando assim o poder e a liberdade contrafatual da imaginação.

Dá mais ênfase "ao que não é" sobre "o que é", tratando-se o último de uma espécie um tanto enfadonha de ocorrência que consiste no tipo de coisas que os cientistas examinam, enquanto "o que não é" é realmente muito mais interessante. Resume seu ponto de vista (se é que "resumir" pode ser um termo apropriado para a escrita existencialista) assim: "A natureza da consciência é simultaneamente ser o que não é e não ser o que é." E daí em diante voltamos às nossas naturezas, às nossas "essências". Existimos, sim, mas como "nos definimos"? (Numa das máximas vazias do movimento, "a existência precede a essência".) É aqui que o garçom entra em cena:

> Sua movimentação é pronta e adiantada, um tanto precisa demais, um tanto rápida demais. Avança em direção aos fregueses com um passo um tanto ligeiro demais. Ele se curva para diante com presteza um tanto excessiva; sua voz, seus olhos expressam um interesse um tanto solícito demais pelo pedido do freguês. Por fim, lá retorna ele, tentando imitar em seu caminhar a inflexível rigidez de algum tipo de autômato enquanto carrega sua bandeja com a temeridade de um funâmbulo, mantendo-a em perpétua instabilidade, rompendo perpetuamente o equilíbrio que ele perpetuamente restabelece com um leve movimento da mão e do braço. (*O ser e o nada* [1943].)

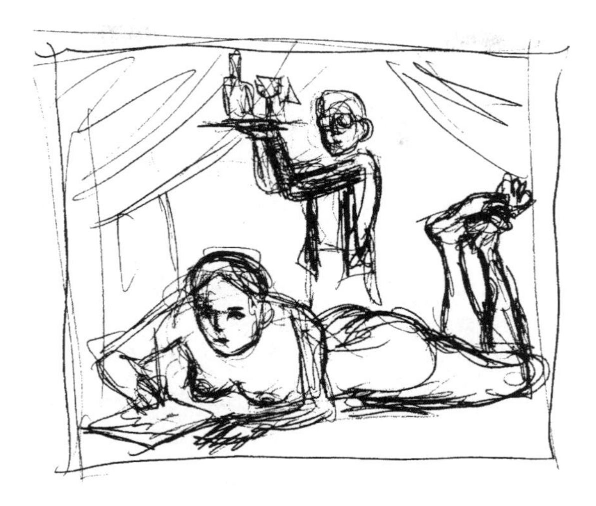

(Sartre) Nós existimos, sim, mas como "nos definimos"?

Esse holofote jogado sobre a "consciência" é o que fez o nome de Sartre. Mas, muito curiosamente, outro livro que apareceu em 1943, *Ela veio para ficar*, de sua confidente intelectual e companheira de toda a vida Simone de Beauvoir, também descreve vários tipos de consciência, em passagens que variam do caminhar a esmo por um teatro vazio (o palco, as paredes, as cadeiras, incapaz de ganhar vida até haver uma plateia) até observar uma mulher num restaurante ignorar o fato de que seu acompanhante começou a afagar seu braço: "Ficou ali, esquecida, ignorada, e a mão do homem acariciava um pedaço de carne que não mais pertencia a alguém." Assim como este trecho:

> — É quase impossível acreditar que outras pessoas sejam seres conscientes, despertos para os próprios sentimentos íntimos, como estamos despertos para os nossos — disse Françoise. — Para mim, é terrível quando compreendemos isso. Chegamos à impressão de não ser mais nada além da ficção da mente de alguma outra pessoa. (*Ela veio para ficar* [1943].)

Cada vez mais curioso, embora os dois livros tenham saído no mesmo ano, o de Simone de Beauvoir foi escrito algum tempo antes e Sartre leu os manuscritos com avidez em suas breves licenças do Exército, antes de começar a escrever *O ser e o nada*.

Agora, quem está demonstrando má-fé? Sartre ou o garçom?

Sartre chega a registrar em seu diário sobre como Simone teve de corrigi-lo várias vezes por sua compreensão grosseiramente equivocada da filosofia existencialista. Resultou que Sartre simplesmente tomou emprestadas todas as ideias de Simone e usou-as (sem reconhecer isso) na própria obra. A única coisa que se desconhece foi por que Simone se resignou a permitir tal coisa, negando, de fato, ter qualquer crédito pela obra de Sartre. Mas, afinal, o relacionamento Sartre-Simone, embora muito celebrado e de certa forma um ícone filosófico, é também completamente mal compreendido. Na verdade, ele é, em si, um caso filosófico. Por um lado, há o bem conhecido enredo de Sartre, o mulherengo que nega o zeloso casamento com Simone para preservar sua "liberdade existencial". Por outro, e muito menos conhecida, está a história fatual registrada nas cartas trocadas por eles. Essas registram que, em 1930, Sartre propôs casamento a Simone. Ela ficou espantada com isso, pela convencionalidade tanto da proposta quanto das concepções de Sartre, e foi ela quem insistiu, por sua vez, que se eles iam passar seus anos juntos, queria poder continuar a ter outros relacionamentos (tanto com amantes masculinos quanto femininos). E o verdadeiro caso sexual desmente o profissional, muitas vezes repetido, de Sartre, o gênio, auxiliado por Simone, a frustrada aspirante a esposa, transformada em secretária dedicada. Pelo contrário, na verdade, Simone tinha a vantagem tanto intelectual quanto literária sobre seu parceiro mais jovem. Saída de um convento além do qual ninguém supostamente poderia progredir, conseguiu passar pelo mais conceituado exame em filosofia da França um ano antes, enquanto Sartre, com todos os recursos do privilégio, passou a custo em sua segunda tentativa.

Sartre mais tarde alegou que isso se deveu a um excesso de originalidade em suas respostas, mas na verdade isso deve ter sido numa nova tentativa, se tanto. Até então, a maior demonstração de criatividade que havia manifestado foi ainda em criança, quando copiou com cuidado histórias dos quadrinhos, acrescentando detalhes extras tirados das enciclopédias do avô. Então, passou tudo aquilo aos admirados pais como seu "romance".

Em *As palavras*, Sartre reconhece, com franqueza renovada, esses exemplos precoces de "má-fé", observando como a mãe:

> levava visitantes até a sala de jantar para que pudessem surpreender o jovem criador na mesa de estudos. Eu fingia estar excessivamente absorto para ter consciência da presença de meus admiradores. Eles se retiravam nas pontas dos pés, sussurrando que eu era gracioso demais para traduzir em palavras, que aquilo era muito, muito encantador...

Encenação que nos traz de volta ao garçom. Ora, também observei garçons. Com frequência precisam fazer tarefas com rapidez, por uma razão prática, não opcional, ligada à sua "falsa consciência". O trabalho é de habilidade — exigente mais do que degradante. São de fato atores, pois têm um papel a desempenhar, e, é claro, como atores, têm uma plateia que os observa. (Até pessoas como Sartre e Simone, às vezes.) Por isso, vamos usar uma analogia diferente. A do intelectual filósofo.

> A fala deles é um tanto sonora demais, a ênfase nas palavras um tanto firme demais. Seus gestos parecem deselegantes em sua afetação, seus olhos se fixam com uma avidez um tanto

> excessiva, suas vozes ocasionalmente se deixam cair numa falsa confiança, enquanto batalham para comunicar a essência de sua última teoria, ou se erguem, com uma nota de incredulidade desapontada entrando em cena, caso haja alguma discordância, como se sentissem uma perda de equilíbrio que só pode ser restabelecido por um agitar de papéis...

Pois o que parece estar acontecendo na filosofia de Sartre — em seu ataque contra a "má-fé" — é uma série de julgamentos de valor não muito sutis, em que o filósofo-escritor está desesperado para emergir acima e à frente do resto da humanidade. Talvez isso tenha algo a ver com uma justificativa de seu papel ambivalente na guerra, vacilando entre o gaullismo e o comunismo antes de decidir escrever um novo livro em lugar de ambos. (O que retrata o garçom...) Talvez tivesse a ver com o empréstimo de ideias de sua parceira. Talvez ele não tivesse tanta certeza de que *era* melhor ser Sartre do que não ser, ou mesmo do que ser o nada do garçom.

Então, quem era realmente o grande existencialista? Simone, ao contrário de Sartre, tinha consciência de que muitos dos elementos do existencialismo, por exemplo, a noção do "outro", podem ser encontrados em Hegel, de onde podem, por sua vez, ser rastreados até a tradição filosófica oriental, com sua "desenfatização" do individualismo como uma ilusão nascida da ignorância — e talvez da vaidade. Dito isso, o desenvolvimento posterior, por Simone, da noção que classifica todas as mulheres como "o outro" na sociedade dominada pelos homens *era* de sua própria autoria. Porém suas primeiras tentativas de fazer com que suas ideias filosóficas fossem publicadas foram firmemente repelidas com o conselho de que deveria deixar a filosofia para os homens!

Numa das obras ficcionais de Simone, *Ela veio para ficar*, há uma chave para o famoso relacionamento. No livro, seu primeiro, há três personagens principais, dos quais Françoise retrata a própria Simone, Pierre representa Sartre e o terceiro, Xavière, é a então amante com quem Simone vivia, Olga. No capítulo 1, Françoise cria uma nova versão de uma peça clássica, em que a figuração de Sartre será não apenas o personagem principal, mas também creditado como responsável pela produção. Em *Ela veio para ficar*, a motivação de Françoise em ocultar sua originalidade é simplesmente o amor. No entanto, alguns veem na história da vida real outra explicação. Eles veem Simone calculadamente alimentando Sartre, o plagiário, assistindo a sua ascensão meteórica com orgulho — e ao mesmo tempo fazendo uma banana para o encrostado *establishment* filosófico francês, dominado pelos homens. E assim um caso reside dentro de um caso, dentro de um caso.

• • •

Capítulo 30

Desconstruindo Derrida (1930-2004)

Jacques Derrida cunhou o termo "desconstrução" na década de 1960 (embora seus "traços" possam ser encontrados por todo lugar), numa época em que a subversão das estruturas convencionais era a posição a ser adotada pelos acadêmicos por definição, senão já (para tomar de empréstimo uma palavra francesa) um tanto *passé*. Desconstrucionistas seriam intelectuais radicais. Deveriam jogar fora todos os frutos da filosofia: epistemologia, metafísica, ética — o carrinho de maçãs inteiro. Afinal, esses eram os produtos de uma visão de mundo enraizada em falsas oposições, como o "sim/não" científico, o "passado/futuro" cronológico, o "bom/mau" ético. Derrida explica que as argumentações e contra-argumentações de todos os outros pensadores e filósofos, suas teorias e descobertas não passavam de jogos de palavras elaborados — que eles estiveram "bancando os ilusionistas" conosco.

Andrew Cutrofello, ao escrever para a *The Concise Routledge Encyclopaedia of Philosophy*, explica mais, na prosa lúcida do gênero.

> Sua obra pode ser entendida nos termos de seu argumento de que é necessário interrogar a tradição filosófica ocidental a

> partir do ponto de vista da "desconstrução". Como uma tentativa de abordagem sobre o que permanece intocado por essa tradição, a desconstrução se ocupa da categoria do "outro integral". Derrida põe em dúvida a "metafísica da presença", uma valoração da verdade como imediação autoidêntica que tem sido sustentada pelas tentativas tradicionais de demonstrar a prioridade ontológica e a superioridade da fala sobre a escrita. Argumentando que a distinção... pode ser sustentada unicamente por meio da exclusão violenta da alteridade, Derrida tentou desenvolver uma concepção radicalmente distinta de linguagem, a qual começaria pela irredutibilidade da diferença à identidade, e que resultaria numa concepção correspondentemente diversa de responsabilidade ética e política.

O caso filosófico

A filosofia política francesa se orgulha de ter dado ao mundo a Declaração dos Direitos do Homem original, em 1789, sem mencionar o fato de ter inspirado Marx e Engels em Paris, e criado a imponente edificação do próprio "estruturalismo", no século XIX. Não é de se surpreender, então, que desde Sartre espere-se de *todos* os filósofos franceses que assumam uma posição política. Ironicamente, isso tornou a filosofia política um pouco *passé*, uma vez que seus expoentes hoje parecem ter sido pessoas incapazes de perceber que tudo era político. No entanto, ao contrário de muitos de seus contemporâneos da École Nationale Supérieure durante a década de 1950, Derrida não aderiu ao Partido, ou seja, ao Partido Comunista Francês, mas manteve-se ao largo, declarando-se meramente "de esquerda", como afirma num livro chamado *Desconstrução e pragmatismo* (1996). Numa entrevista para a revista *Moscou aller-retour*, Derrida prometeu aos russos que "se tivesse tempo, poderia mostrar que Stalin era 'logocêntrico', embora isso fosse exigir uma longa explanação".

> Minha esperança como homem de esquerda é que certos elementos da desconstrução terão sido úteis, ou porque a luta continua, particularmente nos Estados Unidos — servirão para politizar ou repolitizar a esquerda com relação a posições que não são simplesmente acadêmicas.

Essa atitude irritou seus colegas franceses, mas caiu muito bem no mundo de expressão inglesa, particularmente na América, onde não era considerado pragmático os acadêmicos preocupados com a carreira filiarem-se a partidos radicais, mas ainda assim era desejável parecerem progressistas. Com uma miscelânea de intelectuais similares na Alemanha, conhecida como Escola de Frankfurt, Derrida tornou-se uma "figura importante" para as novas disciplinas que se atribuem nomes de coisas como Teoria Crítica, Estudos Culturais e Pensamento Europeu Contemporâneo.

Em lugar da política, Derrida adota avidamente o projeto estruturalista que defende a tese de que todas as teorias que alegam uma aplicação universal, como o marxismo e o nazismo, mas também o liberalismo e até o utilitarismo, eram "imperialistas" e suprimiam perspectivas e culturas alternativas. Os estruturalistas, ao contrário, procuraram mostrar que o mundo era sutil e complicado demais para ser capturado em teorias simples.

Derrida dá um passo adiante nessa ideia, acrescentando o elemento da *Destruktion* que Heidegger havia proposto a qualquer um que quisesse ouvi-lo. A "desconstrução" também destruiria as hierarquias implícitas em outras teorias por meio da jocosa exposição de suas contradições e do abalo de seus dogmas.

A primeira coisa a desconstruir é aquela que não está presente — as ideias que foram escondidas e suprimidas. E a primeira coisa que Derrida considera "excluída" é a própria escrita, que diz ter sido sempre tratada pelos filósofos como uma sombra da fala.

Assim, Derrida desconstrói a descrição de Ferdinand de Saussure do funcionamento da linguagem e descobre que, ao procurar providenciar uma lista de distinções entre escrita e fala, o Pai do Estruturalismo inadvertidamente produziu uma lista de características do pensamento — ele é arbitrário em sua forma, material e relativo — que se aplicam tanto à fala quanto à escrita! A diferença entre essa e aquela revela-se assim como nada mais do que uma ilusão filosófica. (Veja como a desconstrução toma com astúcia as premissas sepultadas num texto — e volta-as contra si mesmas.)

Seguindo sua bem-sucedida desconstrução da distinção fala/escrita veio o fim da de corpo e alma (vide Descartes); o colapso da diferença entre coisas cognoscíveis pela mente e coisas cognoscíveis pela percepção sensorial; a rejeição das distinções entre literal e metafórico, entre criações naturais e culturais, entre masculino e feminino... e ainda mais:

> Todos os *dualismos*, todas as teorias da imortalidade da alma ou do espírito, assim como todos os *monismos*, espiritualista ou materialista, *dialético* ou *vulgar*, são o tema último da metafísica, cuja história em sua totalidade foi compelida a empenhar-se rumo à redução do *vestígio*. A subordinação do *vestígio* à plena *presença* resumida no *logos*, a submissão da escrita sob uma fala sonhada como *plenitude*, tais são os gestos exigidos por uma *ontoteologia* que determina o significado *arqueológico* e *escatológico* do *ser* como *presença*, como *parúsia*, como vida sem *différance*: outro nome para a morte, *metonímia histórica* em que o nome de Deus mantém a morte sob controle. (*Gramatologia.*)

No entanto, no fim da década de 1980, Derrida pareceu afrouxar seu radicalismo ao menos em um ponto. Numa palestra especial sobre justiça para uma plateia em Nova York, anunciou que unicamente um entre todos os conceitos, a justiça, por cuja busca a filosofia ocidental (e este livro) começa, é (como Sócrates) indesconstrutível. Ou, como expressa em estilo estudadamente ininteligível:

> Se há uma desconstrução de toda presunção determinante de uma justiça presente, ela opera a partir de uma infinita "ideia de justiça", infinitamente irredutível. Ela é irredutível devido ao Outro — devido ao Outro antes de qualquer contrato, por essa ideia como chegada, a chegada do Outro como singularidade sempre Outra. Invencível a todo ceticismo... essa "ideia de justiça" mostra-se indestrutível...

Se não há justiça no mundo atual, nem tudo está perdido. A ideia permanece. Afinal ela é indes(cons)trutível.

Agora, quem está bancando o ilusionista?

Parece que Derrida está bancando o ilusionista conosco. Isso tudo é um grande jogo, de "significação", "idealidade" e paralelismo transcendental-empírico em geral.

> O jogo das *diferenças* supõe realmente *sínteses* e *referências* que proíbem, em qualquer momento, ou em qualquer sentido, que um elemento simples esteja *presente* em e por si mesmo, *referindo-se* apenas a si próprio. Quer seja na ordem do discurso falado ou escrito, nenhum elemento pode funcionar como *signo* sem se referir a outro elemento que em si não está simplesmente *presente*. ...Esse entrelaçamento, essa *textura*, é o texto produzido somente na transformação de outro *texto*. Nada, nem entre os elementos, nem no interior do sistema, está jamais *simplesmente presente* ou *ausente* em qualquer lugar. Há

por todo lugar *diferenças* e *vestígios* de *vestígios*. (*Semiologia e gramatologia*.)

Talvez Derrida esteja dizendo que não pode haver "significado", uma vez que nada há fixo no interior da grande rede da linguagem, ou mesmo na vida e na percepção. Tudo é uma miragem, ou, o que é pior, uma espécie de "fino pó" residual que resta após evaporarmos nossas concepções político-sexuais. Termos carregados como "é", que se discrimina contra "não é", ou "eu", que é posicionado contra "você". Devemos destruir a teia das palavras!

Mas parece difícil acompanhar o que Derrida está dizendo. O que é mesmo aquele badulaque-transcendental? Afinal, Derrida gostava de, como em um *koan*, oferecer contradições e recusar definições quando solicitado a explicar coisas. Por várias vezes, insistiu que a desconstrução em si não é um método, nem um ato executado, por assim dizer, sobre um texto por um sujeito. De fato, uma vez declarou em sua *Carta a um amigo japonês* que nunca é possível dizer que "a desconstrução é tal e tal coisa" ou que "a desconstrução não é tal e tal coisa", pois a construção (sim) da sentença seria de tal forma que já estaria falsa.

É uma grande posição, para ser honesto, cunhar uma expressão e depois negar aos outros a habilidade de fazer qualquer pronunciamento sobre o novo termo. Mesmo assim, podemos tentar abordar a questão de um modo mais indireto. Derrida reconhece uma certa influência do filósofo alemão Heidegger, usando seu dispositivo da *destruktion* para expor a falência da civilização ocidental e do "humanismo" em geral como seu próprio projeto filosófico, que havia chamado *Dekonstruktion*, que significa o que parece. (Na verdade, antes disso o termo aparenta ter vindo de um jornal de psiquiatria nazista editado por um primo de Hermann Göring. Que mundo pequeno!) De qualquer forma, o que se dizia ser digno de nota no projeto de Heidegger é que ele ao mesmo tempo destaca e questiona o papel do tempo em nossa maneira de estruturar o mundo, em nossas mentes e em nossos textos escritos.

(Derrida) Esta *textura* é o texto.

O que não faz qualquer diferença, pois quando, de fato, se olha para os escritos de Derrida, muito pouco deles é original. Na verdade, sua principal reivindicação de originalidade pode estar na cunhagem do termo "desconstrução". Embora, para ser honesto, não seja difícil cunhar palavras, o difícil é torná-las úteis. (O engraçado é que, na sua França natal, ainda não há tal palavra.)

De Heidegger, Derrida também toma a noção de "presença", cuja *destruktion* ele diz ser a responsabilidade central da filosofia. As pegadas de Heidegger estão também no conceito de "Ser" e na diferença entre *seres* e *Ser*, que Heidegger denomina a "diferença ôntico-ontológica" e descreve de maneira tocantemente minuciosa num livro chamado *Identidade e diferença*. Derrida refere-se de maneira oblíqua a esse numa passagem de *seu* livro chamado (não inteiramente por coincidência) *Escritura e diferença*, quando define *différance* como pré-abertura da diferença ôntico-ontológica.

Sua "fenomenologia transcendental" veio de Husserl, que também havia notado que "Razão é o *logos* produzido na história. Ela percorre o *ser* consigo própria à vista, com a finalidade de aparecer a si mesma, ou seja, exprimir a si própria e ouvir-se como *logos*. ... Ao emergir de si mesma, o ouvir-se falar *constitui-se* como a *história da razão*, por meio do desvio da escritura. Assim, ela *se diferencia* de si própria para se *reapropriar* de si mesma".

E aqui descobrimos as origens de *différance*, um dos termos de trocadilho favoritos de Derrida, que joga com os dois sentidos de *to differ* [diferir] em posição (no espaço) e *to defer* [adiar] no tempo — ou seja, *defer-ence*.

Um tradutor, Alan Bass, que pode ser considerado uma espécie de entusiasta, diz que Derrida é "difícil de ler". Isso não ocorre apenas em consequência de seu estilo, mas também porque "ele deseja seriamente desafiar as ideias que governam a maneira como lemos... Algumas das dificuldades podem ser resolvidas alertando-se o leitor de que Derrida com frequência se refere às próprias obras, e antecipa outras, sem dizer isso de maneira explícita... combinadas com o uso recorrente da terminologia da filosofia clássica, novamente sem explicação ou referência explícita". (Vimos uma surgir anteriormente, *parúsia*, uma palavra grega que tem algum tipo de conotação religiosa a ver com ser governado pela presença.)

Uma biografia cinematográfica do grande *philosophe*, *Derrida, o filme*, foi lançada em 2002. Retrata Derrida como um piadista, como "um de nós". As origens judaicas são mostradas pelo fato de comer *bagels* no café da manhã; a insegurança, por sua preocupação com a combinação das cores das roupas. Em certo momento, quando a câmera o acompanha até a biblioteca, abarrotada com milhares de livros, pergunta-se ao filósofo: "Você leu todos os livros que há aqui?" "É claro que não", responde Derrida, "só quatro deles. Mas esses li com muita, muita atenção."

Podemos dizer o mesmo. Se li tudo de Derrida? É claro que não, só alguns parágrafos. Mas li-os com muita, muita atenção.

Apêndice erudito:

A mulher na filosofia, e por que não há muitas delas

Há apenas algumas mulheres em muitas obras de referência para a filosofia, esparsas, como tantas reflexões tardias. Na filosofia, parece que as mulheres são, como disse Aristóteles, carentes de uma certa virtude, a faculdade filosófica vital da racionalidade.

E no caso de elas não terem percebido isso, ao longo das eras, aspirantes femininas a filósofas têm sido amplamente suprimidas. Hipátia, aclamada como a mais brilhante pensadora de seu tempo, foi arrastada para fora de sua carruagem e assassinada com conchas afiadas. Aspásia, outra habilidosa matemática e lógica, foi mandada para um convento e proibida de deixá-lo. Teano, por se tornar líder dos pitagóricos, foi aprisionada e torturada.

A opressão física foi apenas parte disso tudo, porém. A mentora de Platão, Diotima, foi rebaixada à categoria de criação ficcional. Em épocas mais recentes, Jenny Marx e Harriet Mill foram a-historicamente desconsideradas como influências no desenvolvimento do marxismo e do liberalismo. Até no século XX Simone de Beauvoir teve seu primeiro livro, a descrição inaugural do existencialismo, devolvido pelo editor com um bilhete aconselhando-a a restringir-se a "assuntos de mulheres".

Muitas mulheres-que-poderiam-ter-sido-filósofas escreveram poemas e cartas em vez de livros. Por qualquer razão e por todas essas, poucos de seus escritos sobre filosofia tiveram qualquer influência direta sobre o tema e suas contribuições podem ser avaliadas apenas em segunda mão, quando se presta atenção em ocasionais reconhecimentos masculinos. Um dos mais famosos desses comentários aparece no diálogo de Platão chamado Simpósio, ou *O banquete*, em que a sábia mulher Diotima recebe o crédito de Sócrates por ter-lhe aberto os olhos para os valores da poesia, do amor e, mais importante de todos, da natureza do conhecimento e mesmo das "Formas". Diotima, na verdade, talvez seja a "mãe" da filosofia ocidental. Diante disso, foi necessário relegá-la à condição de "pessoa imaginária", uma missão assumida por homens eruditos no século XV, e ignorá-la amplamente desde então. Por isso, vamos começar corrigindo ligeiramente esse desequilíbrio, relembrando aquele célebre exemplo de "filosofia de mulheres", talvez de fato o ÚNICO exemplo a ter sobrevivido aos milênios (disfarçado nas roupagens de Platão).

É 360 a.C. e o cenário é uma bebedeira na casa de Ágaton, em Atenas. Sócrates fala.

> Você fez um pronunciamento excelente, Ágaton, mas ainda há uma pequena pergunta que gostaria de fazer: o bem não é também o belo?
>
> ÁGATON: Ora, sim.
>
> SÓCRATES: Então, ao buscar o belo, o amor quer também encontrar o bem?
>
> ÁGATON: Não posso refutá-lo, Sócrates. Vamos presumir que o que você diz é verdade.
>
> SÓCRATES: Diga, ao contrário, meu querido Ágaton, que você não pode refutar a verdade, pois Sócrates é fácil de refutar. Mas agora,

antes de privá-lo da minha presença, quero contar uma história de amor que ouvi narrada originalmente por Diotima de Mantineia, uma mulher sábia nessa questão e em muitos outros tipos de conhecimento. Nos velhos tempos, diz-se, ela alertou os atenienses a oferecerem sacrifícios antes da vinda da praga, e assim retardou a chegada da doença por dez anos. Mas, quanto a mim, foi minha instrutora na arte do amor e devo agora repetir-lhes o que ela me disse, começando com os argumentos que me foram apresentados por Ágaton, que são quase os mesmos que apresentei à sábia mulher quando ela me questionou.

Primeiro, disse-lhe, quase com as mesmas palavras que ele usou comigo, que o Amor era um deus poderoso, e igualmente belo, e ela me provou que, de acordo com minha própria opinião, o Amor não é belo nem bom. "O que você está querendo dizer, Diotima", perguntei, "então o amor é mau e repulsivo?"

"Cale-se", disse ela. "Deve ser repulsivo o que não é formoso?"

"Certamente", respondi.

"E então o que não é sábio é ignorante? Você não vê que há um intermediário entre a sabedoria e a ignorância?"

"E o que pode ser isso?", indaguei.

"A opinião correta", respondeu, "que, como você sabe, sendo incapaz de oferecer uma razão, não é conhecimento (pois como pode o conhecimento ser destituído de razão?), nem tampouco ignorância, pois, igualmente, como pode a ignorância alcançar a verdade?, mas é claramente algo intermediário entre a ignorância e a sabedoria.

Ao que repliquei: "Pura verdade."

"Então não insista", disse ela, "que aquilo que não é belo é necessariamente repulsivo, nem que o que não é bom tem de ser mau. O fato de o amor não ser belo e bom não significa que seja, portanto, repulsivo e mau; pois há um intermédio entre eles."

Mulheres da Antiguidade

Mas isso é dar um salto adiante. O caso filosófico do sumiço das mulheres filósofas deveria incluir muitas outras mulheres da Antiguidade, assim como Aspásia (até 401 a.C.), cujo elegante penteado está imortalizado num afresco sobre o pórtico da Universidade de Atenas. Aspásia foi ativa na vida intelectual e política ateniense na época de Platão. Ela se tornou amante, e mais tarde mulher, de Péricles e, portanto, uma das figuras-chave do movimento sofista. Aspásia era considerada uma autoridade em retórica, política e em questões de Estado. Filósofos de seu tempo chamavam-na "mestra da eloquência". Dizia-se que Sócrates a visitava frequentemente para discutir as artes da retórica e da filosofia.

Como Sócrates, Aspásia foi julgada por impiedade, mas foi absolvida depois que Péricles saiu em sua defesa. Ela estava na Grécia.

Outra "amiga" de Sócrates foi Arete de Cirene. De acordo com o epitáfio inscrito em sua tumba, tinha a beleza de Helena, a virtude de Tirma, a pena de Aristipo, a alma de Sócrates e a língua de Homero. Era filha de Aristipo, ele próprio aluno e amigo de Sócrates e um dos poucos que estavam presentes na fatídica ocasião em que esse bebeu a cicuta. Aristipo fundou a escola Cirenaica, situada no que hoje é o nordeste da Líbia. A escola foi defensora do hedonismo, ou seja, a busca pelo prazer, e no devido curso Arete sucedeu o pai como diretora, ensinando filosofia natural e moral pelos 30 anos seguintes. Dizia-se que havia escrito cerca de 40 livros e ensinado cerca de uma centena ou mais de outros filósofos.

Houve também Cleobulina (ou, mais precisamente, Eumétis, da seita Cleobulina). Ela foi um dos sete sábios da Grécia antiga e escreveu textos enigmáticos em hexâmeros (pequenos poemas de seis versos), assim como algo sobre as propriedades medicinais da "ventosa de vidro", que é comentado favoravelmente por Aristóteles no Livro II da *Retórica*. Alguns textos recordam que foi incumbida da função de lavar os pés dos visitantes na casa do pai, um papel que deve ser considerado um resultado relativamente bom para uma mulher filósofa.

Hipárquia (c. 300 a.C.) desafiou os pais ricos para casar-se com Crates, um célebre filósofo Cínico que também havia renunciado a uma herança considerável, e os dois tornaram-se um casal de filósofos itinerantes, divulgando os ensinamentos de sua seita. Em observância a suas crenças filosóficas, o casal viveu de maneira simples e Hipárquia fez seu nome como filósofa por ter escrito um tratado chamado *Philosophical Hypotheses*, assim como pela via um tanto secundária de explicar os princípios do movimento. O aspecto mais interessante sobre ela foi que aparentemente levou a obrigação de viver "de acordo com a natureza" muito a sério, por exemplo, falando com seu marido em público de igual para igual. No Livro III da *Antologia palatina*, diz-se que declinava de ornamentar suas roupas e seus pés ou de se maquiar. Dizem-nos que caminhava com um robusto cajado, de pés descalços, vestida com um hábito simples, como um monge, e dormia sobre a terra. Sua filosofia tem sido resumida com a afirmação de que "nada que é natural é vergonhoso". Deveríamos ter derivado dela nossa palavra *hippy*. Mas, infelizmente, parece que não.

Depois, houve as diversas "mulheres pitagóricas", assim como Temístocles, que foi a irmã de Pitágoras, a quem se atribui ter sido a verdadeira fonte do código moral pitagórico, o que, como vimos, não é necessariamente um feito imaculado. Enquanto alguns dizem que Pitágoras consultava a sacerdotisa no oráculo de Delfos, outros afirmam que consultava a irmã, e a probabilidade é que realmente tenha obtido suas ideias dela, mas preferido divulgá-las como provenientes do oráculo, de modo a fazer com que as opiniões parecessem mais autorizadas.

Outra das mulheres filósofas pitagóricas foi Teano, alternadamente tida como sua filha ou mulher, de acordo com diferentes fontes (ou duas pessoas diferentes!), que se tornou diretora da escola pitagórica depois que Pitágoras deixou a Terra para passar por outro ciclo de reencarnação. Enquanto ele estava vivo, porém, ela ajudou o mestre a determinar a densidade do "éter" que os pitagóricos supunham circundar a Terra e preencher o espaço, assim como vários outros complexos bocados de geometria. Há um documento atribuído a Teano em que se discute a metafísica e há relatos de muitos outros de seus escritos em que expressa suas opiniões sobre as áreas filosóficas costumeiramente femininas do casamento, do sexo, da ética e, é claro, das mulheres. Algumas narrativas dizem que depois que Teano se tornou diretora da escola pitagórica ela foi capturada e torturada numa tentativa de extrair seus segredos, mas até depois da mais impronunciável das torturas recusou-se resolutamente a falar.

Segundo Montaigne, Teano (como Hipárquia) encorajou todas as mulheres casadas a se despirem sem qualquer vergonha diante de seus homens, uma política condenada por Plutarco com o opressivo conselho de que uma verdadeira mulher conserva seu pudor mesmo sem as roupas. Na verdade, a própria Teano supostamente teria dito a um jovem que olhava fixamente para seus belos cotovelos: "Eles são bonitos, mas não são para todos." Plutarco teria aprovado, mas não se contentado com isso. Achava que as mulheres não deveriam falar diante de homens em público. E também, apesar do fato de que ela evidentemente escrevia muito, e converteu Pitágoras à opinião de que não eram os números, mas sua ordem, que governava o universo, tais fofocas foram toda a história que se pôde passar adiante sobre sua filosofia. Talvez tivesse sido melhor que ela divulgasse mais alguns de seus segredos.

Outra pitagórica notável, provavelmente um pouco mais tarde (ninguém parece ter certeza das datas exatas), foi Esara de Lucânia, que escreveu um livro, *Sobre a natureza humana*, que apresentou uma teoria da lei natural baseada num novo princípio de "harmonia". Harmonia, como podemos adivinhar, é o princípio de que tudo é harmônico: geometria, aritmética, música, o cosmo — tudo. Como Platão (na *República*), ela vincula a "harmonia da alma" ao bem-estar do Estado. No entanto, enquanto Platão se volta para um "modelo maior" de sociedade para investigar a justiça, ela afirma o contrário, dizendo que deveríamos olhar para a alma individual a fim de encontrarmos a natureza da justiça. Desse modo, produziu uma teoria da lei natural, da justiça e da psicologia humana.

Hipátia já observamos mais apropriadamente entre nossos homens da Antiguidade. Uma contemporânea mais jovem dela foi Asclepigênia. Essa também ensinou numa escola neoplatônica, mas uma em Atenas, dirigida pelo pai. Como Hipátia, foi uma filósofa ateia, ou "pagã", e aplicava princípios místicos, mágicos e teúrgicos ao funcionamento do universo. Comparou os ensinamentos de Platão e Aristóteles às alegações metafísicas do cristianismo. Após a morte do pai, assumiu a Academia com seu irmão e outro filósofo. Seu aluno mais famoso foi o filósofo Proclo, que é tido pela filosofia masculina tradicional como um elo-chave na cadeia filosófica ocidental.

Mas essa cadeia, quer masculina ou feminina, dá um pequeno salto agora, e por isso a próxima mulher filósofa famosa que podemos encontrar é provavelmente Hildegarda de Bingen (1098-1179). Era propensa a ter visões e acreditava ter sido mandada por Deus para alertar os povos contra a loucura de esquecer as Escrituras. Sua tática era primeiro escrever cartas a várias autoridades religiosas e seculares, associada a excursões de pregação pela Alemanha natal. Seus escritos são basicamente descrições e interpretações de suas "visões", introduzindo nesse processo o que os estudiosos dizem ser um "vívido" novo imaginário. Mal é tida como filósofa, mais como mística, mas considerando a escassez de mulheres na filosofia, é frequentemente incluída no rol dessas.

Depois veio a um tanto submissa Cristina de Pisan (1365-c. 1430), hoje honrada como a Primeira Mulher de Letras da França, uma poeta e expoente dos direitos femininos, especialmente o direito à educação plena. Seguiu os interesses de Tomás de Aquino e muitos outros, tratando a sabedoria como a mais elevada das virtudes e também compartilhando o desejo dele de identificar causas apropriadas para a "guerra santa".

Cristina esteve entre os primeiros escritores profissionais da França e é às vezes considerada a primeira pessoa a se manter exclusivamente com a escrita, embora isso pareça uma reivindicação um tanto sem sentido. Seus escritos eram ricos em argumentos e pensamentos filosóficos, refletindo as discussões sociais e políticas da época, o fim do período feudal. A França recorda-a como a autora de um poema, a *Canção em homenagem a Joana D'Arc*, que foi de fato o primeiro tributo a esse ícone francês. Cristina compôs o poema enquanto assistia ao triunfo de Joana como epítome da honra da França e do valor das mulheres.

Mulheres da Renascença

Outra mulher de letras francesa e outra mística foi Jeanne Marie Bouvier de la Motte, também conhecida como madame Guyon. Depois de se tornar uma rica viúva com 28 anos, começou a divulgar sua filosofia mística no sudeste francês. Apresentou à França a doutrina do quietismo, uma forma de misticismo que enfatiza o afastamento das preocupações mundanas, a supressão da vontade e a meditação passiva sobre a divindade. Ao fazer isso, incorreu na ira do arcebispo de Paris e foi aprisionada em 1688, embora tenha sido solta no ano seguinte, graças à intervenção da mulher do rei. Lamentavelmente, foi posta novamente atrás das grades por seus escritos em 1695 e permaneceu lá até 1703, quando foi libertada sob a condição de abandonar Paris.

Um dos casos mais românticos sobre mulheres filósofas é a trágica história de amor do século XII entre Pedro, o Venerável e Heloísa. Mesmo com 16 anos, Heloísa havia se tornado renomada em toda a França por sua erudição e foi considerada a maior filósofa francesa viva. Sabia latim, hebraico e grego e era bem versada em filosofia antiga e retórica. Foi nessa época que o venerável Pedro Abelardo pediu para tornar-se seu tutor particular. Quando Pedro a conheceu, "forçou-se sobre ela", que logo engravidou dele.

Ainda assim, Heloísa não quis casar-se com Pedro porque (é o que se diz) temia que o casamento fosse arruinar a carreira clerical dele. Por isso, de maneira bizarra, apesar de ter-se unido a Pedro, ambos negavam publicamente a vida em comum. O tio de Heloísa acusou Pedro de ser uma espécie de insensível e, como se fosse para rejeitar isso, Pedro mandou-a para um monastério e forçou-a a fazer votos e entrar para a vida religiosa. Estranheza cada vez maior, o tio de Heloísa contratou capangas para "arrancar Pedro de seu leito e castrá-lo". Se isso realmente aconteceu, não sei, mas parece que, de qualquer forma, Pedro prosseguiu numa bem-sucedida carreira filosófica e religiosa, enquanto Heloísa permaneceu pelo resto da vida uma figura triste e solitária na abadia. A único vestígio que resta de sua sabedoria filosófica está numa série de cartas trocadas, ao longo de muitos anos, por ela e Pedro.

Com a Renascença as mulheres voltaram a desempenhar um papel no debate público, ou pelo menos as ricas. Isabel da Boêmia (1618-80), a Princesa Palatina, correspondeu-se com Descartes, que, como vimos, tinha um certo gosto por damas, especialmente as da realeza. O questionamento dela sobre sua descrição da interação entre mente e corpo e das operações do "livre-arbítrio", em face da, como ela expressa, brutal realidade física do ser humano, é tido como suficientemente meritório para dar-lhe ao menos um reflexo da glória do grande filósofo masculino.

Por alguma razão, a Inglaterra gerou várias mulheres filósofas, assim como Catherine Cockburn (1679-1749), ou Catherine Trotter, como foi chamada originalmente e de modo não muito promissor. Foi realmente uma dramaturga de sucesso. No entanto, envolveu-se, ainda que anonimamente, num debate sobre "racionalismo ético" que Samuel Clarke havia lançado durante as Conferências Boyle de 1704-5 e havia atraído gente como Francis Hutcheson e lorde Shaftesbury. Dizem que a contribuição dela para a filosofia foi sua defesa do *Ensaio sobre o entendimento humano*, de John Locke, o que é um título um tanto pobre, pois é claro que o *Ensaio* foi amplamente admirado e o próprio Locke pouco precisou de defensores.

Outra inglesa, Mary Wollstonecraft (1759-1797), é um dos nomes mais conhecidos da "filosofia feminina, embora isso não signifique, como vimos, ser muito bem conhecida. Certamente, não irá figurar em muitos cursos. Viveu na Inglaterra, foi jornalista e tradutora, e escreveu, entre outros livros, *Reflexões sobre educação de filhas* (1787), em que identificou a educação inadequada como um dos modos pelos quais os homens mantêm as mulheres sob seu poder. Viajou para a França, onde escreveu a *Reivindicação dos direitos do homens*, em 1790, uma réplica à condenação pelo filósofo masculino Burke aos valores da Revolução.

Seu livro mais influente, a *Reivindicação dos direitos das mulheres*, embora aclamado como uma filosofia feminista precoce, é em certo sentido meramente uma "reação" aos esforços editoriais de Thomas Paine, John Locke e Jean Jacques Rousseau em defesa dos "direitos dos homens", sendo o título decorrente dos *Direitos do homem*, de Paine. Sua contribuição para a filosofia foi dizer que as mulheres têm os mesmos direitos que os homens, o que pode não parecer muito radical, mas ainda assim, como doutrina política, teve um longo caminho a percorrer antes de encontrar aceitação universal. Seu raciocínio, na época, é mais importante: ela argumenta que a virtude é uma mistura de razão e sentimento, e não unicamente da mera razão. "A mente não tem sexo", disse, uma visão que poderia também ser atribuída a Platão. Acrescenta, porém, que as relações entre homens e mulheres são corrompidas por distinções artificiais baseadas em gênero, comparando-as com distinções políticas desnecessárias, baseadas em classe, riqueza ou poder, e que a verdadeira virtude requer justiça política. Por isso seus contemporâneos a condenaram como uma "serpente filosofante", uma "hiena de saias" e até mesmo uma "impiedosa amazona". Como muitas de nossas mulheres filósofas, morreu jovem — no seu caso, com 38 anos, ao dar à luz.

Outra radical residente na Inglaterra, a sra. Marx, que, pode-se notar de passagem, supostamente contribuiu em todos os estágios do processo de elaboração (baseado em Londres) da filosofia de Marx e Engels, foi amplamente desconsiderada pelos historiadores subsequentes e também morreu jovem.

Anne-Louise Germaine Necker, baronesa de Staël-Holstein (1766-1817), para deixar brevemente a Inglaterra, é provavelmente a mulher filósofa com a melhor pretensão a um nome duradouro, ainda que seja normalmente citada apenas como madame de Staël. Não era alemã, mas escreveu um livro sobre o país e o "caráter germânico", em que apresentou as obras de Kant, Fichter, Schelling, Schlegel e outros aos intelectuais franceses, que anteriormente se interessavam apenas por pensadores "românticos". Outro livro, *A literatura considerada em suas conexões com as instituições sociais*, ao seu modo antecipa o pensamento crítico marxista ligando religião, lei, moral e literatura. Madame de Staël envolveu-se ativamente na Revolução Francesa e continuou a defender os valores dessa em seus escritos até muito depois de ter se deteriorado.

Harriet Taylor (1807-1858) qualifica-se como filósofa por ser amante de um deles, neste caso do liberal inglês John Stuart Mill. Ele é famoso por suas opiniões sobre "economia política", mas também sobre igualdade, liberdade e individualismo. Embora já fosse casada com o pobre John Taylor em 1826, Harriet apaixonou-se por Mill em 1830 e os dois mantiveram uma ligação realmente bastante escandalosa desde então. O próprio Mill reconhece que os elementos éticos de sua filosofia foram o resultado das discussões de ambos sobre a natureza da igualdade, da liberdade e do individualismo. Mas Harriet é lembrada mais pelo "escândalo" do que por isso.

Fontes importantes e leituras adicionais

Antigos e mais antigos

Sobre Sócrates

A citação introdutória é de Hugh Tredennick, em *Os últimos dias de Sócrates* (*The Last Days of Socrates*, Penguin Classics, 1954), p. 8; a citação de Platão é da *Apologia*, especialmente a 29ª, e as seguintes estão n'*O banquete*, especialmente 220 C-D. O livro de Sarah Kofman *Sócrates: ficções de um filósofo* (1998), aludido no texto, é um relato belo e erudito que sumariza várias abordagens diferentes sobre Sócrates. Se estiver navegando pela internet, tente a Frostburg State University (www.frostburg.edu): lá há um ensaio de Jorn Bramann, *Socrates: An Insider on the Outside* [*Sócrates: um* insider *do lado de fora*], que detalha, entre outros petiscos, por que Sócrates casou-se com sua notoriamente mal-humorada mulher, Xantipa.

Sobre Platão

Há muitos resumos sobre o pensamento de Platão, mas, caso incomum entre filósofos, é sempre melhor ler suas próprias obras. A citação introdutória é de *The Concise Encyclopaedia of Western*

Philosophy and Philosophers (Routledge, 2ª ed., 1991). As citações do próprio Platão são da *República* 592 a-b, 372-375, e a declaração promovendo Eros a deus está n'*O banquete*, em 242e. A Epístola II é reproduzida em *Plato*, vol. 7, traduzida para o inglês por R.E. Bury (Heineman, 1961). A *Stanford Encyclopaedia of Philosophy*, em plato.stanford.edu, tem algumas discussões detalhadas sobre vários aspectos de Platão, incluindo seus interesses poéticos.

Sobre Aristóteles

A caracterização das mulheres como animais de estimação é oferecida na *Política* de Aristóteles, especialmente em 1.254 b 10-14. Escravos e bárbaros são discutidos na *Física*, especialmente em 1252 b 8. Devem ser feitos reconhecimentos especiais e uma recomendação de consulta a www.womenpriests.org por material sobre Aristóteles e o papel das mulheres.

Sobre Lao-Tsé

Não há comentários. Ele "desapareceu". No entanto, ainda existe o próprio *Tao te ching*, em várias formas das quais apenas a chinesa é um retrato acurado — mas bem impenetrável, tanto em razão de estar em chinês quanto por ser um texto muito antigo e obscuro. Usei várias traduções inglesas para chegar às citações híbridas oferecidas aqui. Há várias boas versões na internet.

Sobre Heráclito e Pitágoras

Há apenas alguns fragmentos... Entretanto, sobre os chamados genericamente de pré-socráticos, uma boa fonte é *Os filósofos pré-socráticos*, de G.S. Kirk e J.E. Raven (*The Pre-Socratic Philosophers: A Critical History*, Cambridge University Press, 1957).

Especificamente quanto a Newton sobre Pitágoras, as notas às proposições 4 a 9 dos *Principia Mathematica* dizem que a matemática das leis da gravidade devia ser conhecida de Pitágoras, pois havia aplicado harmônicos aos céus: "Por meio de experiências fez aferições segundo as quais todos os timbres em cordas iguais eram recíprocos aos quadrados dos comprimentos das cordas."

Sobre Hipátia

Sarah Greenwald e Edith Prentice Mendez têm seu ensaio muito erudito, *Women and Minorities in Mathematics: Incorporating Their Mathematical Achievements into School Classrooms: Hypatia, the First Known Women Mathematician* [*Mulheres e minorias na matemática: incorporando suas conquistas matemáticas à sala de aula: Hipátia, a primeira das mulheres matemáticas conhecidas*], pela Appalachian State University — embora vejam Hipátia como matemática, não como filósofa, o que é um certo rebaixamento. Michael Deakin, do Departamento de Matemática da Monash University, na Austrália, tem uma análise que parece convincente em www.polyarmory.org/~howard/Hypatia/primary-sources.html.

Filosofia medieval

Sobre Agostinho

As *Confissões* são a autobiografia original, cheia de informações errôneas, como todas desse gênero, mas há também muitos bons ensaios sobre ele. Por exemplo, os de Gerald W. Schlabach e Lewis Loflin, ambos agora disponíveis na internet.

Sobre Tomás de Aquino

O livreto de G.K. Chesterton, intitulado simplesmente *Saint Thomas Aquinas: The Dumb Ox* [*São Tomás de Aquino: o Boi Mudo*] ainda é publicado e, de fato, o que é ainda mais notável, vendido. Especialmente porque está agora na *web* em toda a sua efusiva integridade, por exemplo, em gutemberg.net.au. O breve resumo da vida de Tomás por Colin Kirk está em *The Essentials of Philosophy and Ethics* [*Princípios básicos de filosofia e ética*] (Hodder, 2005, editado por mim).

Filosofia moderna

Sobre Descartes

A citação introdutória sobre Descartes é do professor F.E. Sutcliffe e foi escrita em *Descartes: Discourse on Method and the Meditations* [*Descartes: discurso do método e as meditações*] (Penguin Classics, 1968), p. 19. A carta é a de 15 de abril de 1630 e está citada na modesta edição de Jonathan Ree de *Philosophical Tales* [*Casos filosóficos*], na p. 7. Para aqueles que insistem em se reconectar com a visão convencional sobre Descartes ("deve haver algum motivo para ele ser tão famoso"), um bom lugar para se começar são os dois volumes de *The Philosophical Writings of Descartes* [*Escritos filosóficos de Descartes*] editados por Cottingham, Stoothoff e Murdoch (Cambridge University Press, 1984).

Sobre Hobbes

Para entender Hobbes, supondo que alguém esteja se sentindo deprimido e queira fazer isso, ver *Leviatã* (publicado em 1651), e caso queira realmente ler o teorema do círculo, *De Corpore*, publicado em 1655. A série de ensaios matemáticos não é descrita aqui em ordem estritamente cronológica. Em vez disso, para uma completa descrição ponto por ponto do exíguo tema, há (talvez de maneira um tanto insensata) um livro inteiro, *Squaring the Circle: The War between Hobbes and Wallis* [*A quadratura do círculo: a guerra entre Hobbes e Wallis*] (1999), de Douglas Jesseph.

Sobre Spinoza

Spinoza continua a ter seguidores entusiásticos. De fato, alguns são entusiásticos demais, como os estudiosos católicos que defendem a hipótese de que o Papa João Paulo II era Spinoza reencarnado (ver www.johnadams.net para um divertido panorama dessa opinião). *Spinoza's Heresy: Immortality and the Jewish Mind* [*A heresia de Spinoza: imortalidade e a mente judaica*], de Steven Nadler (Claredon, 2004), oferece uma descrição detalhada, ainda que mais convencional, daquela controvérsia mais antiga.

Filosofia iluminista

Sobre Locke

An Approach to Political Philosophy: Locke in Context [*Introdução à filosofia política: Locke em contexto*] (Cambridge University Press, 1993), de James Tully e outros, contém várias perspectivas diferentes sobre a política de Locke. Há vários bons *sites* na internet, como aqueles em www.classical-foundations.com. A *Internet Encyclopaedia of Philosophy* (em www.iep.utm.edu) tem uma ampla seleção de artigos sobre ele, entrando em muito mais detalhes do que se poderia razoavelmente supor. Eu me beneficiei do interessante artigo *John Locke and Afro-American Slavery* [*John Locke e a escravidão negra americana*], no *site* da Oregon State University.

Sobre Hume

Há vários relatos sobre a vida de Hume e na verdade também sobre suas obras, mas daqueles, o seu próprio esforço, *Minha vida*, é muito curto e realmente um tanto patético. Melhor considerar a possibilidade de encarar as 700 e tantas páginas de *The Life of David Hume* [*A vida de David Hume*], de Ernest Mossner (publicado pela primeira vez em 1954, mas republicado mais recentemente pela Oxford University Press).

Sobre Rousseau

Assim como a envolvente história do cão de Rousseau, mencionada no livro, há o texto eletrônico completo das *Confissões* do larápio francês no *website* da Universidade de Adelaide: adelaide.edu.au.

Sobre Kant

Kant pode ser uma leitura realmente enfadonha. Peguei esses "petiscos" aqui e ali, mas a única leitura mais extensa que recomendo (alguém tem de fazer isso) é meu próprio texto, *K is for Kant* [*K de Kant*], em *Wittgenstein's Beetle* [*O atiçador de Wittgenstein*] (Blackwell, 2005). É preciso admitir, porém, que esse trata apenas de uma pequena parte da sua filosofia e absolutamente não sobre sua vida e seu "contexto". As 600 páginas de *Kant: A Biography* [*Kant: uma biografia*] de Manfred-Kuehn (Cambridge University Press, 2002), deveriam fornecer isso, ainda que comecem de maneira nada promissora: "O ano de 1724 não foi dos mais significativos na história da raça humana, mas não foi inteiramente insignificante, tampouco..."

Os idealistas

Sobre Leibniz

O delgado volume de George MacDonald Ross sobre Leibniz para a série *Past Masters* [*Mestres do passado*] (1984, mas também disponível *online* em leeds.ac.uk na forma de texto eletrônico) oferece algum pano de fundo sobre o excêntrico filósofo, assim como uma boa compreensão de seu pensamento. Na Internet, www.mathpages.com tem um relato completo de seu trabalho com "computadores".

Sobre Berkeley

O melhor livro do bispo é seu *Three Dialogues between Hylas and Philonous* [*Três diálogos entre Hylas e Philonus*]. Um ensaio interessante sobre Berkeley é o antigo, de George Herbert Mead, *Bishop Berkeley and his Message* [*O Bispo Berkeley e sua mensagem*], no *Journal of Philosophy 26* (1929), p. 421-30. O *website* da Universidade de Illinois (Chicago) (tigger.uic.edu) tem uma boa seleção da memorabilia de Berkeley, incluindo alguns poemas e pinturas.

Sobre Hegel

Se Kant é duro de aguentar, parece que Hegel era ainda pior. Mas bendito seja Karl Popper. *The Open Society and Its Enemies* [*A sociedade aberta e seus inimigos*], vol. 2, *Hegel and Marx* (Routledge, 1945), é bem envolvente. E www.hegel.net tem uma biografia bem acessível, expandindo um artigo de 1911 da *Enciclopédia Britânica*, sobre o grande homem (como ela acredita). (A citação do estilo hegeliano de aula é tirada dessa.)

Sobre Schopenhauer

A *Very Short Introduction to Schopenhauer* [*Brevíssima introdução a Schopenhauer*], de Christopher Janaway (Oxford University Press, nova edição, 2002), é um apresentação acessível, ainda que um tanto destituída de imaginação. E há alguns bons *sites* como sobremesa, tais como www.friesian.com/arthur.htm, que tem alguns diagramas estranhamente sombrios representando o pensamento e as raízes filosóficas de Schopenhauer, ou o texto eletrônico de seu livro, *The Wisdom of Life* [*A sabedoria da vida*], em www.turksheadreview.com.

No meu capítulo, a citação introdutória é de Bertrand Russell, *História da filosofia ocidental* (publicada pela primeira vez em 1946), p. 726-7, na edição da Counterpoint, de 1979. A primeira citação de Schopenhauer é de *On The Vanity of Existence* [*O vazio da existência*], traduzido para o inglês por R.J. Hollingdale (Penguin, 1976), p. 51, e a de conclusão é de *World as Will and Representation* [*O mundo como vontade e representação*], 1.54, traduzido para o inglês por E.F.J. Payne (Dover, 1969), vol. 1, p. 281.

Os românticos

Sobre Kierkegaard

O leitor afiado poderia certamente tentar o texto original, por estranho que seja. A Cambridge University Press tem uma nova edição (2006) de *Temor e tremor*, editada por C. Stephen Evans e Sylvia Walsh. Mas Kierkegaard, como todos os existencialistas, com suas vestes de filósofo, é extremamente enfadonho. No entanto, há um lado bem diferente dele explorado em *The Humor of Kierkegaard: An Anthology* [*O humor de Kierkegaard: uma antologia*], editado por Thomas Oden (Princeton University Press, 2002).

Sobre Mill

A citação introdutória é de *The Oxford Companion to Philosophy*, editado por Ted Honderich (Oxford University Press, 1995), em que Karl Britton comenta a história. *What is Poetry* [*O que é poesia?*] é citado em *Philosophical Tales* [*Casos filosóficos*], de Jonathan Ree (Methuen, 1987), p. 107. A visão de Wordsworth é tomada de *Preface to Lyrical Ballads* [*Prefácio às baladas líricas*] em *Wordsworth's Poetical Works* [*Obra poética de Wordsworth*] (Oxford University Press, 1908). A crítica de Mill contra Bentham foi tirada de *On Bentham and Coleridge* [*Sobre Bentham e Coleridge*], em seu ensaio de 1832, *What is Poetry?*, enquanto a citação final é de Caroline Fox, *Memories of Old Friends* [*Lembranças de velhos amigos*], editado por Horace Pym (Londres, 1882), entrada de 7 de agosto de 1840.

A McMaster University, no Canadá (socserv.mcmaster.ca) tem vários textos eletrônicos de Mill, incluindo algumas raridades, como seu ensaio "Sobre Bentham".

Sobre Thoreau

O texto de *Walden* está disponível *online* em www.turksheadreview.com, novamente como texto eletrônico, e o de *Walking* é oferecido por uma igreja em Ottawa (uuottawa.com) como parte de seu "arquivo de sermões". *Walden* está também disponível numa edição da Dover "barata demais para ser propriamente um livro", em brochura "econômica". Mas, afinal, o próprio Thoreau era absolutamente pobre...

Sobre Marx

A citação sobre "a produção de ideias" vem de *A ideologia alemã*. Leitores supereruditos podem querer procurar o artigo de capa do *Kölnische Zeitung*, n.º 179. Leitores em geral podem preferir *Marx: A Clear Guide* [*Marx: um guia elucidativo*], de Edward Reiss (Pluto Press, 1997). Francis Wheen compôs uma biografia popular de Marx, mas Wheen pertence à escola dos pretensiosos jornalistas-filósofos falastrões, por isso a gente hesita em oferecer-lhe mais publicidade...

Filosofia recente

Sobre Russell

Russell já tem numerosas menções por sua história, mas sobre o homem em si, uma boa — e não só isso, mas terrivelmente imensa — fonte na *web* são os "arquivos Russell" oficiais, que são mantidos pela McMaster University, Canadá, em www.mcmaster.ca/russdocs/russell.htm.

A obra de Russell, por si só, é ampla e trabalhos como *O elogio ao ócio* são salutarmente distintos das discussões filosóficas costumeiras, incluindo até seu *Os problemas da filosofia*. Esse livro, apesar de ter sido durante anos a introdução perfeita ao tema, é na realidade um tanto limitado, ou "inamistoso", como um crítico anônimo observou sobre o meu fascinante *101 problemas filosóficos*, livro que menciono aqui unicamente com propósitos de propaganda.

Sobre Wittgenstein

As citações foram retiradas de *Critique of Patriarchal Reason* [*Crítica da razão patriarcal*], de Arthur Evans e Frank Pietronigro (White Crane Press, São Francisco, 1997); do *Tractatus*, 2.021; de Otto Weininger, *Sex and Character* [*Sexo e caráter*] (1903), citado em *Critique of Patriarchal Reason*, p. 187; e das próprias *Investigações filosóficas*, parágrafo 23.

O atiçador de Wittgenstein, de John Eidinow e David Edmonds, é uma introdução popular, por ser bem fundamentada e bem escrita, ao sinistro filósofo austríaco.

Sobre Heidegger

Ver, por exemplo, Alex Steiner, fonte de muitas dessas comparações históricas interessantes, *The Case of Martin Heidegger, Philosopher and Nazi* [*O caso de Martin Heidegger, filósofo e nazista*], publicado em 4 de abril de 2000, no *World Socialist Web Site*. Infelizmente, a filosofia de Heidegger é quase completamente ilegível. Outros, porém, pensam de maneira diferente, como uma visita à livraria certamente revelará.

Sobre Benjamin Lee Whorf

Robert Kirk escreve no *The Oxford Companion to Philosophy* (entrada citada na íntegra). Do próprio Whorf há apenas *Language, Thought and Reality: Selected Writings* [*Linguagem, pensamento e realidade: textos escolhidos*], editado por John Carroll (MIT Press, 1956). E há o texto de Dan Moonhawk Alford sobre *The Great Whorf Hypothesis Hoax: Sin, Suffering and Redemption in Academe* [*O grande embuste da hipótese Whorf: pecado, sofrimento e redenção na academia*], em www.enformy.com.

Sobre Sartre e não Simone

A citação introdutória vem do *The Oxford Companion to Philosophy*, editado por Ted Honderich (Oxford University Press, 1955). O relacionamento entre Sartre e *Simone* e as semelhanças entre suas obras são explicados em detalhes em *Simone de Beauvoir and Jean-Paul Sartre*, de Kate e Howard Fullbrook (Basic Books/Harper Collins, 1994), e a "explicação alternativa" apresentada é deles. A autobiografia de Sartre, *As palavras*, foi publicada em 1963; *Ela veio para ficar*, o primeiro trabalho publicado de *Simone*, apareceu em 1943.

Um curioso *website* chamado *Dad's Classmates: Sartre e de Beauvoir* [*Colegas de classe de papai: Sartre e Beauvoir*] está em www.wisdomportal.com/Dad/Sartre-Beauvoir.html. Também oferece alguns *links*.

Sobre Derrida

A citação introdutória é da *The Concise Routledge Encyclopaedia of Philosophy* (Routledge, 2000). Outras citações são de *Semiology and Grammatology* [*Semiologia e gramatologia*], traduzido por Alan Bass, em *Positions* [*Posições*] (University of Chicago Press, 1981), p. 26, e *Of Grammatology* [*Gramatologia*], traduzido por Gayatri Chakravorty Spivak (Johns Hopkins University Press, 1976), p. 71.

Quando Derrida morreu, em 2004, sua fama ao menos mereceu-lhe um artigo num jornal de circulação nacional da Índia, *The Hindu*, que está disponível *online* em www.hindu.com. Embora o jornal cometa alguns erros, observa que muitos pensam que seus escritos eram "negativos, obscuros, incoerentes, niilistas e destrutivos", o que é uma síntese tão boa quanto qualquer outra.

Sobre mulheres filósofas

Não há, como disse, quase nada publicado a respeito disso. Um pequeno livro em francês oferece uma visão geral sobre a antiguidade, do qual retirei algum material: *Histoire des Femmes Philosophes* [*História das mulheres filósofas*], de Gilles Ménace (publicado pela Arléa, em 2003). O tema daria um ótimo projeto de pesquisa, mas cuidado com "o canto de sereia" de algumas fontes!

• • •

Agradecimentos

Há um interessante, embora um tanto grosseiro, novo hábito editorial que consiste em acrescentar uma espécie de "antiagradecimentos", em que o autor ataca verbalmente todos aqueles que o estorvaram, depreciaram ou obstruíram seu caminho de qualquer maneira durante a elaboração da obra em questão — ou mesmo durante toda a vida.

Infelizmente, terei de renunciar a esse prazer aqui, em parte em função de preocupações secundárias, por conta do espaço disponível, mas também porque, com toda honestidade, no que diz respeito à elaboração deste livro, não consigo pensar em alguém. Em vez disso, gostaria de oferecer um tipo mais convencional de agradecimento, no qual registro publicamente minha gratidão e meu reconhecimento pela ajuda recebida. Pois a história da filosofia, por sua natureza, é uma empreitada imensa, e até uma história alternativa, como esta, é ainda bastante exigente.

Felizmente, nos dias de hoje, existe a internet, que torna imediatamente disponíveis (para aqueles que dispõem do luxo do acesso a ela) quase todos os grandes textos da filosofia, além de uma vasta gama de material secundário, opiniões e análises. Por isso, meu primeiro agradecimento é para aqueles entusiastas da filosofia essencialmente desconhecidos ou anônimos que têm fornecido, livres de interesses comerciais, pesquisas filosóficas e outros materiais na web.

Mas este livro é igualmente um reflexo do interesse muito específico dos editores, em particular do excelente Jeff Dean, que conduziu tais projetos a partir de meras ideias até a fruição — ou o esquecimento. E gostaria de agradecer também a todos os outros especialistas da Blackwell seu apoio e auxílio durante o processo de produção.

Pensei em *não* agradecer a Raul pelos seus desenhos, porque me pareceu que seu papel era tão central que fazê-lo seria como marginalizá-lo. Mas afinal os desenhos são realmente ótimos e realmente apreciei e curti trabalhar com ele. Por isso, talvez não haja problema em também mencionar isso aqui.

Finalmente, gostaria especialmente de registrar os comentários e as sugestões cuidadosos, criteriosos e totalmente oportunos dos "leitores" profissionais, incluindo, é claro, os daquela grande musa filosófica (e parente não tão distante) Brenda Almond, uma das grandes, ainda que em outros casos pouco reconhecida, mulheres filósofas, e os da minha leitora não profissional, mas muito especial, Judit.

• • •

Índice

A liberdade, de Mill, 283
Abelardo, Pedro, 385, 386
Abraão, história bíblica de, 273
Academia, em Atenas, 40
Aécio, 71
Agostinho, Santo Aurélio, 48, 93-103, 132
  Confissões, 93, 94, 102, 193, 194
  sobre a amizade, 102
  influência sobre Descartes, 126, 129
  o incidente da pereira, 100
  sobre sexo, 97, 100
  sobre escravidão, 100
Alberto Magno, 113, 114
Alcifron, ou o filósofo minucioso, de Berkeley, 247
Alexandre, o Grande, 44, 45
Alexandria, 83, 87
  Biblioteca de, 44
Alighieri, Dante, 119
Allford, Dan Moonhaw, 346
Almagesto, de Ptolomeu, 88
almas, 131, 150
alquimia, e Leibniz, 222, 228
amor, opiniões de Sócrates e Diotima, 36, 377
Analíticos anteriores, de Aristóteles, 51, 54
Andersen, Hans Christian, 278, 279
animais, e pitagóricos, 68
Anscombe, G.E.M., 326
Anselmo, Tomás, 107
antinomias de Kant, 211, 212
Antologia palatina, de Hipárquia, 381
Apolônio, 88
Aquino, Santo Tomás de, 105-120, 392
  e Cristina de Pisan, 383, 384
  e a existência de Deus, 106-108
  reputação de tolerância, 116, 117
  sequestro e tentação de, 112
Arcádio, imperador, 84
Arendt, Hannah, 338-342
  sobre Hegel, 260
Arete de Cirene, 380
Aristipo, 380
Aristóteles, 39-56
  e a biologia, 40, 41
  e o cristianismo, 45, 114

e o propósito na natureza, 42
opinião de Diógenes Laércio sobre, 39
infância de, 39, 40
e a ética, 39, 40
e a lei da identidade, 351
lista de obras de, 55, 56
e o movimento, 106, 107
método filosófico, 46, 51
opinião de Popper sobre, 44
sobre Pitágoras, 72, 74
quadro de Rafael com, 39
e os escravos, 47-51, 164
sobre espaço e tempo, 41, 42
epigrama grosseiro sobre, 39
opinião sobre as mulheres, 46, 47, 377, 380
Arithematica Infinitorum, de Walks, 141
Asclepigênia, 383
Aspásia, 377, 380
astrolábio, 85, 89
astronomia, 69-71
Ayer, A.J., 312

Baden, Alemanha, 332
Bakunin, 303
Baldwin, dr. Thomas, 357
Bass, Alan, 374
Beattie, James, 176
Beauvoir, Simone de, 358, 361, 362, 377, 399
sobre a consciência, 361, 362
relacionamento com Sartre, 362, 363
Becher, J.J., 228
Bennett, Jonathan, 150
Bentham, Jeremy, 284-289
Berkeley, Bispo George, 10, 239-250, 395
projeto do Colégio das Bermudas, 242-245
imaterialismo, 240, 248, 250
poemas, 243-245, 248, 249
e escravidão, 245
virtudes da água de alcatrão, 247, 248
Bíblia, 146
e Tomás de Aquino, 105
e Agostinho, 96, 98, 99
e as dúvidas de Spinoza quanto ao seu texto, 148
Bingen, Hildegarda de, 383
Bird, professor Graham, 209
Black, Dora, 318
Blackwood's Magazine, 208
Blair, professor Hugh, 188
Boole, George, 237
Boscovich, Ruggiero Giuseppe, 232
Boswell, James,199, 205
Boufflers, Madame de, 181, 182, 187, 189, 190
Bowring, John, 287
Breteuil, Gabrielle-Émilie Le Tonnelier de, 127
Britton, Karl, 283, 397
Bruxelas 303
Budismo, e Schopenhauer, 265
Burns, Mary, 308
Bute, Lord, 179

Cachorro de Rousseau, O, de Edmonds e Eidinow, 182

calcular, máquina de
de Leibniz, 222-227
de Pascal, 223
cálculo, e a disputa Leibniz-Newton, 222, 229
Cambridge, e Wittgenstein, 322, 330
Cândido, de Voltaire, 154, 220
Capital, O, de Marx (e Engels), 304-306
Carlyle, Thomas, 283, 286
Carnap, Rudolf, 328
Cartago, 95
Casamento e concupiscência, de Agostinho, 96
casamento
opinião de Kant, 275
opinião de Schopenhauer, 269
Caso de identidade, Um, de Conan Doyle, 11
categórico, imperativo, de Kant, 212
caverna, alegoria da, 31
Charlemont, lorde, 179, 183, 184
cherém, 150
Chesterton, G.K., 112, 392
Chomsky, Noam, 346, 347
Cidade de Deus, A, de Agostinho, 96-98, 102
Ciência da lógica, de Hegel, 256
cínicos, 381
Cirilo, São, 85, 86
Clarke, Samuel, 231, 386
Cleobulina, 380
Clephane, dr. 177
Cockburn, Catherine, 385
cogito, princípio de Descartes, 11, 93, 129, 130, 132
Coleridge, Samuel Taylor, 283, 285, 289
e a escola de Coleridge, 289
Colerus, 146
Collins Dictionary of Philosophy, 63
Collins, John, 229
comércio escravista, 162-165
opinião de Berkeley sobre, 245-246
noção de "estado de escravidão" de Locke, 164-167
relações senhor-escravo segundo Hegel, 259
oposição de Thoreau ao, 293, 295
computador, teoria do cérebro como um tipo de, 353, 354
Concise Encyclopaedia of Western Philosophy and Philosophers, 29
Concord, Massachusetts, 292
Condição humana, A, de Malraux, 9
Confissões, de Agostinho, 94, 96, 100, 102, 391
Confissões, de Rousseau, 172, 185, 194, 394
conflito, como origem da sociedade, 257, 260
Confúcio, 59
e Lao-Tsé, 63
conhecimento, opinião de Mill sobre o, 286
Constituição das Carolinas, nos Estados Unidos, 167
contrato social, 202
Contrato social, de Rousseau, 201, 204, 205
Conversão dos selvagens americanos ao cristianismo, de Berkeley, 243
Cooper, lorde Anthony Ashley (conde de Shaftesbury), 160

Copenhague, 281
e a Era de Ouro da Dinamarca, 276
cores, problemas com termos de, 354
Corsário, O, 278
Crates, 381
Crátilo, 79
cristianismo
e o projeto do arcebispo para Leibniz, 221, 222
e Aristóteles, 45
e o caso contra Hume, 175, 176
e o assassinato de Hipátia, 86
e o compromisso existencial de Kierkegaard,, 279-282
a contenda de Locke com o, 158
e a história de Abraão, 273
ver também Tomás de Aquino; Agostinho; Bíblia; Deus; Kierkegaard; Cícero, 68
Crítica da razão dialética, de Sartre, 358, 360
Crítica da razão pura, de Kant, 208, 212, 215
Cromwell, Oliver, 138, 159
Cutrofello, Andrew, 367

d'Alembert, Jean Le Rond, 189
d'Épinay, Madame, 180
Da corrupção e da graça, de Agostinho, 97
Da divinação, de Cícero, 69
dani, tribo, 353
Darwin, Charles, 42, 265, 297
Dasein, 333, 336, 337, 342
Davenport, Richard, 185
Dawkins, Richard, 269
De Corpore, de Hobbes, 136-138, 141, 392
Declaração da Independência, Estados Unidos, 157
Declaração dos Direitos, Estados Unidos, 158
Demócrito, 43, 55
Demuth, Hélène, 304
Derrida, Jacques, 367-375
e a curiosa gravura, 23
e Heidegger, 373
sobre Heidegger, 343
Derrida, o filme, 373
desafios, técnica medieval dos, 105, 106
Descartes, René, 123-132
cogito, 130, 132
e Isabel da Boêmia, 385 e Leibniz, 236
e Locke como antídoto, 157
método da dúvida, 124, 125, 130
e a ciência, 125-127
crítica de Spinoza a, 145
estilo de escritura de, 124, 125
Desconstrução e pragmatismo, de Derrida, 368
desconstrução, 367-372
desígnio na natureza, argumento de Tomás de Aquino a favor do, 109
ver também evolução
desigualdade, e a teoria social de Hegel, 256, 257
ver também justiça; Rousseau
Deus
argumentos sobre a existência de, 107-109, 129, 211, 212, 320
e a comunicação como fraude contra, 280

e as antinomias de Kant, 212
e a monadologia, 232
como puro ser, 233
o mínimo de Spinoza, 146, 149
ver também cristianismo
dialética de Hegel, 253, 254, 257
Diário, de Thoreau, 291
différance, 370, 374
Diógenes Laércio
sobre Aristóteles, 39, 53
nota de rodapé sobre as obras, 53, 54
sobre Sócrates, 26
Dionísio II, 30
Diotima, 36, 37, 377-379
Direitos do homem, A, de Paine, 386
direitos, Declaração dos Direitos dos Estados Unidos, 158
Discurso do método, de Descartes, 124, 125, 128, 392
Discurso sobre a desigualdade, de Rousseau, 200, 201, 204
Discurso sobre a metafísica, de Leibniz, 221
Discurso sobre as ciências, de Rousseau, 199
Do alcatrão, de Berkeley, 248
Dois tratados sobre o governo e *Segundo tratado sobre o governo*, de Locke, 157, 160, 164
dualismo, 370
Dublin, 240

Edmonds, David, 182, 187, 190, 398
educação, e o início da carreira de Hegel, 254
Eidinow, John, 182, 187, 190, 398
Einstein, Albert, 65, 232, 249, 250
Ela veio para ficar, de Simone de Beauvoir, 361, 364, 365, 399
Elementos, de Euclides, 140
Elenchus Geometriae Hobbianae, 139
Emerson, Ralph Waldo, 294-296
Emílio, de Rousseau, 205
Empédocles, 79
Enciclopédia das ciências filosóficas, de Hegel, 256
energia, 79, 80
Engels, Friedrich, 303
apoio financeiro a Marx, 304, 305, 307
papel chave no marxismo, 306
Ensaio a evitar a ruína da Grã-Bretanha, de Berkeley, 242
Ensaio para uma nova teoria da visão, de Berkeley, 240
Ensaio sobre a verdadeira origem, extensão e fim do governo civil, de Locke, 167
Ensaio sobre o entendimento humano, de Locke, 386
Ensaios, de Montaigne, 125
Esara de Lucânia, 382
Escola de Atenas, pintura de Rafael, 39
escolástico socrático, 89
escravos
e Aristóteles, 48-50
e Tomás de Aquino, 115
e Agostinho, 98
e Heráclito, 81
Escritos alemães de Leibniz, 237
Escritura e diferença, de Derrida, 374
espaço e matéria, teoria leibniziana de, 231-233

espaço e tempo, opinião de Kant, 208-212
Espêusipo, 40, 54
Espírito do mundo, de Hegel, 252, 253
esse est percipe, princípio de Berkeley de que, 240
Estado, projeto platônico de, 31-37
Estágios no caminho da vida, de Kierkegaard, 277
estruturalismo, 368, 370
Ética a Nicômano, de Aristóteles, 51, 52
Ética, de Aristóteles, 45
Ética, de Spinoza, 146, 150, 152
Euclides, 140
eudaimonia, 52
Eutífron, diálogo platônico, 131
evolução, 42
  e Tomás de Aquino sobre propósito da natureza, 109
  e Darwin, 42, 297
  e Thoreau, 297
  ver também vontade: princípio de Schopenhauer
existencialismo, 358-360
  dívida para com Schopenhauer, 269
  e a noção de compromisso de Kierkegaard, 279
  e suas origens em Hegel e no Oriente, 364
Exposição crítica da filosofia de Leibniz, de Russell, 227

Fédon, diálogo de Platão, 25, 75
Fenomenologia do espírito, A de Hegel, 10, 251, 253, 256
fenomenologia, 331, 332, 374
Fermat, Pierre de, 89
Fichte, Johann, 263, 270, 387
Filosofia do direito, de Hegel, 253, 256, 360
filosofia, como narrativa ficcional x *Filosofia para iniciantes*, de Osborne, 228
física, e Descartes, 126-127
formas, teoria platônica das, 30, 37, 46
  e a opinião de Aquino sobre, 109
  e relatividade linguística, 345, 346
Frankfurt, Escola de, 369
Franklin, Benjamin, 158, 250
Frederico Guilherme III da Prússia, 212
Frederico, o Grande, 190
Frege, Gotlobb, 51
Freiburg, Alemanha, 332-337, 342
Freud, Sigmund, 23, 93, 262, 266

Gaia ciência, de Nietzsche, 26
Gales, 319
Galileu, 43, 133, 140, 149
Gandhi, Mohandas Karamchand, 295
Gegenstände, teoria de Wittgenstein sobre, 326
Genebra, e Rousseau, 194, 204, 205
Gentile, Giovanni, 251, 252, 343
geometria *ver* matemática
Georg Ludwig (George I da Inglaterra), 226
Giles, irmão, de Roma, 45
Goethe, 205, 263, 267
Górgias, diálogo platônico, 28, 54, 75
Göring, Hermann, 372

Gramatologia, de Derrida, 370, 372, 400
Grandes filósofos, de Warnock, 239
Greenwald, Sarah, 87, 391
Gregório, o Grande, 118
Griffin, Nicholas, 311
Grimm, Irmãos, 263
Grunebaum, professor, 357
Guardian, jornal, 242
guerra, e Heráclito, 80-81
e a teoria de Tomás de Aquino, 115
Guia dos perplexos, de Maimônides, 148
Guyon, Madame, 384

Hacker, Peter, 321
Hanover, 221, 226, 228, 238
harmonia, princípio de Esara, 382
Hartford, Companhia de Seguros Contra Incêndios, 349
Harvard, Universidade de, Estados Unidos, 294, 297
Hawthorne, Nathaniel, 293, 294
Hegel, G.W.F., 251-260
e a vontade coletiva (*Geist*), 252
sobre Descartes, 123
dialética, 252, 253, 255
e o existencialismo, 364
sobre Heráclito e a transformação, 81
e a história, 255
e a influência de Kant, 211
rejeição de Kierkegaard a, 280, 281
relação senhor-escravo, 257
como professor escolar, 253
rejeição de Schopenhauer a, 254, 256, 261, 262
sobre Sócrates, 25
teoria social, 255-257, 343
e a Personalidade Histórica Mundial, 251, 252
Heiberg, J.L., 277, 278
Heidegger, Martin, 252, 331-344
e o "Ser", 333, 373, 374
e a consciência, 332
e a desconstrução, 369, 371, 372
e a desnazificação, 335, 343
primeiros anos, 331, 332, 337
e o existencialismo, 360
e os nazistas, 332-339
sobre poesia, 290
e o caso secreto com Hannah Arendt, 338
Heidelberg, Alemanha, 145, 152, 254, 334
Heisenberg, Werner, 79
Heloísa, 384, 385
Heráclito, 77-81, 350
e a transformação, 78
sobre Pitágoras, 75
Herbert, Maria von, 214, 395
Herder, Johann, 207
Hérmias, 40, 41, 51, 52
Hesíquio, 88
Hipárquia, 381, 382
Hipaso, 73
Hipátia, 83-87, 377
o destino cruel de, 86
legado, 88
importância para a matemática, 87, 88
História da filosofia ocidental, de Russell, 9, 65, 145, 261, 313, 396

história da filosofia, 9-11
História da filosofia, de Hegel, 123
mitos na, 86
História da Inglaterra, de Hume, 177
História natural geral e teoria dos céus, de Kant, 211
história, e a dialética, 253, 255
ver também dialética
Hitler, Adolf, 193, 252, 257, 322, 324, 333-335, 343, 344
Hobbes, Thomas, 52, 128, 133-143, 151
crítica de, por Rousseau, 200-202
e o interesse próprio, 134, 135
estado de natureza, 199
Holbach, Barão de, 177, 182, 187
Hölderlin, Friedrich, 252, 289
Holmes, Sherlock, 11
Home, John, 184
Honderich, professor Ted, 207, 397, 399
hopi, índios, 346, 349-352
Houston, John, 163
Hubbard, Elbert, 86-88
humana, natureza
e "Ser", 334, 339, 373, 374
e a visão de Heidegger sobre a consciência, 333
e a visão de Weininger sobre, 324
ver também Dasein
Humboldt, Barão Wilhelm von, 349, 350
Hume, David, 169-192
despertar de Kant, 207, 208
críticas contemporâneas sobre o caráter de, 174
rompimento com Rousseau, 178-184
"carta ao Rei da Prússia", 181, 182
memórias, 170, 171
decepções editoriais, 169, 170, 174, 175
viagem a Paris, 175, 176
Husserl, Edmund, 208, 331-333, 374
Hutcheson, Francis, 175, 386
Huygens, Christiaan, 139, 149

I Ching, 62
iâmblico, 67, 69
Ideais políticos: caminhos para a liberdade, de Russell, 318
identidade dos indiscerníveis, de Leibniz, 221
princípio da, 221
Identidade e diferença, de Heidegger, 373
identidade, e linguagem, 235
Ideologia alemã, A, de Marx (e Engels), 307, 397
imaterialismo, 240, 250, 253
infância, 359
existencialismo, 388, 359, 362
relacionamento com Simone de Beauvoir, 361, 362
e o garçom, 360, 362-364
ver também Beauvoir
inferno
opinião de Tomás de Aquino sobre, 117, 118
opinião de Agostinho sobre, 97
infinitesimais, 221
Instante, O, 282
Instinto da linguagem, O, de Pinker, 346
interesse pessoal e autopreservação, 135, 136

desprezo de Kant por, 213, 214
princípio de Rousseau, 203, 204
aceitação de Smith do, 213
Investigação sobre o entendimento humano, de Hume, 169
Investigação sobre os princípios da moral, de Hume, 169
Investigações filosóficas, de Wittgenstein, 329
Inwood, M.J., 331
Isabel da Boêmia, 385

Jagermann, Karoline, 269
Jaspers, Karl, 343
Jefferson, Thomas, 153
Jerônimo, São, 117
João XXII, Papa, 105
Johnson, dr. Samuel, 204, 205, 241, 250
opinião sobre Hume, 176
Jordan, Mark, 93
Journal des Savants, 137
justiça, 386
e Derrida, 371

Kant, Immanuel, 207-215, 337
antinomias, 210
rotina diária, 208, 209
e o raciocínio dialético, 210
e Deus, 210, 211
"demolição" de Heidegger por, 332
influência sobre Schopenhauer, 265
e J.S. Mill, 286
teoria Kant-Laplace, 209
sobre o conhecimento, 210, 286
e não mentir, 215
e Madame de Staël, 387
e espaço e tempo, 207, 208
Kehre (virada), 343
Kierkegaard, Ane, 271
Kierkegaard, Kristine, 271
Kierkegaard, Michael, 270, 271
Kierkegaard, Søren, 7, 118, 270-276
e o compromisso existencial, 274
e a maldição familiar, 270, 271
e a comunicação indireta, 275
e o casamento, 273
King, Martin Luther, 295
Kirk, Colin, 119, 392
Kirk, Robert, 345, 347, 399
Kofman, Sarah, 27, 389
Kölnische Zeitung, 301, 397
Kralik, Richard von, 338
Krell, David, 331
Kwong-loi Shun, professor, 59

Lake, distrito de, Inglaterra, 285
Lao-Tsé
Le Havre, França, 359
Leão XIII, papa, 105
Leeuwenhoek, Anton van, 233
Lei da colisão, de Descartes, 126, 127
Leibniz, Gottfried, 126, 219-238
máquina de calcular, 221-224
e a lei da colisão de Descartes, 126, 127
disputas com Newton, 226-228
identidade dos indiscerníveis, 220
invenções e aparelhos, 221, 224
busca por uma linguagem universal, 236, 237
cartas, 224, 226
mônadas misteriosas, 229, 230
Princípio da Razão Suficiente, 220

teoria do espaço e da matéria, 228, 229
Leis do pensamento, de Aristóteles, 50, 351
Lênin, Vladimir Ilyich, 318
Lesbos, Ilha de, 41
Leviatã, de Hobbes, 136, 139, 392
liberdade
e a liberdade natural de Locke, 167
visão de Rousseau da, 200, 201
e Sartre, 357
e a visão de Spinoza da, 154
Life of Charlemont [*A vida de Charlemont*], de Hardy, 184
Lindemann, Ferdinand, 143
linguagem jogos de, segundo Wittgenstein, Ludwig, 330
linguagem
e Ferdinand de Saussure, 330
jogos de linguagem, 330
e a lei de identidade, 349, 370
princípio da relatividade linguística, 345-348, 351, 352
problemas com termos relativos a cores, 351
e os problemas de Russell, 315, 316
busca por uma, lógica, 328
busca por uma, universal por Leibniz, 236, 237
Linguagem, pensamento e realidade, de Whorf, 350, 399
Literatura considerada em suas conexões com as instituições sociais, A, de Madame de Staël, 387
Little Journeys to the Homes of Great Teachers [*Pequenas jornadas aos lares dos grandes mestres*], de Hubbard, 87
Livro das Mutações, 62
Locke, John, 157-167, 393
noção de "estado de escravidão", segundo, 165-167
e a propriedade como chave para a sociedade, 166
e a crítica de Rousseau, 201, 202
lógica, e Aristóteles, 50
e matemática, 240
lógicos positivistas, 329
ver também Círculo de Viena
London Review, 171
Londres, 142, 159, 179, 183-185, 192, 223, 229, 231, 238, 240, 241, 245, 263, 266, 284, 303, 304, 306, 313, 387, 397
Lordes Proprietários das Carolinas, companhia colonial, 160, 161
Lucy, John, 347
Luther, Martin, 295

"Macavity, o gato misterioso", de T.S. Eliot, 25
Maimônides, 114, 148, 150
mal
Hannah Arendt sobre Auschwitz, 339
como evidência de Deus, 97, 98
Heidegger sobre o holocausto, 344
visão de Leibniz do, 220
ver também Agostinho; Rousseau
Malraux, André, 9
Manifesto comunista, de Marx e Engels, 201, 303, 307
maniqueus, 99, 103

Marburg, Alemanha, 332, 341
Marquet, Caroline Luise, 268, 269
Marquet, caso, 268, 269
Marx, Jenny, 302-306, 377
Marx, Karl, 201, 251, 262, 301-308
  e a transformação, 81
  rotina diária de, 302, 303
  e a guerra entre as nações de Hegel, 306
  conquistas intelectuais, 266
  apoio financeiro por parte de Engels, 303, 304, 306
matemática
  Principia Mathematica, de Russel e Whitehead, 312, 391
  e os pitagóricos, 66, 70
  e a quadratura do círculo, 136, 137, 141
mauvaise foi, 358
Meditações, de Descartes, 15, 124, 127-132, 146, 392
Meditações, versão de Hume, 174
Mein Kampf, de Hitler, 336
Mendez, Edith Prentice, 87, 391
Mênon, diálogo de Platão, 75
Mente e matéria, de Russell, 313
mentira, opinião de Kant, 214
Mersenne, Marin, 124
Metafísica dos costumes, de Kant, 213
Metileno, Lesbos, 41
método da dúvida, de Descartes, 124-127, 130
  versão de Hume, 173
  ver também método filosófico
método filosófico
  de Aquino, 118
  de Aristóteles, 46
  método da dúvida de Descartes, 124-127, 130
  pitagórico, 71
Milão, 95
Mill, Harriet, 377
Mill, J.S., 10, 283-289
  infância, 188
  e a influência de Harriet Taylor, 387
  sobre Hume, 178
  sobre Kant e o conhecimento, 288
  "crise mental", 283-284
  sobre a poesia, 284-285
Mill, James, 283
Miséria da filosofia, A, de Marx, 301
Mnesarco, 66
Moerbeck, Guilherme de, 115
mônadas, de Leibniz, 232-237, 326-327
Monadologia, de Leibniz, 233-238
Montaigne, 123, 125, 128, 382
Monthly Review, 189
Moore, G.E., 325
Morávia, Igreja, 274
Morgan, monge galês, *ver* Pelágio
Moscou aller retour, 368
movimento, 108
  e o argumento do primeiro motor, 109
mulheres na filosofia, 377-387
  exemplo de Hipátia, 83-89
  opinião de Aristóteles das, 46
Mundo como vontade e representação, O, de Schopenhauer, 264, 266, 270, 396
música, e os pitagóricos, 69-70
Mussolini, Benito, 252, 344

nada, em Heidegger, 337
Náusea, A, de Sartre, 359
nazismo
e desconstrução, 373
e Heidegger, 333-341
e Sartre, 359
e Wittgenstein, 323-324
New York Daily Tribune, 304, 306
Newton, Isaac, 43, 70, 127, 141, 158, 223, 228-232, 240, 250, 391
Ney, Elizabeth, 266
Nicéforo, 84
Nietzsche, Friedrich, 252, 343
admiração por Schopenhauer, 266
desaprovação contra Rousseau, 193-194
apelido para Kant, 209
sobre Sócrates, 26
nirvana, 265
Nova Inglaterra
transcendentalismo na, 294
Nova York, 319, 370
números, 382
pitagóricos, 69-72

O vazio da existência, de Schopenhauer, 266
objetos (*Gegenstände*), teoria dos, de Wittgenstein, 326
obligationes, técnica medieval de desafios, 106
Oldenberg, Heinrich (Henry), 229
Olsen, Regine, 277
ontológico, argumento, 107
Open Society and Its Enemies, The [*A sociedade aberta e seus inimigos*], de Popper, 395
Opostos, Tábua Pitagórica dos, 72
oráculo, 381
Pitágoras como, 66
Osborne, Richard, 227
Osen, Lynn, 87
Ou isso ou aquilo, de Kierkegaard, 277-279
Outro, O, 358, 371
Oxenford, John, 266
Oxford Companion to Philosophy, 207, 357

Paine, Thomas, 158, 386
Panóptico, plano de Bentham para o, 284
Parerga e Paralipomena, de Schopenhauer, 263
Paris, 221-222, 303
Paris, Comuna de, apoio de Marx à, 307
Parmênides, 351
Pascal, 223-225
Peano, Giuseppe, 312
pecado original ou primeiro, doutrina do, 96
Pelágio, monge galês, 103
percepção, e as *sensibilia* de Russell, 314
Percival, Lorde, 243
Péricles, 380
Peripatética, Escola, de Aristóteles, 44
Philosophical Hypotheses, de Hipárquia, 381
Pinker, Stephen, 346, 352-353
Pisan, Cristina de, 383

Pitágoras, 65-76
vida, 65-67
feitos extraordinários, 74
e *harmonia*, princípio de Esara de, 382
opinião de Heráclito sobre, 74
e Hobbes, 140
influência sobre Hegel, 255
influência sobre Leibniz, 220, 238
e as mônadas, 238
votos, 71
método filosófico, 71
e o papel das mulheres, 381-382
e as regras do culto, 67, 73
e vegetarianismo, 35-36
Platão, 9-11, 29-37, 238, 241, 274, 296
desenho curioso de, 23
e propósito na natureza, 42
e a dialética, 256
e Diotima, 377-378
e *harmonia*, princípio de Esara de, 382
sobre Heráclito e a transformação, 79
vida de, 29-31
e a influência pitagórica, 74-75
e o quadro de Rafael, 39
e a alma, 131
e o totalitarismo, 258, 334, 340
e as mulheres, 47-48
Plutarco, 35, 87, 382
poesia
de Berkeley, 243-245, 248-249
de Locke, 158-159
de Marx, 302
opinião de Mill sobre a, 284-287
e o protesto de Sassoon e Russell, 318
Política, de Aristóteles, 52
Pope, Alexander, 242
Popper, Karl
sobre Aristóteles, 44
e a desaprovação a Hegel, 257-258
e o incidente com o atiçador e Wittgenstein, 323
Pós-escrito final não científico às migalhas filosóficas, de Kierkegaard, 280
Pós-escrito, de Kierkegaard, 7, 280, 281
potencialidade e possibilidade, 108-109
opinião de Spinoza sobre, 152-154
Principia Mathematica, de Newton, 70
Principia Mathematica, de Russell e Whitehead, 312
Princípio da razão suficiente, de Leibniz, 221
Princípios da filosofia cartesiana, de Spinoza, 146
Princípios da natureza e da graça, baseados na razão, de Leibniz, 220
Princípios de economia política, de Mill, 283
Proclo, 51, 383
propriedade, noção de Locke sobre, 166
Proxeno, 40
Ptolomeu, 42, 88
Pullein, James, 185

quietismo, 384
Quincey, Thomas de, 208

Rafael, quadro de, 39, 53, 171
Reflexões sobre a poesia e suas variedades, de Mill, 285
Reflexões sobre educação de filhas, de Wollstonecraft, 386
Rei da França, problema lógico, 214
Reivindicação dos direitos das mulheres, de Wollstonecraft, 386
Reivindicação dos direitos dos homens, de Wollstonecraft, 386
República das Letras, 180
República, A, diálogo de Platão, 8, 30-36
 e Heidegger, 334
Resistência ao governo civil, de Thoreau, 295
revelação, como fonte de conhecimento, 98
Revolução Francesa, 158, 252, 257, 387
Richter, Caroline, 269
Robertson, William, 159, 355
Robinson, Richard, 39, 171
Roma, 45
Romantismo, 194, 198
Rorsch, Eleanor, 353, 354
Rorty, Richard, 338
Rouet, professor William, 183
Rousseau, J.J., 193-205, 385
 Confissões, 194, 394
 críticas de Hobbes e Locke, 201, 202
 denúncia de Marion, 194, 195
 rompimento com Hume, 182, 183
 sobre a liberdade, 201, 202
 acusação de Hume, 187, 188
 sobre a desigualdade, 201
 influência sobre Marx, 301
 "carta do Rei da Prússia", 186, 187
 desaprovação de Nietzsche a, 193
 princípio da autopreservação, 201
 ensaio ganhador do prêmio, 199
 opinião sobre a perversidade, 194, 195
Routledge Concise Encyclopaedia of Philosophy, 83
Royal African Company, 162
Russell, Bertrand, 9, 311-320
 sobre Hume, 169
 sobre Kant, 208
 Rei da França, problema lógico do, 316
 sobre as cartas de Leibniz, 226-228
 lógica e matemática, 312, 328, 329
 e os átomos lógicos, 327
 sobre Pitágoras, 65, 68
 sobre Rousseau, 195
 sobre a amante de Rousseau, 197, 198
 paradoxo de Russell, 315, 316
 sobre Schopenhauer, 261
 sobre Spinoza, 145
 cumprimento de pena, 318
 visita à Rússia, 318
 e Wittgenstein, 322, 325-328, 330

Sabedoria tola e tolice sábia, de J.J. Becker, 228
Sainsbury, professor Mark, 313, 319
Sapir, Edward, 349
Sapir-Whorf, hipótese, 345
Sartre, Jean Paul, 357-365
 sobre a consciência, 360
Sassoon, Siegfried, 318
Saussure, Ferdinand de, 330, 370

Savoy, Madame de, 197
Schelling, Friedrich, 252, 263, 387
Schlageter, Albert, 335, 336
Schlegel, Friedrich von, 263, 387
Schopenhauer, Arthur, 261-270
  desaprovação a Hegel, 256, 258, 260
  infância, 263, 264
  influência sobre outros filósofos, 262
  caso Marquet, 268, 269
  vontade, princípio da, 266, 269
Schopenhauer, Heinrich, 263
Segunda Epístola, de Platão, 37
Selbe-Bigge, professor, 175
Semana nos rios Concord e Merrimack, Uma, de Thoreau, 296
sensibilia, 314
sensibilité, 194
Ser e o nada, O (*L'Être et le Néant*), de Sartre, 359-362
Ser e tempo, O (*Sein und Zeit*), de Heidegger, 332, 333, 336, 342
ser, *ver* natureza humana
sexo, e Agostinho, 96, 99, 102
  e os maniqueus, 99
  ver também Tomás de Aquino
Shaftesbury, Conde de, *ver* Cooper, Lorde Anthony
Siger de Brabante, 119
Simpósio, diálogo de Platão, 378
Sinésio de Cirene, 89
Singer, Peter, 251, 260
Siorvanes, Lucas, 83
Siris, de Berkeley, 247, 248, 249
sistema binário, e Leibniz, 237
Sistema de lógica, de Mill, 283, 288
Smith, Adam, 191, 214
Sobre a natureza humana, de Esara, 382
Sobre o ruído, de Schopenhauer, 268
socialismo utópico ao socialismo científico, Do, de Engels, 307
sociedade, teoria hegeliana da, 257-260
  opinião de Thoreau sobre a, 296
Sócrates, 23-28, 131
  e Aspásia, 380
  desenho curioso de, 23
  durante o banquete, 378-379
  como o deus Jano, 26
  como profeta do Deus-Sol, 26
  como feiticeiro, 27
  como adorador de Eros, 27
Sofia Carlota, Rainha da Prússia, 227
sofistas, 264
Sorell, Tom, 134
South Sea Bubble (Bolha dos Mares do Sul), 242
Spiegel, Der, 337
Spinoza, Baruch de, 145-154
  vida, 147-148
  excomunhão, 149
  e a liberdade, 153-154
  e a imortalidade, 153-154
  e Leibniz, 222
Staël, Madame de, 387
Stálin, Joseph, 358, 68
Staudinger, Hermann, 334
Sterling, John, 283
Stevenson, Robert Louis, 292, 298
Stewart, professor John, 175
Strathern, William, 191

Suma teológica, de Tomás de Aquino, 106, 110, 111
Sutcliffe, professor F.E., 123, 392
Swift, Dean, 241
Sydenham, dr. Thomas, 158-160

Tagaste, cidade romana de, 95
Tao te ching, 59, 61-63
Tao, 60, 81
Taylor, Harriet, 11, 283, 387
Teano, 377, 381, 380
Temístocles, 381
Temor e tremor, de Kierkegaard, 273, 396
Teócrito de Quios, sobre Aristóteles, 40
Teodiceia, de Leibniz, 220
Teófilo, bispo, 45
teoria de campo, e Leibniz, 232
Tertuliano de Cartago, 97
textos hindus, e Schopenhauer, 265
Theon, 83, 84, 87, 88
Thoreau, Henry, 291-299
  vida, 293
  Diário de observações ambientais, 291, 295, 297-299
  e a desobediência civil, 295
  e a vida social, 296
Thoreau, John, 294, 296
Thoreau, Maria, 299
Timão de Filos, 40
Timeu, diálogo platônico, 42, 47, 74, 75
totalitarismo, 258, 260
Tractatus Theologico-Politicus, de Spinoza, 146, 151
Tractatus, de Wittgenstein, 322, 325-330, 398
Transactions of the Philosophical Society [*Procedimentos da Sociedade Filosófica*], 242
transformação
  noções heraclitianas de, 78
  princípio da, 60, 61, 78, 79
Tratado da natureza humana, de Hume, 169, 170, 175
Tratado sobre os princípios do conhecimento humano, de Berkeley, 240
Tredennick, professor Hugh, 24
Três diálogos entre Hylas e Philonous, de Berkeley, 241
Trier, Alemanha, 302
Trinity Communications, *site* da Internet, 110, 113
Troisner, Johanna (sra. Schopenhauer), 263
Trotski, Leon, 318
Tyndall, John, 43

utilitarismo, 283
  rejeição de Kant ao, 213
Utilitarismo, de Mill, 283

Vasseur, Thérèse le, 197
vegetarianismo, e o Estado ideal de Platão, 35-36
verdade, 280
Versos sobre a perspectiva de semear as artes e as ciências na América, de Berkeley, 243
Vesey, Geoffrey, 77
véu de Maya, 265
Viena, Círculo de, 323, 326, 328
Volk e *Volksgemeinschaft*, 335

Voltaire, 127, 154
e a disputa entre Hume e Rousseau, 189-190
influência sobre Marx, 302
sobre Leibniz, 219-220
sobre Locke, 158
sobre Rousseau, 202-205
vontade
coletiva (*Geist*), 254
princípio da, de Schopenhauer, 264-266, 269

Wagner, Richard, 266
Walden, lago, 19, 294, 297, 397
Walden, ou a vida nos bosques, de Thoreau, 296
Wallis, John, 138-142, 393
Walpole, Robert, 187
Warburton, William, 176
Warnock, Geoffrey, 239
Washington, George, 164
Weekly Magazine ou *Edinburgh Amusement*, 178
Weininger, Otto, 11, 324, 327, 328, 398
Westminster Review, 266
Westphalen, Barão de, 302
Whitehead, Alfred North, 312
Whorf, Benjamin Lee, 345-355
vida, 348
Companhia de Seguros Contra Incêndios Hartford, 349
princípio da relatividade linguística, 345, 347, 349
Winthrop, Massachusetts, 348
Wittgenstein, Ludwig, 321-330
jogos de linguagem, 330
e a vida em Cambridge, 322-329
e os nazistas, 324
objetos (*Gegenstände*), teoria dos, 326
e o incidente do atiçador com Popper, 323
busca pela linguagem lógica, 327
e a relação com Russell, 325-326
e o Círculo de Viena, 323-326
e Weininger, 324
Wollstonecraft, Mary, 386
Wordsworth, William, 283-287, 298, 397
Works of the Learned, The, periódico, 170

Xenócrates, 41, 54
Xenofonte, 26

Yale University, 246
yin e yang, 81

Zenão, 54, 109, 212

Este livro foi impresso no
Sistema Digital Instant Duplex da Divisão Gráfica da
DISTRIBUIDORA RECORD DE SERVIÇOS DE IMPRENSA S.A.
Rua Argentina, 171 - Rio de Janeiro/RJ - Tel.: (21) 2585-2000